JN262073

船舶衝突責任法の課題と展開

松田忠大 著

成文堂

はしがき

　恩師である中村眞澄先生のご指導のもと、海商法の研究を志してから二十数年の歳月が過ぎた。本書は、海商法学の立場から、船舶衝突から生じる損害賠償責任に関するいくつかの問題を考察した著者のこれまでの研究成果をまとめたものである。

　わが国の運輸安全委員会が、2012年に調査した船舶衝突事故の件数は247件にのぼる（同委員会ウェブページ上に公開された統計資料による。http://jtsb.mlit.go.jp/jtsb/ship/ship-accident-toukei.php〔最終閲覧2014年1月5日〕）。このように、現代の最新の科学技術に基づく造船技術および航海技術をもってしても、船舶の衝突は不可避的である。もっとも、木造帆船航海の時代にも船舶衝突事故は生じていた。しかし、当時は、その件数も少なく、衝突場所も港内または港の出入口に限られていた。そのうえ、それほど速力のない木造帆船同士の衝突のため、これによって生じる損害も比較的軽微なものであったといわれている。他方、現代では、船舶衝突事故は、昼夜を問わず、しかも、一国の領海内に限らず公海においても発生しうる。また、帆船とは比較にならないほどの速力をもった複数の巨大な鋼鉄製の船舶が、同一の狭隘な航路を輻輳することによって衝突の危険は増大している。さらに、経済活動の規模的拡大にともない船舶が運送する積荷は多様化し、加えて、プレジャー・ボートなどの海上運送および漁業以外の用に供される船舶の増加により、海上を航行する船舶の種別も多様化している。このような状況から、現代では、ひとたび船舶の衝突事故が発生すれば、極めて甚大な人的および物的損害が生じる。そして、その損害の分担については、衝突船舶の船主および船舶上の積荷の所有者のみならず、衝突について無過失の他の船舶、衝突によって損傷を受けた埠頭の所有者など、多種多様の立場の者が関係することになる。したがって、解釈によって船舶衝突責任に関する商法の不備を補い、このような者の間における衝突損害の分担について生じる法律問題を、公平かつ合理的に解決することが、現代における船舶衝突私法に課された重

大な使命であるといえる。そこで、本書では、このような、現代における船舶衝突の特質を踏まえて、これによって生じた損害賠償責任にかかわるいくつかの問題について、これまでの裁判例および学説の見解とは異なる法理論に基づく新たな提案を試みた。

　第1章は、本書のために新たに執筆した論説である。同章第1節では、まず、衝突船舶間の船主間の損害分担原則についての歴史的な展開を踏まえて、船舶衝突ニ付テノ規定ノ統一ニ関スル条約4条1項が定める比較過失原則の合理性を確認した。つづいて、このことを踏まえて、商法797条の意義に関する考察を試みた。その結果、商法797条は、双方船員の過失によって船舶が衝突し、その過失の軽重が判定できない場合に備えて設けられた規定ではないとの結論に至った。すなわち、双方船員の過失の軽重が判定できる場合には、民法722条2項の過失相殺規定によるのではなく、商法797条の反対解釈によって、衝突船舶の船主は、その船員の過失の軽重にしたがって、損害を分担すべきであるとの私見を示した。

　同章第2節では、商法797条の適用範囲に関する考察を行った。同条は、船主間の損害分担のみならず、衝突船舶上の積荷の荷主などの無過失の第三者との間の損害分担原則をも定めたものであるか否かについては、従来、見解の対立があった。第1節において確認したように、船舶衝突によって生じた損害は、比較過失原則に基づいて分担されるべきことが最も合理的である。したがって、衝突によって損害を被った無過失の第三者との関係においても、商法797条の適用を認め、衝突船舶の船主は、これらの者に対して、その船員の過失の軽重に基づいて損害を分担すべきことには、一応の合理性が認められる。しかしながら、著者は、船舶衝突によって損害を被る無過失の第三者には多様な者が含まれることから、一次的には、無過失の被害者保護を重視し、衝突船舶の船主と第三者との関係には、原則として民法719条1項が適用され、衝突船舶の船主は第三者に対して各自連帯して損害賠償責任を負うべきであるとの私見を示した。ただし、船舶上の積荷の荷主と運送人たる船主は、その他の第三者とは異なり、運送人たる船主と運送契約によって結びつけられた特殊な関係にあるとみて、船主の航海過失免責を認める約款ま

たは法定の航海過失免責を受ける場合、もしくは、衝突船舶の船員の過失に著しい差異が認められる場合には、民法719条1項を適用しつつも、衝突船舶の船主とその船舶上の積荷の荷主との関係では、例外的にその効果としての連帯責任の成立を制限すべきことを提案した。このような解釈によれば、船主が、運送契約上の航海過失免責約款による免責または法定の航海過失免責を受ける場合の求償の循環によって生じる問題を合理的に解決できる。

　第2章では、アメリカ合衆国において、判例法理として確立されているペンシルヴェニア・ルールに関する考察を行った。同章第1節においては、このルールの法的性質、その適用範囲を考察した上で、この法理の適用から生じる問題点を指摘しつつ、比較過失原則に基づく損害分担が行われる場合には、その適用は制限されるべきことを論じた。つづいて、同章第2節では、アメリカ合衆国第5巡回区に現れた共同海損に関する裁判例に着想を得て、因果関係の立証に関するこのルールが、他の法令の定める立証責任原則と競合した場合に、いずれの立証責任原則が優先して適用されるべきであるかの考察を行った。その結果、特に、アメリカ合衆国海上物品運送法（COGSA）との関係では、これが定める立証責任原則が適用され、ペンシルヴェニア・ルールの適用はないとすべき法理論を提案し、ペンシルヴェニア・ルール適用の限界を示した。

　第3章では、船舶衝突により生じた損害賠償請求権の消滅時効、および、船舶衝突責任の準拠法・裁判管轄の2つの問題について論じた。同章第1節では、船舶衝突より生じた損害賠償請求権の消滅時効の起算点について、これを、民法724条に基づき、被害者が損害および加害者を知ったときであると解するわが国の最高裁判例の妥当性について検討を行った。この検討にあたっては、商法798条1項が船舶衝突によって生じた債権について短期消滅時効を定めた趣旨に加え、条約および諸外国におけるこの問題に関する見解を考察した。そして、これに加えて、船舶衝突事故には多様な者が関わる可能性がある現代の船舶衝突の実態を考慮のうえ、商法798条1項の定める消滅時効の起算点は、衝突に関係する当事者にとって画一的かつ明確に定まる

衝突時であると解するのが妥当であるとの結論を導いた。同章第2節および第3節では、公海上において異国船籍船舶衝突を生じた場合の衝突責任の準拠法の決定について論じた。第2節では、公海上における異国船籍船舶衝突が生じた場合には、その損害賠償責任は法廷地法によって定められるべきであるとの結論を導いた。わが国の国際私法による損害賠償責任に関する準拠法選択が機能しない例外的な場合であること、そして、このような衝突が生じた場合には、古くから、法廷地法によって損害賠償責任を定めることが海法の伝統であったことを主な根拠として示した。しかしながら、この場合に、法廷地法に基づいて損害賠償責任を定めるとすれば、このことは法廷地漁りを助長するとの批判を免れない。そこで、第3節では、アメリカ合衆国のフォーラム・ノン・コンヴェニエンス（Forum Non Conveniens）法理に関する裁判例の考察を通して、わが国においても、原告による不合理な法定地漁り（forum shopping）を抑止するために、民事訴訟法3条の9が規定する訴えの却下に基づき、国際裁判管轄権行使に制限を加えるべきことを論じた。しかしながら、船舶衝突によって生じた損害賠償請求訴訟における訴えの却下については、同条の下でどのような要素を考慮すべきかについては、今後慎重な検討を要すべき課題である。

　本書の刊行にあたっては、多くの方々にお世話になった。まず、恩師である中村眞澄早稲田大学名誉教授の日頃のご指導に対して心より感謝を申し上げたい。先生には、著者が早稲田大学法学部海商法ゼミナールに所属して以来、継続してご指導をいただいた。そして、遅々として進まない、また、著者の稚拙な研究にもかかわらず、常に温かい目で見守っていただいた。箱井崇史早稲田大学教授には、著者の研究についての貴重なご助言・ご指導を賜わるとともに、折に触れ、研究者としての心構えをも教わった。雨宮正啓弁護士には、実務的視点から著者の研究に対して貴重なご助言をいただいた。ここに、これらの先生に対して心より感謝を申し上げたい。これらの方々に加えて、本書の刊行をご快諾くださった株式会社成文堂の阿部耕一社長、また、編集にあたって細部にわたるアドバイスをいただいた編集部の篠崎雄彦氏に対しても、心よりお礼を申し上げたい。なお、本書の刊行に際しては、

鹿児島大学法学会から出版に関するご支援をいただいた。また、鹿児島大学大学院人文社会科学研究科大学院生の小川陽加さんには校正のお手伝いをいただいた。ここにあわせて感謝の意を表したい。そして、最後に、陰ながら、著者のこれまでの研究を支えてくれた家族に心より感謝したい。

 2014年1月

研究室にて

松　田　忠　大

目　次

はしがき
初出一覧

第1章　船主の負う船舶衝突責任……………………………………1

第1節　船主間における損害の分担………………………………2
1．はじめに　(2)
2．船舶衝突における損害分担原則　(3)
3．商法797条の規定する損害分担原則　(10)
4．おわりに―商法797条と民法722条2項との相違点　(14)

第2節　第三者に対して生じた損害の分担………………………17
1．はじめに　(17)
2．わが国および英米の判例法理　(20)
3．わが国の従来の学説およびその検討　(52)
4．新たな理論による民法719条適用説の克服すべき課題の解決　(74)
5．おわりに　(97)

第2章　船舶衝突における因果関係の立証に関する一考察
　　　　―アメリカ合衆国における特有の法理について―………101

第1節　アメリカ合衆国における因果関係推定の法理……………103
1．はじめに　(103)
2．ペンシルヴェニア・ルールの確立とその法的性質　(103)
3．Reliable Transfer 連邦最高裁判所判決のペンシルヴェニア・ルールへの影響　(120)
4．ペンシルヴェニア・ルールは廃止されるべきか　(124)
5．おわりに　(137)

第2節 ペンシルヴェニア・ルール適用要件に関する一考察……*140*
　1．はじめに（*140*）
　2．COGSAの下での立証責任原則（*142*）
　3．船舶衝突事案以外へのペンシルヴェニア・ルール適用事例の考察から導かれる理論構成（*156*）
　4．おわりに（*168*）

第3章　船舶衝突により生じた損害賠償請求権の消滅時効、衝突責任の準拠法……*171*

第1節　船舶衝突により生じた損害賠償請求権の消滅時効の起算点……*171*
　1．はじめに（*171*）
　2．商法798条1項の定める時効の起算点に関する判例および学説（*172*）
　3．学説および最高裁判例の検討（*179*）
　4．おわりに（*190*）

第2節　公海上における船舶衝突責任の準拠法……*191*
　1．はじめに（*191*）
　2．公海上における船舶衝突責任の準拠法に関するわが国の判例および学説（*192*）
　3．わが国の判例および学説の問題点（*202*）
　4．学説の検討（*206*）
　5．船主責任制限の準拠法（*211*）
　6．おわりに（*216*）

第3節　公海上における船舶衝突と裁判管轄権の制限……*217*
　1．はじめに（*217*）
　2．公海上における異国船籍船舶衝突と裁判管轄権行使の制限（*218*）
　3．船舶衝突事件におけるフォーラム・ノン・コンヴェニエンス（*222*）
　4．おわりに（*233*）

初出一覧

第 1 章　書き下ろし

第 2 章
　第 1 節
　　「海上衝突事件における因果関係の推定―アメリカ海事法研究―」宇部工業高等専門学校研究報告第46号（2000）
　第 2 節
　　「ペンシルヴェニア・ルールと COGSA の下での立証責任原則―米国第 5 巡回区における共同海損事案を中心として―」鹿児島工業高等専門学校研究報告第37号（2002）

第 3 章
　第 1 節
　　「船舶衝突より生じた損害賠償請求権の消滅時効の起算点」早稲田法学第84巻第 1 号（2008）
　第 2 節
　　「公海上における異国船籍船舶衝突の準拠法等」早稲田法学79巻第 1 号（2003）
　　「公海上における船舶衝突責任の準拠法と民事裁判管轄の制限（1）」海事法研究会誌第190号（2006）
　第 3 節
　　「公海上における船舶衝突責任の準拠法と民事裁判管轄の制限（2）」海事法研究会誌第191号（2006）

第1章　船主の負う船舶衝突責任

　船舶の衝突は典型的な海上危険の1つである。特に、現代では大型の鋼鉄製の船舶が衝突することによって、衝突した船舶のみならず船舶上の積荷の荷主および旅客、停泊中の船舶あるいは埠頭の所有者などの第三者にも甚大な損害を加えることが少なくない。他の海上危険と同様に、古くからその危険は認識されており、近年の科学技術の発展によって、技術的な側面から、これを回避し、または、これによる損害の軽減がはかられてきた。しかし、いまだに、この危険は完全には克服されていない。

　他方、法制度の側面から、船舶衝突の危険を分散させるしくみ、すなわち、衝突が生じ、船舶またはその積荷などに損害が生じた場合に、衝突に関係する者の間において、その損害を合理的に分担させるための制度が古くから模索されてきた。しかし、わが商法が船舶衝突に関して規定する条文はわずか2か条に過ぎない。したがって、船舶衝突に関する法律問題を合理的に解決するには、その規定の不備を補うために、必然的に民法などの他の法律の解釈をも視野に入れた解釈論を展開せざるを得ない。このような現状にあって、果たして、わが国の判例および学説が、これらの規定について現代の船舶衝突の実態に即した妥当かつ合理的な解釈論を展開してきたかどうか。特に、商法797条の適用範囲については、多数の多様な立場の者が関係する現代の船舶衝突の特質を意識して、衝突船舶の船主間において公平かつ妥当な損害分担が行われるための解釈論を展開してきたかどうかについて疑問に思われる点が少なくない。この点、従来の学説は、衝突船舶の船主の第三者に対する関係については、主として衝突船舶の船主と荷主との関係のみを重視してきたように思われる。また、民法719条の要件および効果に関する民法学説の展開については、これを意識することなく、損害分担のための理論構築を行ってきたように思われる。この結果、海商法学においては、この問題に関する学説の対立が生じた。そして、現時の多数説は、第三者との関係におい

て民法719条1項を適用しつつも、衝突船舶の船主が連帯責任を負うことから生じる問題を回避するために複雑な理論を構成することへと傾倒していったように思われる。

　そこで、本章では、船舶衝突によって多様な者が損害を被ることを意識して、従来の学説とは異なる視点にたち、船舶衝突の結果として損害を被った第三者を荷主とその他の第三者とに分けて考察する。そして、民法719条1項適用の結果として生じる衝突船舶の船主が負う連帯責任について、これを柔軟に解釈することにより、衝突船舶の船主間における公平かつ妥当な損害分担の実現と船主が航海過失免責を受けることから生じる問題を解決するための新たな理論を提唱したいと考える。

第1節　船主間における損害の分担

1．はじめに

　本節においては、船舶の衝突が船員の過失によらない衝突の場合とその過失による衝突の場合に分けて、衝突船舶の船主間における損害分担原則ついての歴史的展開を概観する。つづいて、この歴史的展開を基礎として、双方船員の過失によって船舶が衝突した場合における衝突船舶の船主間における損害分担に関して、民法学説および海商法学説の展開を視野に入れて、商法797条は、民法722条2項が定める過失相殺とは性質が異なることを論じる。そして、この規定は多くの海運国および1910年に成立した船舶衝突ニ付テノ規定ノ統一ニ関スル条約[1]（以下、衝突統一条約という）によって採用されている比較過失原則と同等の内容を定めたものであって、衝突船舶の船主間における損害分担についてはこの規定の反対解釈によって、それぞれの船舶の過失割合に基づく損害の分担が行われるべきことを確認する。これを踏まえて、商法797条は、衝突船舶の船主間の関係にとどまらず、荷主等の第三者

---

[1] Convention internationale pour l'unification de certaines règles en matière d'Abordage, Signée à Bruxelles, le 23 septembre 1910.

に対する関係においても船主間の損害分担を規律する規定として、この関係にも適用されるべきか否かの検討（第2節）につなげようと思う。

2．船舶衝突における損害分担原則

（1）事変による衝突および原因不明の衝突の場合

事変による衝突（abordage fortuit）とは、偶然の事故、すなわち、相手方の責めに帰すことができない事由によって生じた衝突のことである[2]。事変は、通常の事変と不可抗力（force majeure）に分けられ[3]、このうち、不可抗力による衝突とは、事業の外部において発生し、船主または船員がその発生を通常期待ないし予想することができず、かつ、社会通念上適当と認められる予防手段を施しても回避することができない衝突のことであると解されている[4]。そうすると、それ以外の船主または船員の故意または過失によらずに生じた衝突が通常の事変による衝突である[5]。このような不可抗力によって船舶が衝突した場合に衝突した船舶の船主がどのような責任を負い、また、生じた損害を分担するのかについては、商法は何ら規定を設けていない。しかし、不可抗力が自然的な不可抗力であるか、または、人為的な不可抗力であるかを問わず、この場合には、ローマ法以来行われている一般原則が適用されると解される。すなわち「天災は所有者の負担とする（res perti domino）」あるいは「所有者は事変を負担す（casus sentit dominus）」という考え方にしたがい、各船主は、それぞれ自己の船舶に生じた損害を負担し、衝突の相手船舶の船主に対して損害賠償を請求することはできない[6]。船舶の衝

2　小町谷操三『船舶衝突法論』〔海商法要義下巻2〕（1949）56頁。なお、事変による衝突として認められた例として、大阪控判明治42・5・28最近判例集5巻29頁、横浜地判昭和9・4・12新聞3705号15頁がある。
3　島田国丸『船舶衝突論』（1925）67頁。
4　島田・前掲書（注3）74頁。なお、不可抗力に関して、イギリスにおいて不可避的事故（inevitable accident）と認められた例について同書78頁に詳細な記述がある。また、『ロエスレル氏起稿　商法草案下巻〔復刻版〕』（1884）〔復刻版（1995）〕743頁も、この場合の損害の分配について、「偶變ノ場合ハ普通原則（カーズム、ゼンチット、トミヌス）ニ照シ各人自己ノ損害ヲ擔當シ辨償或ハ畫一ノ配分ヲ爲スコナシ」と説明している。
5　島田・前掲書（注3）75頁。
6　北澤宥勝『船舶衝突論』（1923）13頁、小町谷・前掲書（注2）（下2）56頁、松波港三郎「船

突は、不法行為の一態様であり、損害賠償責任の前提として衝突を生じさせた者の故意または過失が必要だからである。なお、この場合において、船舶の衝突が不可抗力によって生じたことを主張する者は、衝突について自己に過失がないことを証明しなければならない[7]。

また、原因不明の衝突（abordage douteux）とは、不可抗力による衝突であるか、過失による衝突であるかが不明な場合である[8]。この場合も、不可抗力による衝突の場合と同様の効果が生じる[9]。なぜならば、衝突によって被った損害の賠償を請求するためには、当該損害が加害者の故意または過失によるものであることを証明する必要があるが、この場合には、これを立証することができないからである[10]。したがって、この場合も、結局、不可抗力によって衝突が生じた場合と同一の結果、すなわち、生じた損害は各船舶においてこれを負担しなければならない。ただし、船舶の衝突により、積荷または旅客との関係で運送契約上の債務不履行が問題となった場合には、船主は、衝突が自己の過失によらないことを証明することができないから、その荷主または旅客に対する損害賠償責任を免れることはできない[11]。なお、この点、衝突統一条約2条は、「衝突カ偶然ノ事由若ハ不可抗力ニ因ルトキ又ハ衝突ノ原因明ナラサルトキハ損害ハ之ヲ受ケタル者ノ負担トス」と明文をもって定めている。

（2）過失による船舶衝突の責任原則および損害の分担

①一方船舶の船員の過失による船舶の衝突　　衝突が一方船舶の船員の過失によって生じ、他方船舶の船員には全く過失が認められない場合に、誰がどのような責任を負うかについて商法は規定を設けていない[12]。この場合には

舶衝突」『総合判例研究叢書商法（1）』（1956）67頁、石井照久『海商法』（1964）334頁、田中誠二『海商法詳論』〔増補3版〕（1985）513頁、清河雅孝「船舶の衝突」落合誠一＝江頭憲治郎編『海法大系』（2003）437頁。
7　北澤・前掲書（注6）15頁。
8　小町谷・前掲書（注2）（下2）58頁。
9　石井・前掲書（注6）334頁、清河・前掲論文（注6）437頁。
10　北澤・前掲書（注6）16頁。
11　商法766条、577条。小町谷・前掲書（注2）59頁。
12　一方の船舶に過失が認められた事例として、東京控判大正12・5・29新聞2194号18頁、東京控判昭和3・3・14法律新報169号17頁、また、比較的最近の事例としては、東京地判昭和48・

民法における不法行為の一般原則に基づいて、過失のある船員が生じた損害について賠償責任を負う（民法709条）。したがって、この場合には、特に海商法上の問題としての特質を有しないが[13]、被害者たる相手船舶の船主は、民法709条に基づき過失のある船員に対して損害賠償を請求することができるとともに、商法690条に基づき、その使用者たる船主に対しても損害賠償を請求することができる[14]。また、衝突が自己の船舶の船員の過失によって生じ、自船上の積荷または旅客が損害を被ったときには、これらの運送人としての地位にある船主は運送契約の不履行に基づく損害賠償責任をも負う[15]。なお、一方船舶の船員の過失による船舶衝突について、衝突統一条約は、「衝突カ船舶ノ一方ノ過失ニ因リテ生シタルトキハ損害ハ過失アリタル船舶ニ於テ之ヲ賠償スル責ニ任ス」（3条）と明示的に規定している。

②双方船員の過失による船舶の衝突　　船舶の衝突は、衝突した双方船舶の船員の過失が競合して生じる場合が多い。この場合において、双方の船舶に損害が生じれば、双方の船員が不法行為の要件を満たすので、理論的には、それぞれの船主は相手船舶に対して不法行為に基づく損害賠償を請求することができる[16]。ただし、この場合にどのような方法で双方の船主が損害を負担するか、すなわち、損害分担の考え方は各国により異なっていた。そこで、船舶の衝突によって生じた損害の分担方法などの統一を目的として、1910年に衝突統一条約が成立した。従来、世界各国において実施されてきた損害分担の原則としては、おおむね次のものがあった。なお、山戸教授によれば、

2・24判タ292号280頁などがある。
13　松波（港）・前掲論文（注6）69頁。
14　山戸嘉一『船舶衝突論』（1931）115頁、小町谷・前掲書（注2）（下2）124頁、田中・前掲書（注6）（詳論）515頁。理論的には本文のとおり、過失のある船員に対する損害賠償請求も可能であるが、実際には、商法690条に基づきその船主に対して損害賠償請求をすることになろう。
15　小町谷・前掲書（注2）（下2）124頁、田中・前掲書（注6）（詳論）515頁。
16　双方船員の過失による船舶衝突から生じる損害賠償請求権の性質について、従来、はじめから損害の計算上受取勘定となった一方の船主の1個の損害賠償請求権が生じるに過ぎないと解する単一責任（single liability）説と各船主がそれぞれの損害賠償請求権を有し、双方が相殺をなしうる地位にあると解する交叉責任（cross liability）説が対立している。しかし、現在では単一責任説によらなければ解決できない不都合は立法においても解決されており、理論的にみて交叉責任説が妥当であると思われる。なお、裁判例もかつては単一責任説をとっていたが、最近では交叉責任説をとるものが現れている（箱井崇史編著『船舶衝突法』（2010）87-93頁〔松田忠大〕を参照）。

このほかにも、衝突によって両船が被った損害を一団として、共同海損の清算の場合におけるように、各船の船価に比例してその損害を分担すべきものとする船価責任主義も存在していたといわれる[17]。

(i)**自己負担原則**　これは、双方船員の過失による船舶の衝突をあたかも不可抗力による衝突の場合と同じように扱い、双方の船主について全く損害賠償請求権を認めないとする原則である[18]。この原則は、損害を招いた者は自らこれを負担すべきであるという主義に基づくものである。しかし、双方船舶の船員の過失に軽重の差があり、特に、一方船舶の船員等の過失の程度が極めて軽い場合には、衝突の当事者間に不公平な結果が生じることから不当な立法であると評価されてきた[19]。

英米におけるコモン・ローの下では、かつては、被害者（原告）にも損害の発生についての原因力を有する過失が認められる場合、その程度が極めて軽かったとしても、過失のある相手方からいかなる損害賠償をも得られなかった。すなわち、不法行為によって生じた損害についての賠償請求に際して、双方の当事者に過失がある場合、いずれの当事者もいかなる損害の賠償も得られないとする法理が存在していた[20]。いわゆる寄与（助成）過失（contributory negligence）法理といわれるものである。この法理は、損害賠償を求める者の行為が、自己の被った損害についての主原因（proximate cause）となっている場合には、その者はいかなる賠償も受けられないとするローマ時代および中世の法概念を近代の法原則にとり入れたものである。この法理は、過失概念が発達を遂げる以前に、不法行為法の領域においては、長きにわたって原告による損害賠償請求を阻むコモン・ローの原則として存在し、実際にはイギリスのコモン・ロー裁判所において審理された船舶衝突事件にもこの法理が適用されていたといわれている[21]。

イギリスでは、かつては、この寄与過失法理を海事裁判にも適用すべきこ

17　山戸・前掲書（注14）132頁。
18　山戸・前掲書（注14）129頁。
19　小町谷・前掲書（注2）（下2）128頁。
20　William Tetley, *Marine Cargo Claims*, 1500 (4th ed. 2008).
21　David R. Owen, *The Origins and Development of Marine Collision Law*, 51 Tul. L. Rev. 759, 790 (1977).

とが強く求められた。しかし、すでに当時の海事裁判において確立され、適用されていた損害平分原則を適用すべきことが維持された。そして、1873年最高裁判所法（Judicature Act of 1873）[22]は、特に、海事裁判については損害平分原則およびその他の海法の原則を適用するに至った[23]。なお、イギリスでは、1945年の The Law Reform (Contributory Negligence) Act（法改正（寄与過失）法）によって、このコモン・ローの原則は変更された。これにより、原告に過失がある場合においても、その損害賠償請求が全く認められないのではなく、原告の寄与過失は損害額の算定に際して考慮されるようになった[24]。

他方、アメリカ合衆国においては、海事事件に適用されるべき法源であるとはいえないとしながらも、1854年の Foster v. Miranda 判決[25]が、双方船員の過失による船舶衝突においては、損害平分原則が適用されることを判示した。そして、1855年の The Schooner Catharine v. Noah Dickinson 連邦最高裁判所判決[26]は、明確に判例法理としての損害平分原則を確立したといわれる[27]。しかし、その後の Belden v. Chase 判決[28]が、コモン・ロー裁判所に持ち込まれた海事事件について寄与過失法理の適用を認めたことから、この判決は裁判所によってたびたび覆されてきたものの、海事裁判への寄与過失法理の適用は明確には否定されていないと考えられていたようである[29]。

(ⅱ)**損害平分原則**（divided damage rule, equal division of damage rule）
この原則は、双方船員の過失による船舶衝突を、いわば原因不明の衝突の場合と同じように扱い、過失の軽重にかかわらず船主間で損害を平分して分担

---

22 この法律により、海事事件を担当してきた High Court Admiralty は、海事事件がローマ法に強く影響されたものであることを理由に、同じくローマ法の影響を受けた事件を扱った Court of Probate および Court of Divorce and Matrimonial Causes とともに、Probate, Divorce and Admiralty Division（検認・離婚・海事部）に統合された（田中英夫『英米法総論（上）』(2001) 164頁。
23 Owen, *supra* note 21, 790-791.
24 1945年法改正（助成過失）法1条1項。フィリップ・S・ジェームズ著・矢頭敏也監訳『イギリス法（下）私法』(1997) 141頁、塚本重頼『英国不法行為法要論』(1977) 322頁。
25 McLean 221, Fed. Cas. 4977 [1854].
26 58 U. S. 170 (1854).
27 John Wheeler Griffin, *The American Law of Collision*, 558 (1949).
28 150 U. S. 674 (1893).
29 Owen, *supra* note 21, 791.

させるという原則である。これは、計算が簡単であり両船主の責任の程度を判定する必要がないとの理由で、イギリスおよびアメリカ合衆国において、長きにわたり採用されてきた原則である。

この原則は、12世紀のオレロン海法（Rolls of Oleron）およびその後の大陸法に起源を有している。そして、この原則が生み出された背景には、船舶間において海上危険を共有させようとする意図があった。しかし、イギリスでは、裁判官が、新しく発達した過失の概念を受け入れなかったこと、また、1840年に枢密院が航行規則を定めるまで、いかなる成文の航海に関する規範をも有しなかったことを背景として適用されてきた極めて大雑把な裁判基準であったと評価されている[30]。なお、イギリスでは、生じた損害を船主間で平分すべきであるとする根拠として、船舶の衝突は故意によって生じるものではないこと、過失の証明が困難であること、過失の程度に応じた損害の分配は困難であることなどの種々の根拠が散見されていた。しかし、過失責任の考え方が発達し、また、船員の常務（seamanship）に関する問題を審理するにあたって裁判官を補佐するために海事の専門家が法廷に招聘されるようになると、単なる損害の平分という専断的かつ大雑把な判決（rusticum judicium）を下すためには、そのためのより明確な根拠を示す必要性が高まってきた[31]。その後、イギリスでは、1911年海事条約法（Maritime Convention Act of 1911）によって、この損害平分原則は廃止され、比較過失原則が採用されるに至った。

アメリカ合衆国では、前述のとおり、1855年の The Schooner Catharine v. Noah Dickinson 判決[32]において、連邦最高裁判所がこの損害平分原則を判例法理として確立した。次第にこの原則の適用によって生じる不公平な結果に対する批判は強まってきたが[33]、およそ120年間の長きにわたってこの原則の適用が貫かれてきた。しかし、ついに1975年の United States v.

30　*Ibid.* なお、わが国の海商法学者も、双方の過失に軽重の差があり、特に一方の過失が極めて軽い場合には、当事者間で生じた損害を平分して負担させることは明らかに不公平であると批判していた（北澤・前掲書（注6）20頁、小町谷・前掲書（注2）（下2）128頁）。
31　Marsden, *Collisions at Sea* 521 (13th ed. 2003).
32　58 U. S. 170 (1855).
33　Grant Gilmore and Charles L. Black, *The Law of Admiralty* 528-531 (2d ed. 1975).

Reliable Transfer 連邦最高裁判所判決[34]によって、この損害平分原則は廃止された。そして、現在では、船舶衝突における損害の分担については比較過失原則が適用されるに至っている。

　(iii)**比較過失（過失割合）原則（proportional fault rule）**　この原則は、双方船員の過失の程度に応じて、各船主に損害を分担させるとする原則である。この原則は、双方の船員の過失によって船舶が衝突した場合において、これによって生じた損害の分担方法としては、最も公平であって論理的な原則であると評価されており[35]、衝突統一条約が採用する立場でもある[36]。ただし、この原則に基づき、裁判官に、判定の困難な船員の過失の軽重を比較させ、判断させることはかえって不公平な結果をもたらす、あるいは、この原則を採用すればいたずらに訴訟が提起されることになるとの批判も示されていた[37]。

　フランスでは、1681年 8 月の海事王令[38]が損害平分原則を定めたが[39]、1807年の商法典は、この海事王令の規定に代えて船舶衝突に関する規定を体系化し、(i)不可抗力による衝突（abordage fortuit）の場合は当事者に損害賠償請求を認めず、(ii)（一方の）過失による衝突（abordage fortif）によって生じた損害は、その原因を有する者の負担とし、(iii)衝突の原因が証明できない原因不明の衝突（abordage douteux）によって生じた損害は、双方の船舶において平等の割合で負担するものとするという旨の規定を置いた[40]。同法典には、双方船員の過失による船舶衝突の規定は置かれなかったが、裁判所は、この場合に民事責任の一般原則を適用して、衝突船舶船主間の比較過失原則

34　421 U. S. 397 (1975), 1975 AMC 541.
35　小町谷・前掲書（注 2 ）（下 2 ）128頁。
36　衝突統一条約 4 条は「共ニ過失アリタル場合ニ於ケル各船舶ノ責任ノ割合ハ其ノ各自ノ過失ノ軽重ニ依ル（ 1 項前段）」および「船舶若ハ其ノ積荷又ハ船員、旅客其ノ他ノ船舶内ニ在ル者ノ手荷物其ノ他ノ財産ニ生シタル損害ハ第三者ニ対シテ連帯スルコトナク前項ノ割合ニ応シ過失アリタル船舶ニ於テ之ヲ負担ス（ 2 項）」と規定する。
37　山戸・前掲書（注14）131頁を参照。
38　Ordonannce touchant la marine du mois d'août 1681.
39　第 7 章海損　第10条「船舶の衝突の場合、これが航行中、投錨地または港で生じたのであっても、その損害に対しては、これを与えた船舶と受けた船舶によって等しく支払われる」。この邦訳文は、箱井崇史「［翻訳］1681年フランス海事王令試訳（ 2 ）」早稲田法学82巻 1 号（2006）231頁による。
40　René Rodière, *Traité Général de Droit Maritime, Événements de Mer* 21 (1971).

に基づく損害の分担、および、衝突船舶船主の第三者に対する共同不法行為者としての連帯責任を認めた[41]。

不法行為に基づく損害賠償請求権は、相手方の過失を理由とするから、損害の発生について自己の過失が競合している場合には、その過失の程度に応じて責任を負うのが当然である。また、相手方の過失を理由として、自己の過失によって生じた損害についてまで相手方に負担させるのは公平の観念に反する[42]。したがって、これまでみてきた損害分担原則のうち、このような比較過失原則に基づく損害の分担が最も合理的かつ公平であるといえる。なお、この比較過失原則は、1879年にベルギー、1888年にはポルトガル、1893年にはデンマーク、ノルウェイ、スウェーデン、そして、1900年にはドイツにおいて採用され、その後、ギリシャおよびルーマニアも続いてこれを採用しており、すでに、衝突統一条約成立以前から多くの国において、双方船員の過失による船舶衝突から生じた損害の分担に際して採用されていた原則でもある[43]。このような事実に鑑みても、なおさらこの原則が海法の原則として合理的なものであると理解される。

3．商法797条の規定する損害分担原則

過失による船舶衝突は、不法行為の一態様であるといえるから、不法行為の要件を満たした加害者自身、すなわち、船員の過失により船舶の衝突が生じれば、過失のある船員が損害賠償責任を負う。しかし、商法690条は、「船舶所有者ハ船長其他ノ船員ガ其職務ヲ行フニ当タリ故意又ハ過失ニ因リテ他人ニ加ヘタル損害ヲ賠償スル責ニ任ズ」と規定し、船主に無過失の使用者責任を認めている。したがって、現実には、この規定に基づいて船主が衝突によって生じた損害の賠償責任を負うことになる。

これまで、双方船員の過失による衝突から生じた損害の分担原則を概観したが、わが国の商法797条は、「船舶カ双方ノ船員ノ過失ニ因リテ衝突シタル

---

41 Georges Ripert, *Droit Maritime*, tome 3, 40 (1953).
42 小町谷・前掲書（注2）（下2）128頁。
43 Owen, *supra* note 21, 794.

場合ニ於テ双方ノ過失ノ軽重ヲ判定スルコト能ハサルトキハ其衝突ニ因リテ生シタル損害ハ各船舶ノ所有者平分シテ之ヲ負担ス」と定めている。したがって、自己の使用する船員の過失によって他船に損害を生じさせた船主は商法690条によって損害賠償責任を負い、衝突した船舶の船主間の損害分担は商法797条に基づいて行われることになる。

　このように、商法797条は、その文言上は、双方の過失の軽重を判定できないときは、衝突により生じた損害を各船主が平分して負担すべきことを定めている。そして、従来の通説的見解によれば、この条文の文言の反対解釈として、双方の船員の過失の軽重が判定できるときは、各船主は、その過失の軽重に応じて損害を分担することを定めていると解されている[44]。しかし、少数ながら、商法797条がこのような定め方をしていることから、この規定は、双方船舶の過失の軽重が判定できない場合に、民法722条2項の過失相殺が機能しなくなることに備えて設けられた規定であるとの見解も示されている。すなわち、双方過失による船舶衝突における損害の分担は、原則として民法722条2項の過失相殺によって定められるとの見解である。そこで、本節では、商法797条と民法722条1項の過失相殺規定との関係について、これに関する裁判例および学説を検討して従来の通説的見解の妥当性を確認する。

(1) 裁判例および学説
①裁判例　船舶衝突に関する裁判例のなかで、商法797条と民法722条2項との関係について直接的にこれを考察する裁判例は少ない。これに関する最も古い裁判例として、朝鮮高等法院昭和10年3月5日判決[45]がある。この判決は、「両船舶カ雙方ノ過失ニ因リ衝突シタル場合ニ於テ之ニ依リテ生シタル損害ハ其ノ過失ノ軽重ニ従ヒ割合ヲ以テ各船舶所有者之ヲ負擔スヘキモノトナルコトハ商法第650條（現797条）ノ規定ノ反面解釋上知リ得ヘク其ノ過失ノ軽重ハ固ヨリ裁判所ノ自由判斷ニ属スト雖之カ軽重ヲ判定シ得ル以上ハ

---

[44]　松波仁一郎『松波私論日本海商法』〔再版〕(1919) 965頁、北澤・前掲書（注6）21頁、山戸・前掲書（注14）128頁、小町谷・前掲書（注2）131頁（下2）、石井・前掲書（注6）335頁、田中（誠）・前掲書（注6）（詳論）516頁。
[45]　法律評論25巻（商法）78頁。

之ニ從テ負擔スヘキ損害ノ割合ヲ算定スヘキハ當然ニシテ此ノ場合ニ民法622條〔ママ〕ハ適用スヘキ限ニ非ス」と判示する。

これに対して、大審院昭和15年2月21日判決[46]は、双方船舶の船員の過失によってその一方の船舶が第三船たる曳船列に衝突した事案において次のように判示する。「右商法650條（現797条）ハ其ノ立法ノ趣旨ニ於テ右過失相殺ノ一適用ニ外ナラサルモ双方ノ船員ノ過失ノ軽重ヲ判定スルコト能ハサル場合ノ規定ニシテ原審カ本件ノ場合ニ於テ右第650条（現797条）ノ適用ナキモノトナシタルハ其ノ理由ノ当否ハ姑ク措キ宗義丸ノ船長ト常彦丸ノ船長ノ過失ノ程度ニ付審理ノ上軽重ノ差異アルモノト認メタルモノト解スヘキヲ以テ結局正當ナリトス[47]」。

このように、裁判例には、双方過失による船舶衝突においては、商法797条の反対解釈により、双方船員の過失の軽重に基づき損害分担を判定すべきであるとするものと、商法797条は、双方の過失の軽重を判定できない場合の規定であると述べ、その軽重が判定できる場合には、民法722条2項に基づく過失相殺を行うべきことを示すものがある。

②**学　説**　商法797条の立法理由は、民法の一般規定に対し双方船員の過失による船舶衝突の場合における損害分担およびその解決方法を公平かつ明確にすることにある。このような理由から、同条は、裁判所の自由裁量により過失相殺を行うことができるという民法722条2項の趣旨とは異なり、裁判所は各船舶の過失の軽重を判断できるときは、必ずこれを行い過失の割合に応じて損害の分担を定めなければならないという趣旨である。したがって、同条は、民法722条2項に対して例外法あるいは特別法の関係に立つとする見解が従来の通説的見解である[48]。

46　新聞4540号7頁。
47　なお、原審（東京控判昭和14・6・17新聞4447号7頁）は次のように判示し、商法650条（現797条）は適用されないとしている。商法第650条（現797条）は、船舶と船舶とが互いに衝突した場合に、船舶双方の船員に過失があったときに適用されるべきものである。本件のように過失ある双方の船舶が衝突せず、その一方が他方の被曳船に接触したことにより、その被曳船が沈没したのであるから、民法の原則規定（民法722条2項）により過失相殺すべきことは当然である。このような原審の判断は妥当であると思われるが、大審院は商法797条の意義について本文のような解釈を行っている。
48　山戸・前掲書（注14）128頁、小町谷・前掲書（注2）（下2）132頁、田中（誠）・前掲書（注

これに対して、訴訟実務的視点に基づき、過失の軽重が判定できる場合には民法722条2項に基づいて交叉責任の考えにしたがった損害賠償請求を認め、双方の過失の軽重が判定できないときには商法797条に基づいて、単一責任の考え方にしたがった損害賠償請求を認めるべきであるとの見解がある[49]。また、商法797条は、双方船舶の過失の軽重が判定できず、民法722条2項の過失相殺規定の適用が困難になる場合に備えて設けられた規定である。したがって、船舶衝突が双方船舶の過失によって生じた場合には不法行為の過失相殺に関する民法の規定が全く排除されるのではないと解し、商法797条は、その立法趣旨において民法722条2項に定める過失相殺の一適用にすぎないとする見解も示されている[50]。

（2）民法722条2項の趣旨および適用要件

民法722条2項は、当事者の公平または信義則の見地から、損害賠償の額を定めるにあたって被害者の過失を考慮すべきであるとしたものと解されている[51]。したがって、不法行為によって発生した損害に関しては、基本的には、加害者が全部の賠償責任を負う。しかし、加害者の不法行為と並んで被害者の過失が損害の発生・拡大に関与した場合にまで加害者に全部責任を負わせるのは妥当ではない。このことから、この場合には、被害者の過失を斟酌して加害者の負担すべき損害賠償額を減額することによって、発生した損害を加害者と被害者との間において公平に分担させるという公平の理念を実現するところに民法722条1項の存在意義が認められるものといえる[52]。

過失相殺が認められるための要件に関して、民法722条2項は被害者の過失を要件としていることから、この被害者の過失が加害者の過失と同じ内容であるかどうかについては争いがある。民法学における通説は、過失相殺における過失は不法行為の要件としての過失とは必ずしも同一ではなく、損害

6）（詳論）518頁。
49 河野春吉「商法797條（衝突規定）の海商的獨自性」海法会誌29号（1919）13頁。
50 鴻常夫「双方過失による船舶の衝突」川島武宜編『損害賠償責任の研究（中）』〔我妻還暦〕（1958）633頁。
51 加藤一郎編『注釈民法（19）債権（10）不法行為』（1965）349頁〔沢井裕〕。
52 奥田昌道＝潮見佳男編『法学講義民法6 事務管理・不当利得・不法行為』（2006）175頁。

の公平負担の理念により損害賠償額を減少させることが妥当であると判断できるような被害者側の不注意であれば足りるとする[53]。また、通説は、過失相殺を行うには、当然に責任能力の存在を前提とすると解している。しかし、裁判例には被害者側の責任能力を不要とする傾向がみられる。さらに、近時の学説では、被害者の事理弁識能力を不要とし、行為の外形から客観的、定型的に、あるいは、加害者の違法性の度合いによって、さらには、因果関係に対して占める被害者の行為の割合ないし被害者の寄与度によって過失相殺の正当性を根拠づけようとする見解も登場している[54]。

このような近時の民法学説および裁判例の傾向を踏まえれば、民法722条2項による過失相殺が認められるためには、被害者が不法行為の要件を満たす必要はない。すなわち、この規定に基づく過失相殺は、もっぱら損害の公平負担の理念により損害額を減額するのが妥当な場合に認めるべきものといえよう。

4．おわりに―商法797条と民法722条2項との相違点

海商法学においては、古くから、民法学説の見解に示唆を得ながら、商法797条と民法722条2項との相違を、それぞれの規定において斟酌されるべき被害者の過失という観点から探る試みがなされてきた。まず、前述したとおり、民法上の過失相殺においては、加害者に関する要件と被害者に関する要件とを分けて考える。しかし、船舶の衝突においては、被害船の船員もその過失によって船舶、積荷、人体等に損害を与えれば不法行為の要件を満たすから、不法行為の成立に関しては加害船および被害船の双方の船員は同一の要件のもとにあると解される。また、ここでの過失は損害賠償請求権者としての被害者の過失とは異なる過失である。したがって、商法797条と民法722条2項とは、それぞれの適用要件について全く異なる。

この点、民法722条2項は、過失と過失には達していない非難すべき心状

---

[53] 林良平編『債権法Ⅱ（契約（2）事務管理・不当利得・不法行為）注解判例民法3』(1989) 1346頁〔玉樹智文〕。
[54] 林良平編・前掲書（注53）1347頁〔玉樹〕。

との相殺を定めており、損害賠償額の算定において裁判官がその自由裁量によりこれを斟酌できるだけであるとの見解が示されている[55]。また、商法797条の適用においては、競合する双方船員の過失の軽重が比較衡量され、その過失の軽重の判定は裁判所の自由裁量の範囲に属するものの、過失相殺としての側面においては、必ず、双方の過失の軽重にしたがって損害の分担を定めなければならない点で商法797条と民法722条2項とは異なるとの見解もある[56]。さらに、近時、双方船員の過失による船舶衝突という不法行為は、加害船船員および被害船船員のそれぞれの過失の競合によって成り立っていることを指摘し、被害船船員の過失は、加害船船員の過失と区別されない同質のものであり、民法上の過失相殺における被害者の過失の性質の複雑さ、問題点の多いこと等に比べて極めて明確であるとの見解もみられる[57]。

　これらの見解は、民法722条2項の過失相殺における「被害者の過失」と商法797条が定める双方の船員の過失とは異なるという点を指摘し、この点に商法797条と民法722条2項との相違点を見出している。なるほど、双方船員の過失の船舶衝突においては、双方の船員に過失が認められるのと同時に、双方船舶に損害が生じるのが一般的であるから、この意味において、双方船員の過失による船舶衝突には立場互換性が認められる。便宜的には、損害賠償請求の訴えを提起した原告が被害者、被告が加害者といえるであろうが、実質的にみれば、どちらの当事者も被害者または加害者であるといえる。したがって、公平な損害分担を指向すべき船舶衝突法の理念に鑑みれば、このような双方船舶の関係に、「被害者の過失」を斟酌することができるとする民法722条2項を適用することには疑問がある。また、商法797条は、「船舶カ双方ノ船員ノ過失ニ因リテ衝突シタル場合ニ於テ双方ノ過失ノ軽重ヲ判定スルコト能ハサルトキハ其衝突ニ因リテ生シタル損害ハ各船舶ノ所有者平分

55　田中（誠）教授は、民法722条2項の適用については、加害者は純然たる不法行為の要件を満たす必要があるが、被害者は、「責任原因または損害の発生につき協力したこと」および「責任原因または損害の発生につき過失（広義）の存すること」の2要件を満たすことが必要であるとしたうえで、被害者の過失は通常の過失とは異なる一種の特別の準則違反と称すべき心理状態であると指摘する（田中誠二『海商法上の諸問題』（1928）442頁）。
56　竹井廉『海商法』（1938）347頁。
57　福善俊雄「船舶衝突事故に関する過失相殺適用上の諸問題（1）」金沢経済大学論集11巻1号（1977）15頁。

シテ之ヲ負担ス」と定めている。この規定においては被害船という文言が用いられていないことから、同条は、船舶衝突における当事者の立場互換性を前提に、双方船舶の過失が同質であることを考慮して構成された規定であるとも理解できる。

これに対して、先にみたように、双方過失の船舶衝突の場合において、双方船員の過失の軽重が判定できるときは、民法722条2項の過失相殺規定を適用し、商法797条は過失の軽重を判定できない場合だけに適用されると考える見解がある。この見解は、商法797条には沿革的な意味でしかその独自性を認めるべきではなく、理論的な意味の独自性を認めるべきではないことを強調する[58]。しかし、このような見解に対しては、そもそも、船主は、商法690条によって船員の不法行為につき無過失の責任を負うのであるから、理論的にみれば、双方過失の船舶衝突の場合に過失責任を前提とした民法722条2項を適用することは困難であると指摘することができる[59]。また、双方の当事者の過失が必ず斟酌されれば、双方過失による船舶衝突に民法722条2項を適用したとしても、商法797条を適用した場合との相違は生じないが、前述したとおり、民法722条2項による過失相殺は裁判官の自由裁量に委ねられている。被害者の過失を斟酌しないときは違法な判決として上告理由に該当するとの見解もあるが[60]、判例は、過失相殺を行うか否かの判断および過失相殺により減額すべき損害賠償額の範囲についての判断の双方とも裁判官の自由裁量に委ねられていると解している[61]。したがって、双方過失による船舶衝突において、双方船舶の過失の軽重が判定できる場合に民法722条2項が適用されるとすれば、過失の軽重を判定できる場合であっても、その判定の困難さから、裁判官が過失を斟酌することなく結論を導き、あるいは、安易に当事者において損害を平分すべき旨の判決を導くおそれが生じないだろうか。すでに指摘したように、立場互換性ある船舶衝突にあっては、当事者間の公平な損害の分担が最も重視されるべきであるから、衝突船舶双

---

58 鴻・前掲論文（注50）633頁。
59 森清「雙方船員の過失に因る船舶の衝突における船主責任の分配」法學新報39巻2号（1929）34頁。
60 近江幸治『民法講義Ⅳ事務管理・不当利得・不法行為』〔2版〕（2007）202頁。
61 最判昭和41・6・21民集20巻5号1052頁、林良平編・前掲書（注53）1348頁〔玉樹〕。

方の船員の過失を認定し、その軽重が判定できる以上は、損害賠償額の算定に際して、必ずこれを斟酌すべきである。

　また、すでに損害分担原則の歴史的な展開を概観したが、船舶衝突によって生じた損害の分担に関する考え方は、当事者間の公平な損害分担のあり方を模索しながら各国において変遷を遂げてきた。そして、現在では、ほとんどの海運国において比較過失原則が採用されているだけでなく、衝突統一条約においてもこの原則が採用されている。同条約4条の規定ぶりに鑑みれば、同条は、民法722条2項に定める過失相殺とは異なる。すなわち、同条は、明らかに、双方過失による船舶衝突の場合には、必ず双方船舶の過失の軽重に応じて、船主に損害を分担させるべきことを定めている。これらのことを踏まえれば、船舶衝突における損害の分担については、衝突船舶の双方船員の過失の軽重が判定できる限りにおいては、必ずこれに基づく損害の分担が行われるべきことが、もはや海法の常識になっているといえる。

　以上のような理由から、双方過失の船舶衝突において、その過失の軽重に差があるときにも、民法722条2項によることなく、商法797条の反対解釈に基づき、必ず過失の軽重に応じて双方船主による損害の分担を定めることを要すると解すべきである[62]。

第2節　第三者に対して生じた損害の分担

1．はじめに

　船舶の衝突は、船舶そのものに対してだけでなく、その船舶に積載した積荷、旅客または船員等にも損害を生じさせる場合がある。また、衝突によって無過失の第三船およびその船舶上の積荷等、さらには、岸壁、埠頭などの構造物にも損害を生じさせる場合もある。ここで、まず、衝突した船舶と荷主との関係についてみると、自船がその船員の過失によって無過失の他船と

---

[62]　山戸・前掲書（注14）134頁、松波（港）・前掲論文（注6）83頁、石井・前掲書（注6）335頁もこのように解する。

衝突し、その他船上の積荷に損害を与えた場合には、船主は、その荷主に対して、自己の船員の不法行為によって生じた損害について賠償責任を負う（商法690条）。また、自船がその船員の過失によって無過失の他船と衝突し、自船の積荷に損害が生じた場合には、理論的には、船主は荷主に対して自己の船員の不法行為によって生じた損害賠償責任を負うとともに（商法690条）、運送契約上の債務不履行責任も負うことになる（商法766条（商法577条）、国際海上物品運送法3条1項）[63]。

これに対して、双方船舶の船員の過失によって船舶が衝突し、いずれかの船舶上の積荷の荷主等の第三者に損害が生じた場合には、衝突船舶の船主はこれらの者に対してどのような関係で生じた損害を分担するのかが問題となる。すなわち、この場合においても、衝突船舶の船主間の損害分担に関して商法797条が適用されるかどうかについては検討が必要な問題である。商法797条は、双方船舶の船員の過失によって船舶衝突が生じた場合に、その過失の軽重を判定することができないときは、その衝突によって生じた損害は各船主が平分して負担すべきこと、および、この条文の反対解釈として、衝突した船舶の過失の軽重が判定できる場合には、各船主は、その過失の軽重に応じて損害を分担すべきことを定めるにとどまり、衝突した船舶上の積荷または旅客、第三者等と過失のある衝突船舶との関係については何ら言及していないからである。

前節（第1節）において確認したように、商法797条は船主間における公平な損害分担を実現するための規定であり、衝突船舶の船主間における損害の分担については、必ずこの規定に基づき（この規定の反対解釈により）、それぞれの船舶の過失割合に応じた損害の分担が行われるべきである。そうすると、船主間における公平な損害分担のためには、この規定は第三者との関係においても船主間の損害分担について適用されるべきであると思われる。この点、この場合には、無過失の被害者としての荷主の保護を重視して、衝突船舶の船主に民法719条1項を適用することにより、衝突船舶の船主は荷

---

[63] 運送契約の不履行に基づく損害賠償請求権と不法行為に基づく損害賠償請求権との競合を認めるか否かについては争いがあるが、両請求権の競合を認めるのがわが国の伝統的な判例・通説の見解である（後掲注142参照）。

主等の第三者に対して連帯して損害賠償債務を負うと解するのが従来の判例および多数説の見解である。しかし、このように解するならば、運送船の船主とその荷主との間に運送契約上、船員の軽過失によって生じた損害について船主の責任を免除する趣旨の免責約款（以下、免責約款という）が存在する場合、または、国際海上物品運送法上の航海過失免責規定（以下、法定の航海過失免責規定という）が適用される場合には、これらが全く無意味なものとなってしまうという問題が生じる。これらの免責約款等は船主と荷主との関係について定めるものであり、運送船の船主は、荷主にその被った損害の全部を賠償した非運送船の船主がその負担部分を求償してきた場合には、これに応じなければならないからである。

そこで、少数ながら、この場合にも商法797条が適用され、衝突船舶の船主は、それぞれ過失割合に応じて損害賠償債務を負うとの見解も示されている。なるほど、このように解することにより、判例および多数説の見解によれば生じる問題を回避することができる。これに加えて、船主間における公平な損害分担を重視すれば、少数説の見解には一応の合理性が認められることになろう。果たしてこのように解すべきであろうか。

従来、この問題は、被害者たる荷主の保護または船主間での公平な損害分担のいずれを重視するべきか、さらには、免責約款の存在による不合理な結果をいかに合理的に回避するかという観点から論じられ、このような学説の対立が生じてきたと思われる。しかし、本節では、このような観点とは異なり、現代においては船舶衝突によって損害を被る第三者には多様な者が含まれ、さらに、運送船主とその荷主との関係は荷主以外の第三者とは異なる特殊な関係にあるという点に着目する。そして、基本的には判例および多数説の見解によりつつも、一方では、この立場が内包する問題の解決をはかり、他方では、合理的かつ公平な船主間の損害分担を行うために、例外的に荷主との関係においては船主の連帯責任の成立を制限すべきであるとの新たな理論を展開する[64]。

この新しい理論構成に際しては、衝突統一条約の規定と同様の内容を国内

64　近時刊行された共著書において、すでにこの理論の基本的な方向性を示した（箱井・前掲書（注16）（衝突法）100，104頁〔松田〕を参照）。本節ではこの理論について詳論する。

法とするイギリスの判例理論およびフランスの著名な海法学者の見解、さらには、民法719条の要件および効果に関するわが国の民法学説の優れた研究成果から大きな示唆を得た。そこで、まずは、この問題に関するわが国の判例法理を明らかにする。つづいて、イギリスの判例法理と衝突統一条約を批准していないアメリカ合衆国の判例法理とを比較して考察することからはじめたい。

2．わが国および英米の判例法理

（1）わが国の判例法理

双方船員の過失による船舶衝突において、運送船上の積荷の荷主と衝突船舶の船主との関係が問題となった代表的な裁判例として、大審院明治44年11月6日判決[65]がある。この裁判例の事実の概要および判旨は以下のとおりである。ここにみるように、大審院は、被害者としての荷主を保護するために、衝突船舶の船主とその相手船舶上の積荷の荷主との関係には商法797条は適用されず、この場合には、両船の船主は民法719条に基づき、荷主に対して

65　民録17輯627頁。なお、大審院裁判例と同様に、荷主との関係において衝突船舶の船主に民法719条の連帯責任を認める下級審裁判例として、たとえば、大阪地判大正3・7・31新聞963号27頁がある。この裁判例の事実の概要は次のとおりである。X_1（原告）は訴外Ａと黒糖120挺につき、また、訴外Ｂと砂糖69挺につき、それぞれ保険契約を締結し、これらはいずれも汽船Ｐ丸に積載され、大島より大阪に運送された。また、X_2（原告）は、訴外Ｃとの間で黒砂糖150挺につき、訴外Ｄとの間で黒砂糖58挺につき、それぞれ保険契約を締結し、これらはいずれも汽船Ｐ丸に積載され那覇から大阪に運送された。瀬取運搬業に従事するY_1（被告）は、Ｐ丸が大阪港に入港するや、その積荷であった前記砂糖の全部をその所有の艀船Ｑに積載し、大阪市内西区靱に運送するために安治川筋を航行したが、その航行中にY_2（被告）が所有する汽船Ｒ丸が曳航していた同社所有の艀船Ｓに衝突し、艀船Ｑはその船尾を破損したことによる浸水のため砂糖を積載したまま沈没した。訴外Ａ、Ｂ、Ｃに保険金を支払い、損害賠償請求権を取得したX_1およびX_2は、この衝突はY_1所有の艀船Ｑの船員およびY_2所有の艀船Ｓの船員の共同過失によるものであるとして、Y_1およびY_2に対して本件訴えを提起した。判決は、本件衝突は、艀船Ｆが過積載のうえ無燈火航行をしたこと、および、汽船Ｒ丸が曳航していた艀船Ｓの操舵手が操舵を誤ったこと、すなわち、両被告Y_1およびY_2の共同不法行為によるものであると認定した。そして、被告Y_1が、その船員は被告Y_2と不法行為をなすべき共通の意思がなかったから連帯責任を認めるべきではない旨を主張したことについて、「民法第719條の共同不法行爲は行爲者に不法行爲を爲すべき意思の聯絡あることを要せず單に數人が共に不法行爲を爲したる事實あるを以て事足る」と判示し、民法719条に基づき、Y_1およびY_2の連帯責任を認めた。また、横浜地判昭和9・8・4新聞3745号7頁も同様の見解に立っている。

各自連帯して損害賠償責任を負うとの判例を確立したといってよい。
　なお、民法719条の適用要件としての行為者の関連共同性の点については、わが国の判例は、不法行為について行為者間の意思の連絡があることを必要としないとする[66]。

　〈事実の概要〉訴外A、B、Cは、それぞれ訴外Dに、青森から室蘭まで雑品、玄米、白米等の海上運送を委託した。これらの貨物を搭載したD所有のP丸はY（被告・控訴人・被上告人）所有の汽船Q丸と衝突して沈没し、その運送品は全損に帰した。訴外A、B、Cとの間に海上保険契約を締結していたX（原告・被控訴人・上告人）は、被保険者たるA、B、Cに保険金額の全部を支払い、保険の目的たる貨物の委付を受けた。そこで、Xは、本件衝突は両船船長の過失によって生じたとして、民法719条に基づきYはDと連帯して損害を賠償する責任があると主張した。そして、Xは、委付によりA、B、CのYに対する損害賠償請求権を取得したとして、この損害の全額の支払いを求めた。これに対して、Yは、仮にQ丸にも過失があるとしても、この衝突は両船船長が共謀して生じさせたものではないから共同不法行為にはあたらず、本件積荷に生じた損害は、商法650条（現797条）により、両船所有者において過失の軽重に応じた割合で分担するか、または平等に分担すべきものであると主張した。
　第1審判決[67]は次のように述べ、民法719条1項の適用を否定した。「民法719條1項前段は数人が互に他人の行為を認識して之に加功するの意思を以て他人に損害を加へたるとき即ち共謀不法行為に關する場合の規定なり然るに本訴損害の原因たる衝突は両船船員の共謀に出てたるものに非ざることは争

---

[66] 大判大正2・4・26民録19輯281頁は、「民法719條第1項前段ハ共同行爲者ノ各自カ損害ノ原因タル不法行爲ニ加ハルコト換言スレハ客觀的ニ共同ノ不法行爲ニ因リ其損害ヲ生シタルコトヲ要スルニ止マリ共謀其他主觀的共同ノ原因ニ由リ其損害ヲ生シタルコトヲ要スルコトナシ蓋シ此場合ニハ損害ハ一ニシテ之カ賠償ノ責ニ任スヘキ者ハ数人アリ如何ナル範圍ニ於テ其賠償ヲ爲スヘキモノナリヤヲ明ニスルノ必要アリ其責任ノ連帯ナルコトヲ定ムル爲メ規定ヲ設ケタルモノニシテ意思ノ共通ヲ要スルコトヲ定ムル爲メ規定ヲ設ケタルモノニアラサルナリ故ニ共同行爲者ノ各自ノ間ニ意思ノ共通アルコトヲ要セサルモノナレハ故意ニ因ル行爲者ト過失ニ因ル行爲者トカ共同不法行爲者トシテ損害賠償ノ責ニ任スルヲ妨クルコトナキコト亦明ナル」旨を判示し、故意と過失の共同を認めた。また、大判大正2・6・28民録19輯560頁も、「民法第719條ニ共同ノ不法行爲トアルハ数人カ共爲シタル不法行爲換言スレハ数人ノ客觀的共同ノ不法行爲ノ謂ニシテ其数人間ニ意思ノ共通アルコト即チ主觀的共同ナルコトヲ必要トスル法意ニ非ス」と判示し、過失の共同についても共同不法行為の成立を認めている。なお、大阪地判大正3・7・31新聞963号27頁もこのような見解を示す。
[67] 函館地判判決年月日不詳新聞650号13頁。

いなき處なるを以て右規定を適用すへき場合に非す又衝突は兩船船員の過失に原因するものなること前説明の如くなるを以て同條項後段の所謂共同行爲者中の孰れが損害を加へたるかを知ること能はざる場合にも該當せす故に本訴被告の責任に付ては民法第719條を適用すべきものに非ざること明白なり」。

また、商法690条（現797条）の規定は、「衝突に係る船舶所有者間の關係を規律したる法條にして廣く船舶の衝突に因り損害を受けたる船舶所有者以外の第三者と船舶所有者との關係に適用すべき法條に非ず蓋し同条の規定は衝突に係る船舶所有者間に於て衝突に因りて生したる損害に付最も公平に其分擔額を定むる爲めに設けられたる規定に過ざるのみならす船舶衝突に因り船舶所有者以外の第三者が損害を受けたる場合に於て其第三者に對する船舶所有者の責任は商法第544條（現690条）等の規定を除く外一般不法行爲の責任に比し之を輕減する理由なければなり」として商法797条の適用も否定した。

そして、次のように述べて、両船の過失に軽重の差があったとしても、各自その損害の全部について責任を負担すべきであるとして両船船主の連帯責任を肯定した。民法709条に照らせば、他人の権利を侵害した者はこれによって生じた損害を賠償すべきである。原告Xに生じた損害は、P丸およびQ丸双方の船員の過失によって生じたものであり、いずれか一方の過失がなかったならば発生することがなかった。したがって、この過失はいずれも全部の損害を生じさせたというべきである。

これに対して、原審判決[68]は、次のような理由を示し、商法797条は船主間のみならず、船主と第三者間の関係にも適用されると判示した[69]。商法650条（現797条）は「衝突ニ因リテ生シタル損害」と規定するにとどまり、その損害の範囲については何らの制限をも設けていない。また、本条にあたる旧商法第942条は「衝突破裂其地ノ事由ニ依リテ船舶及ヒ積荷ニ生シタル損害ニ付テハ」と規定している。この点、商法第650条（現797条）は広く「衝突ニ因リテ生シタル損害」と規定するだけでその範囲を明示していないが、特に同条の趣旨を変更するものと解すべき理由はない。したがって、本条にいう損害には船舶はもちろん積荷等の被った損害も含まれると解すべきである。

---

68 函館控判明治44・3・9新聞705号25頁。
69 小町谷教授は、原審の函館控訴院は、旧商法942条が「自己の過失に因りて損害を惹起したる者……」と規定していることを見過ごしているだけでなく、ロエスレル草案第966条の理由書の調査を怠っているから、この見解を採用することができないとするとともに、大審院判決についても、結論だけ正当であって、理由は循環論法に陥っていると批判する（小町谷・前掲書（注2）（下2）135-136頁）。

〈判　旨〉「船舶カ雙方ノ船員ノ過失ニ因ニテ衝突シタル場合ニ於テ雙方ノ過失ノ輕重ヲ判定スルコトヲ能ハサルトキハ其衝突ニ因リテ生シタル損害ハ各船主平分シテ之ヲ負擔スヘキコト商法第650條（現797条）ノ規定スル所ナリ而シテ此ニ所謂損害中ニハ積荷ニ關スル損害ヲモ包含スルモノト解スヘキヲ以テ一方ノ船舶ニ積載シタル荷物ニ損害ヲ生シタルトキハ各船主ニ於テ之ヲ平分シテ負擔スヘキコト多言ヲ要セス然レトモ其損害ノ分擔ハ衝突シタル船主間ニ於ケル關係タルニ止マリ各船主ノ被害荷主ニ對スル責任ハ此法條ニ依リ平分セラルルモノニ非ス換言スレハ商法650條（現797条）ハ衝突ニ因リ生シタル損害ノ負擔ニ付各船主間ノ關係ヲ規定シタルモノニシテ被害荷主ニ對スル關係ヲ規定シタルモノニ非ス惟フニ船長其他船員カ其職務ヲ行フニ當リ他人ニ加ヘタル損害ニ付テハ船主ハ商法第544條（現690条）ノ規定ニ依リ之レカ賠償ノ責ニ任スヘキモノニシテ此賠償責任ハ其損害カ適モ他船ノ船員ノ共同過失ニ起因シタルカ爲メ輕減セラルヘキ理アルコトナシ此ノ如キ場合ニハ各船主ハ被害者ニ對シ互ニ全部ノ責任ヲ負フヘキモノ爲スヲ法理ノ當然トス若シ夫レ海運業奨勵ノ爲メ各船主ノ責任ヲ輕減スル必要アリトセハ須ラク明文ヲ以テ之レカ規定ヲ爲ササルヘカラス然ルニ商法第650条（現797条）ハ單ニ雙方船員ノ過失ニ因ル衝突損害ノ付キ各船主平分シテ之ヲ負擔スヘキコトヲ規定シタルニ過キサレハ之ヲ以テ第544條（現690条）ニ對スル例外規定ト爲シ被害荷主ニ對スル關係ニ於テモ其責任ハ各自ノ間ニ平分セラルルコトヲを規定シタルモノト解スルコトヲ得ス何トナレハ是レ一方ニ於テ与ヘタル要償ノ權利ヲ他方ニ於テ削減スルモノニシテ最モ明確ナル法律ノ規定ヲ必要スレハナリ果シテ然ラハ商法第650条（現797条）ハ被害荷主ニ對スル關係ニ於テハ其適用ナク各船主ハ民法第719條第１項ニ依リ各自連帯シテ賠償ノ責ニ任スヘキモノトスルヲ至當トス」

（２）英米における判例法理

　双方船舶の過失による船舶の衝突の結果として損害を被った荷主をはじめとする第三者と衝突船舶の船主との関係については、他の海運国ではどのように理解されているのか。ここでは、対照的な判例法論を確立しているイギリスおよびアメリカ合衆国の２か国をとりあげる。イギリスでは、コモン・ローの原則によれば、双方過失による船舶衝突においては、衝突船舶のいずれかに積み込まれた積荷の無過失の荷主は、いずれかの衝突船舶の船主に対して、その被った損害の全部についての賠償を請求することができるとされ

ていた[70]。これに対して、海法においては、後に概観するように、1860年のThe Milan 判決[71]（後掲【裁判例2】）において、荷主は、自己の被った損害につき、衝突の相手船舶たる被運送船の船主が負担すべき部分を超えて、その船主に損害賠償を請求することはできないという原則が確立された[72]。そして、衝突統一条約の内容を国内法の内容とするために制定された1911年海事条約法（Maritime Convention Act of 1911）は、この原則を維持し、現在では、1995年の商船法（Marchant Shipping Act）187条1項が次のように定めている。「2隻以上の船舶の過失によって、これらの1隻以上の船舶、その船舶上の積荷または運賃もしくはその他の財産に滅失または損傷を生じさせた場合、その滅失または損傷に対する賠償責任は、それぞれの船舶の過失の軽重に応じるものとする[73]」。

これに対して、アメリカ合衆国は同条約を批准せず、後にみるように、衝突船舶の船主は、荷主に対して比較過失原則に基づく分割債務を負うのではなく、連帯債務を負担する旨の判例法理を確立して現在に至っている。そこで、両国におけるいくつかの裁判例を概観したうえ、これらを考察して、それぞれの判例法理を明らかにする。

①イギリスの判例法理
1）裁判例　　イギリスでは、ここにみるように、1911年の海事条約法が制定される以前の1860年に、すでに双方船員の過失による船舶衝突の結果、損害を被った運送船上の無過失の荷主に対して、運送船および非運送船の船主は、損害賠償につき分割債務を負担するという判例法理が確立されていた。そこで、この法理の確立に関連する代表的な3つの裁判例をとりあげ、このようなイギリスの判例法理の内容を明らかにする。

70　Marsden, *supra* note 31, 537.
71　167 E. R. 167, Lush. 388 (1860).
72　Marsden, *supra* note 31, 538.
73　Merchant Shipping Act 1995, Section 187(1); Where, by the fault of two or more ships, damage or loss is caused to one or more of those ships, to their cargoes or freight, or to any property on board, the liability to make good the damage or loss shall be in proportion to the degree in which each ship was in fault.

【裁判例 1】Hay v. Le Neve[74]
〈事実の概要〉丸太を積載し、Forth 湾（スコットランドの南東部の湾）に碇泊していた X（原告、被上訴人）らが所有するブリッグ（brig）の P 号（Wells 号）と、雑貨（general cargo）を積載し、Leith に向けて航行していた Y（被告、上訴人）が所有する小型帆船の Q 号（Sprightly 号）が衝突し、P 号が沈没した。X は、P 号の沈没を生じさせた本件衝突は Q 号が適切な見張りを欠いていたとともに、衝突を回避するための適切な動作を行わなかったことに基因するものであることを主張し、その生じた損害（船体および積荷の滅失）の賠償を求めた。これに対して、Y は、本件衝突の原因は、P 号が無燈火で航路筋に碇泊していたことにあると主張した。

第 1 審のスコットランド海事裁判所は、本件衝突は、Q 号の一方的過失によるものであるとし、Y に対して P 号の沈没によって生じた損害の全部についての賠償を命じた。第 2 審のスコットランド民事上級裁判所（Court of Session）は、Q 号の方が程度は重いものの、本件衝突については双方の船舶に過失が認められるとし、X に生じた損害額の 3 分の 2 について Y に賠償責任があるとの判決を下した。そこで、Y が、貴族院に上訴した。

〈判　旨〉原審のスコットランド民事上級裁判所（Court of Session）は、1815 年の Woodrop, Sims 判決[75]および 1816 年の The Lord Melville 判決において、Stowell 卿が、傍論として、双方船員の過失による船舶衝突においては損害平分原則を適用すべきことを述べたのは、コモン・ロー上の寄与過失法理の適用を回避するためであるから、このことによって、これが海事裁判所の法源となるものではないと指摘した。これに対して、本件判決において Gifford 卿は、他のヨーロッパ諸国においても双方過失による船舶衝突事件では損害平分原則に基づく損害の分担が行われていること、イギリスの海事裁判所において損害平分原則が適用された先例があることをあげ、次のように述べて、P 号およびその積荷の所有者に生じた損害は、双方の当事者によって平等に負担されるべきものと判示し、民事上級裁判所の判決を破棄した。

「Woodrop Sims 判決において宣言された原則は、海事裁判における法として確立されているものであると理解している。本件において、民事上級裁判

74　Hay v. Le Neve, 2 Shaw's Scotch Appeal Cases 395 (1824).
75　(1815) 2 Dodson 83, 165 E. R. 1422. この判決において、William Scott 卿（後の Stwell 卿）は、船舶衝突の態様を、①いずれの船舶の過失にもよらない衝突、②双方船舶の過失による衝突、③原告船の過失による衝突、④被告船の過失による衝突の 4 つに分け、②の双方船舶の過失による衝突の場合には、双方船舶の過失によって衝突が生じているので、生じた損害を平分して船主にこれを負担させることが適当であると述べた（(1815) 2 Dodson 85, 165 E. R. 1423）。

所も等しく責任を負うべきであると思われる双方当事者の過失の軽重を判定することは極めて困難であると考えたはずであるから、衝突によって生じた損害を平分すべきであるとの判決を下すように民事上級裁判所に求めることはそれほど困難ではないように思われる。したがって、当事者間において損害を平分して、それぞれにこれを負担させるべきことを述べた James Marriot 卿による Judith Randolph 判決に従うように民事上級裁判所に求めるのである。他の原則を適用するとしても、民事上級裁判所が認定した損害を適切に分配できる方法を思いつかない。双方の当事者の過失の割合を定めること、あるいは、他の原則によって損害を分配することは極めて困難である[76]」。

【裁判例2】The Milan[77]

〈事実の概要〉汽船Q号（Milan 号）と衝突して沈没したブリッグ（brig）のP号（Lindisfarne 号）の積荷のうちの一部の荷主であるX（原告）が、Q号の船主であるY（被告）に対して、その被った損害の賠償を求めて訴えを提起した。この衝突については、Q号には適度な速度で航行すべき義務の不履行、P号には、1854年の商船法（Merchant Shipping Act）296条が定める port helm 原則違反が認定され、双方船員に過失があるとされた。

本件において、争点となったのは次の2点であった。すなわち、(i)特定の事項（燈火の表示、霧中信号、汽船と帆船の通過に関する航法、汽船の狭い水道における航法に関する規則）に違反した結果として生じた船舶衝突の場合に、原則として船主による損害賠償請求を認めないことを定める1854年の商船法298条[78]が規定する ship という文言に cargo が含まれるかどうか、(ii)荷主は、非運送船の船主に対して、その被った損害の全部についての賠償請求ができるかどうかであった。

第1の争点について、Xは次のように主張した。1854年の商船法298条の文

76　2 Shaw's Scotch Appeal cases 395, 404-405.
77　167 E. R. 167 (1860).
78　If in any case of collision it appears to the Court before which the case is tried, that such collision was occasioned by the non-observance of any rule for the exhibition of lights, or the use of fog signals issued in pursuance of powers herein before contained, or of the foregoing rule as to the passing of the steam and sailing ships, or of the foregoing rule as to a steamship keeping to that said of a narrow channel which lies on the starboard side, the owner of the ship by which such rule has been infringed shall not be entitled to recover any recompense whatever for any damage sustained by such ship in such collision, unless it is shown to the satisfaction of the Court that the circumstances of the case made a departure from the rule necessary; The Milan, 167 E. R. 167, 173, Lush. 388, 398.

言には「荷主」が含まれておらず、船主はその「船舶」が被った損害についての賠償を請求する権利を有しないと規定するのみである。また、これらの文言は限定的なものであって、「積荷」は「船舶」とは異なるだけでなく、通常は「船舶」の船主とその船舶上にある積荷の「荷主」とは同一の者ではないから、Xは、同条の規定によってQ号の船主であるYに対する損害賠償請求を妨げられるものではない。これに対して、Yは、同条の規定する「船舶」には「積荷」も含まれ、積荷の所有者であるXもQ号の船主に対してその被った損害の賠償を求めることはできないと主張した。

　第2の争点についてのXの主張は、多くの先例を引用し、詳細に述べられているが、その内容を要約すると次のとおりである。(i)荷主であるXは、その被った損害の全部についての賠償を請求することができる。不法行為者としての地位にあるのはYであり、また、過失があるのはP号の船長および乗組員であって、X自身には過失はないからである。したがって、Xが本船の船長および船員の過失について責任を負わないのは当然のことである。(ii)他の当事者との間に使用者・被用者という関係がない限り、Xは、その者の行為について責任を負うものではない。使用者には被用者を選択する権利があり、自らの指示を行うのに適切な技量または注意を欠く者を選んだ使用者は、その被用者の不注意によって生じた損害について責任を負うべきであると解するのが合理的である。しかし、そのような責任を認める原則または法は、責任を追及されている者が損害を生じさせた者と使用者・被用者の関係に立たない場合には適用されない。この点、先例においても、誰がその被用者を選任し、これを支配しているかという使用者・被用者テストが採用されている。このテストによれば、本件においては、積荷の所有者ではなく、船舶の所有者が被用者たる船長および船員を選任したことは明白である。被告側は、おそらく Thorogood v. Bryan 判決[79]（以下、Thorogood 判決という）を根拠にその主張を展開するであろう。この判決は、乗合馬車の乗客はその馬車の所有者と一体化されるので、これが他の馬車と衝突し、このことについて双方

79　8 C. B. 115 (1849). この裁判例は、馬車が停車する前にそれを降り、後方から走行して来た別の馬車に轢かれて死亡した者の夫人ら（原告）が、この者を轢いた馬車の所有者（被告）に対して損害賠償を請求したものである。被告は、本件事故は、馬車が停止しないうちに被害者を降りさせたこの馬車の運転手の過失および走行中に降りた被害者自らの不注意により生じたもので、原告は被告に対して損害賠償を請求する権利はないと主張した。貴族院は、死亡した者が乗客として乗っていた馬車の運転手は、その者の代理人とみなされなければならないとの理論構成により（*Ibid.* at 121）、その運転手に過失がある場合には、その者を轢いた別の馬車の所有者に対する損害賠償請求は認められないと判示した。

の運転手に過失がある場合には、その乗客は他方の乗合馬車の運転手から、その被った損害の賠償を受けることはできないと判示している。しかし、そうだとすれば、乗客または積荷の所有者に被告としての責任を負わせることになる。(iii)積荷は船舶とともに損害を被るので、船主と荷主とを分離することは適切ではないとの主張があるかもしれないが、これまで、このような主張は裁判上行われたことはなく、これに関するいかなる先例も存在しない。これまでの船舶衝突事件において、損害平分原則を適用したすべての裁判例は、原告が船舶の所有者としての地位にある場合か、または、船舶および積荷双方の所有者としての地位にあり、同一の者が船舶および積荷の双方を所有している場合であった。したがって、本件は、一般原則によって解決するほかなく、これによれば、荷主は不法行為者から全額の損害賠償を受ける権利を有することになる。これについて、Yは、自らの過失のある行為の結果についてだけでなく、他者の過失のある行為の結果によって生じた損害についてまで賠償金を支払わせることはできないはずであると主張するであろうが、不法行為者は、各自連帯して損害賠償責任を負うのが法の内容である。したがって、原告は不法行為者のうちのいずれかの者を選択し、その者に対して全額の損害賠償を請求することができるのである。

　このようなXの主張に対して、Yは次のように反論した。Xは全額の賠償を受けることができるというその主張は、先例または実務慣行によって認められているものではない。これまで、荷主が運送船の船主よりも有利な地位に立つことを判示した先例、または、そのような見解は存在しないから、衝突した双方船舶の船主間において生じた損害についての賠償責任は平分され、Xは、その被った損害の半分についての賠償を受ける権利を有するにとどまる。また、Yは、Thorogood判決を引用して、荷主は、特定の運送人を選び、その運送人に積荷を寄託することにより、運送人およびその被用者と自らとを一体化させていると考えられるから、損害が運送船の船員の過失によって生じた場合には、荷主であるXはその当事者とみなされ、Xはいかなる損害賠償も受けることはできないと主張した。

〈判　旨〉本判決において、双方船員の過失による船舶衝突の場合、運送船に船積みした運送品の荷主は非運送船の船主から損害賠償を受けることができるか、また、受けることができるとして、その損害の全部についての賠償を受けることができるのかという第2の争点について、審理を担当したLushington博士は、これは、(i)本件における観念的正義（公平さ）(abstract justice)は何か、(ii)この問題の解決に関する海事裁判の原則または裁判実務が

存在するか、(iii)当裁判所の判決に影響を与えるようなコモン・ローの原則または裁判例が存在するかどうかの観点から考察されなければならないとした。まず、(i)の観点について次のように述べた。「A が、B および C の過誤によって損失を被った場合、A はその損失について全額かつ完全な賠償を受けられるべきであるが、A が、そのうちいずれか1人の者から B および C 双方の行為によって生じた損害の全部についての賠償を受ける権利を与えられるべきであるということはできない。また、厳密な正義（公平さ）(strict justice) の観点によれば、過失の軽重に応じて2人の過失のある者に損失を補填する責任を課すべきであるが、実際には、その割合を判定し確定することは困難である[80]」。つづいて、いくつかの先例をとりあげ、海事裁判所の実務は、双方船舶の船員に過失がある場合、荷主は、船舶の所有者と同様に、その損害額の半額についての賠償を受けるべきであるとの見解に統一されてきていると述べ、その理由について次のように説明した。「先に述べた観念的正義 (abstract justice) の観点からいえば、荷主に適用されるべき海法の原則としては、それぞれの船主に対する有責性 (culpability) の程度に応じて、荷主にそれぞれの船主に対する損害賠償請求権を与えるべきであると思われる。しかし、双方船員に過失がある場合においては、それぞれの船主の責任を厳密に分配することは困難であるから、非運送船の船主には、その損害の半分についての賠償責任があるとされ、残りについては、無過失の荷主に、運送船の船主に対する損害賠償請求の訴えを提起させるのである。このような方法には不公平さは見いだせないし、その目的は公平の実現そのものである[81]」。

また、(ii)および(iii)の観点について、原告である X に、いかなる損害賠償をも受けさせないこと、あるいは、被告である Y に、X の被った損害の全部についての賠償を命じるべき何らかのコモン・ローの原則または裁判例が存在するか否かについて次のような見解を示した。「過失ある船舶上の積荷の所有者による損害賠償請求に関して、コモン・ローにおける寄与過失 (contributory negligence) 法理が適用された裁判例は存在しない。このコモン・ローの原則は、損害の発生について、被害者自身にいくらかの帰責性がある場合に、その者は損害賠償を受けられないという原則であるが、この原則を適用することは Hay v. Le Neve 判決（前掲【裁判例1】）に直接的に反し、海事裁判所において行われている通常の裁判実務にも反する。また、衝突船舶双方の船員に過失がある場合に、海事裁判所で行われている裁判実務（損害平分）に基

80　167 E. R. 167 at 174.
81　*Ibid*. at 175.

づき、共同不法行為者たる船主は、相手船舶の船主に対してその被った損害の半分についての賠償を請求できるとすれば、無過失の荷主は、なおさら、それと同様の救済を受ける権利を奪われるはずがない[82]」。このように述べて、荷主は、その被った損害額の半分についての賠償を請求する権利があるとの結論を導いた。

そして、最後に、荷主がその被った損害について非運送船の船主からその全部の損害賠償を受けることができるかどうかについて、次のような見解を示した。「コモン・ローの原則では、無過失の荷主は、全額の賠償を受けることができるものと理解されるが、私は、海事裁判における法原則および裁判実務に拘束されなければならない。荷主は、全くの無過失者として扱われるべきこと、そして、荷主が衝突について過失のある船舶のいずれか一方の船主と同様の地位に立つものではないとの主張は正当である。そして、衝突した船舶の船員の共同過失に基づき、おそらく、荷主は非運送船たる相手船舶の船主からその損害について全額の賠償を受けることになろう。しかし、これは海法において採用されている考え方ではない。賢明かどうかはわからないが、より公平な裁判を行うために、一般には、双方船舶の船員が不法行為を行った場合、その各船主は、これによって生じた損害の半分についてのみ賠償責任を負わされるのである。したがって、海事裁判では、『過失のある2隻の船舶のうちの一方に訴えを提起した無過失の荷主は、その損害の半分についてのみ賠償を受けるものとする』と判示しなければならない。訴えを提起された船舶の船主に荷主が被った損害の半分についてのみ賠償責任を負わせることができ、荷主は、その残余の部分については、同様に過失のある他方の船舶の船主に対して賠償を請求する権利が残されているからである。この結論は、コモン・ローの原則に一致するものではないが、Hay v. Le Neve 判決（前掲【裁判例1】）、および、その他の裁判例において採用された海法の原則に最も適合するものである[83]」。

---

82 この点に関して、Lushington 博士は、荷主に対して寄与過失原則が適用されない根拠として次のような説明を加えている。「荷主は、自ら、あるいは、その代理人によって、生じた損害について原因を与えるような過失のある行為を行っていないと思われる。船長および海員は、全くその支配下にはないからである。荷主自身が船主本人でも、その代理人でもない場合に、荷主は船主の共犯者（particeps criminis）であると考えるのは困難である。本件では、荷主自身またはその代理人がその物品を運送する船舶を選択したのであるから、荷主はそのように（共犯者と）考えられ、損害賠償請求権を奪われるべきであると主張されている。しかし、私の見解では、荷主が単にその物品の運送についての船舶を選定することによって、荷主に衝突についての何らかの責任を生じさせるような要素は見当たらない。個人が、その者自身またはその代理人によって干渉または支配する力を有しない場合、（そのような影響力を有しない者によって）なされた行為に対する責任を考えることはできないからである（*Ibid.* at 175）」。

【裁判例3】The Giacinto Motta[84]

〈事実の概要〉Q号（World Mermaid号）とP号（Giacinto Motta号）が、公海上において、その双方船員の航海上の過失によって衝突し、P号が沈没してその積荷が滅失した。この衝突の結果、次の2つの訴訟が提起された。その一方は、アメリカ合衆国におけるP号の積荷の荷主によるQ号の船主に対する損害賠償請求訴訟である（Q号の船主が荷主に対しておよそ2,480,000米ドルを支払うとの和解が成立した）。他方は、イギリスにおけるP号の船主とQ号の船主を当事者とする訴訟であり、P号の船主であるX（原告）が、Q号の船主であるY（被告）に対して、生じた損害の賠償を求めて訴えを提起したものである。当事者が合意した事実に関する陳述によると、P号の沈没によってXが被った損害額はおよそ500,000ポンド、P号上の積荷の損害額はおよそ1,350,000ポンド、また、Q号が被った船体損害額はおよそ250,000ポンドであった。なお、当事者間においては本件衝突に関する両船の過失割合は平等であることが合意されており、イギリス法によるとQ号の責任制限基金は845,705ポンドであった。また、Xは、そのP号上の積荷の荷主との間の運送契約に摂取されるハーグ・ルールの規定を援用し、その荷主に対しては責任を負わない旨をも主張した。

アメリカ合衆国において成立した和解に基づき、Yは、P号の積荷の荷主に対しておよそ2,480,000米ドルの損害賠償金を支払ったが、本件では、YはXに対して、P号上の荷主に支払った損害賠償額の一部（P号の船主が過失割合に応じて負担すべき全損害額の50％の額）を求償することができるかどうか、また、求償できるとして、いかなる範囲で求償が認められるかという点が争点の1つであった。以下、この点についてのみその判旨を示す。

〈判　旨〉Brandon判事は、この争点の解決のためには、1911年の海事条約法（Maritime Convention Act）1条1項[85]の厳密な解釈によらなければならないとして、まず、同条1項の主たる目的は、衝突統一条約の内容と同様に、衝突船舶の船主間において各自の過失の軽重に応じて船舶の衝突によって生じ

83　*Ibid.* at 176-177.
84　[1977] 2 Lloyd's L. Rep. 221.
85　Where, by the fault of two or more vessels, damage or loss is caused to one or more of those vessels, to their cargos or freight, or to any property on board, the liability to make good the damage or loss shall be in proportion to the degree in which each vessel was in fault: Provided that - (a) if, having regard to all the circumstances of the case, it is not possible to establish different degree of fault, the liability shall be apportioned equally; and (b) nothing in this section shall operate so as to render any vessel liable for any loss or damage to which her fault has not contributed; and (c) nothing in this section shall affect the liability of any person under a contract

た滅失または損傷についての責任を負うべきことを規範として確立することにあったと述べた。そして、同条項は、これが明文をもって定めている事項（過失のある船舶の船体、衝突船舶に船積みされた貨物および他の物品、衝突船舶の運送賃）以外のその他の財産、たとえば、無過失の第三船、浮標、燈台および航海の用に供されるその他の浮標等には全く言及していないのは明らかであることを指摘した。

また、本件では、衝突によってP号上の積荷に生じた損害は、双方船舶の船員の平等割合の過失によって生じているから、同条1項但書(c)によって免責されない限り、イギリス法の下では、各船舶の船主は当該積荷に生じた損害の半分についての賠償責任を負う。しかし、Xには、荷主との間の運送契約に基づいて同条1項但書(c)の適用が認められ、その荷主に対する損害賠償責任を免除される。したがって、イギリスにおいて、当該荷主がXに対して訴えを提起していたならば、何らの賠償をも得ることができなかったことになる。あるいは、Yに対して訴えを提起したとしても、海事条約法1条の規定によって、損害の半分についてのみ賠償を受けられるにとどまり、それ以上の損害賠償を受けることはできなかったと指摘した。

そして、衝突統一条約および1911年海事条約法がこのように規定したのは、「衝突統一条約および1911年海事条約法は、過失に関する限り、積荷とそれを運送する船舶とが一体化されるという、すでに存在していた（The Milan 判決における規範として知られている）海法の規範にしたがい、かつ、これを採用したからである[86]」との見解を示した。さらに、アメリカ合衆国では、無過失の荷主は、非運送船の船主から、その被った損害の全部についての賠償を受けることができることに言及し、イギリスをはじめとする衝突統一条約の締約国の法とアメリカ合衆国法との相違が、荷主によるアメリカ合衆国における訴訟提起、すなわち法廷地漁りの問題を引き起こしており、本件が、そのような法廷地漁りの典型的な事例であることをも指摘した。

以上の見解を示したあと、Brandon 判事は、本件の争点を解決するにあたっては、(i) Yが荷主に支払った損害賠償金が、1911年海事条約法1条1項但書(c)の規定によって免責されない限り、Xが50％の割合で責任を負うべきQ

---

of carriage or any contract, or shall be construed as imposing any liability upon any person from which he is exempted by any contract or by any provision of law, or as affecting the right of any person to limit his liability in the manner provided by law; Henry V. Brandon, *Apportionment of Liability in British Courts under the Maritime Convention Act of 1911*, 51 Tul. L. Rev. 1025, 1026 (1977).

86 [1977] 2 Lloyd's L. Rep. 221, 224.

号に生じた減失または損傷にあたるのかどうか、(ⅱ)そうだとして、Xは、それでもなおYがP号上の積荷の荷主に対して支払った損害賠償金の分担を免れるのかどうか（すなわち、YによるXへの求償が否定されるかどうかの問題）について検討しなければならないと指摘した。

まず、(ⅰ)に関して、裁判所はこの問題を解決するために The Cairnbahn 判決[87]に拘束されるべきであるとのYの主張について、次のような理由に基づき、これを認めなかった。「The Cairnbahn 判決は、次のように判示する。無過失のA船が、平等割合の過失のあるB船とC船との衝突によって損害を被った場合、B船およびC船の双方の船主はA船の船主に生じた損害の全部につき連帯して賠償責任を負う。このことから、A船の船主は、B船の船主からその損害について全額の賠償を受けることができ、B船の船主は、当該衝突によってB船がA船に支払った金額の半額を自己に生じた損害の一部として、C船の船主に対して求償することができる。ところが、本件は、The Cairnbahn 判決とは事案を異にする。比較のために、B船に相当する船舶をQ号、C船に相当する船舶をP号とした場合、衝突統一条約と同一の内容をとり入れたイギリス法の下では、B船が支払った損害賠償金は、無過失の第三者（A船に相当する）によって請求されたものではないことになる。すなわち、過失に関しては、C船によって運送されていた積荷は運送船と一体化されるので、理論上は、その積荷の荷主は無過失ではなく、生じた損害の半分についての賠償責任を負う第三者とみなされる。このような状況の下で、仮に、イギリス法に基づいてQ号（B船に相当）の積荷の荷主に対する責任の内容を判断すれば、Y（Q号の船主）は、荷主の被った損害について半額の賠償金のみを支払わなければならなかったことになる。Yが負うこのような責任は、決してX側の50％の過失ではなく、自己の側の50％の過失によって生じたのであるから、Yには、Xに対して求償するための根拠が全く認められないことになっていたであろう[88]」。

つづいて、Brandon 判事は次のように述べた。1911年の海事条約法の目的

---

87 [1914] P. D. 25. この裁判例では、汽船と曳船の双方過失（過失割合は平等）により汽船と曳船に曳航されていた艀が衝突し、損害を被った艀の船主が当該汽船と曳船に対して、その損害の賠償を求めた。当該汽船の船主が、当該艀が被った損害についてその全部を賠償したので、当該汽船の船主が、艀の船主に支払った賠償額を自己の損害に加えて、曳船の船主に対して、その半額の賠償を求めたものである。判決は、この事案にはコモン・ロー上の共同不法行為者間の寄与過失原則は適用されず、1911年海事条約法1条の規定に基づいて、当該汽船の船主は、当該艀が被った損害額を自己の被った損害額に含め、その半額の賠償を受けることができる旨を判示した。
88 [1977] 2 Lloyd's L. Rep. 221, 225.

およびその意図するところは、衝突した2隻以上の船舶の船員に過失がある場合に、各船舶船主は、そのうちの1隻が運送していた積荷に生じた滅失または損傷についても、それぞれの負担部分に応じて分割責任を負うべきことである。したがって、この原則が適用されれば、過失のある一方の船舶の船主による、同様に過失のある他方の船舶の船主に対する求償の問題が生じる余地はないと指摘した。そして、1911年の海事条約法の下では、「Yの荷主に対する責任に関して、衝突の結果としてアメリカ合衆国において訴訟が提起され、Yに、その荷主に生じた損害の半分ではなく全部についての賠償責任が認められることを当事者が合理的に予見することができたのであれば、……1911年の海事条約法1条但書(c)が適用され、その効果として、Yは、Xに対して、自己の負担部分を超過して支払った損害賠償額を、その被った損害額に含めて請求する権利がある[89]」と解すべきであるとの見解を示した。また、このようなアメリカ合衆国における特異な法理は、公海において商船を運航するすべての船主が熟知しているはずである。したがって、アメリカ合衆国法の下では、船舶衝突の結果として、このような荷主に対する非運送船の船主の責任が生じることは、当事者が当然に合理的に予見しうるものであったと結論づけた。以上のことから、Yが荷主に支払った損害賠償金のうち、本来、Xが負担すべきその50％の金額については、衝突の結果としてYに生じた損害にあたると判示した。

(ⅱ)については、Yは、1911年海事条約法1条但書(c)の規定は、Xとその荷主との間で締結された運送契約上の航海過失免責約款の効力を認めるものであって、Yがその荷主に支払った損害賠償金との関係では、Yからの求償に対してXを保護するものとして機能するものではないと主張した。これに対して、Xは、同条項はYからの求償に対してもXを保護する機能を有すると反論した。この点について、Brandon判事は、次のように述べ、Xの主張が正当であると判示した。「ある者が、その者の行為によって損害を被った者（第1の損害賠償請求者）に対して、契約または何らかの法令に基づく抗弁権を有している場合に、その者が、第1の損害賠償請求者に対して直接的に損害賠償債務を負うとき、または、他の者（第2の損害賠償請求者）が第1の損害賠償請求者に対して損害賠償責任を負ったために、分担金支払義務という間接的な形で第1の損害賠償請求者に対して責任を負うときのいずれにかかわらず、その者がいかなる責任も負わないことを保障することが、1911年の海事条約法の方針であることは明白である。また、このことは、人身損害に関

---

89 *Ibid.* at 226.

してではあるが、同法2条および3条のそれぞれの但書の文言からも明らかである。同法2条但書は、ある者が何らかの抗弁権を有していたはずの第1の損害賠償請求者に対するいかなる責任をもその者に負担させないことを保障する。そして、同法3条但書は、第1の損害賠償請求者がある者に対して直接的に損害賠償請求していたならば、その者が第1の損害賠償請求者に対して何らかの抗弁権を対抗することができたであろうというときには、第2の損害賠償請求者に対してもその者に何らの分担金を支払うべき責任をも負わせないことを保障するものである[90]」。さらに、Yが、1911年の海事条約法1条によりYに認められる権利は、賠償金の分担を求める権利ではなく、第三者に対して支払った損害賠償金の一部をXに求償する権利であると主張したことについて、次のように指摘した。「確かに、一方の権利（分担を求める権利）と他方の権利（支払った損害賠償金の一部について求償する権利）との間に概念的な相違があることは認められる。しかし、実質的にみれば両者に差異はなく、形式的な相違であるように思われる。Yが求償しようとしているものは、実質的にみれば、P号の荷主に対して支払った損害賠償金の半額であって、それが損害賠償請求の一部として含まれていたという状況が、その実質的な性質を変更し、または、これに影響を与えるものではない[91]」。そして、海事条約法1条1項但書(c)は、その文理解釈によれば、Xに対する損害賠償の請求が、滅失または損傷という損害を被った第1の損害賠償請求者（この事件ではP号の荷主）によって直接的になされたものであろうと、他方当事者（この事件ではY）によって間接的になされたものであろうと、Xは、その荷主に対して有する抗弁を援用できるものと解されるとして、YによるXに対する求償を認めなかった。

2）イギリス判例における分割責任の法理論　　以上概観した3つの裁判例が示すように、イギリスでは、双方船員の過失によって衝突した船舶の船主は、運送船上の荷主との関係における損害賠償について、それぞれの過失割合に応じた分割債務を負うとの原則が確立されている。

The Milan 判決（前掲【裁判例2】）においては、荷主である原告は、自己の無過失を理由に、コモン・ローの原則に基づいて共同過失者たる運送船の船主および非運送船の船主のいずれに対しても、その被った損害の全部につ

---

90 *Ibid.*
91 *Ibid.* at 227.

いての賠償を請求することができる旨を主張した。これに対して、被告は、次のような理由により、荷主には寄与過失法理が適用され、非運送船の船主に対する損害賠償請求は認められないと主張した。(i)従来、荷主の被った損害は運送船の船主の損害として算定される。(ii)荷主が運送船の船主よりも優位な地位に立つことを認める先例がないことから、荷主による損害賠償請求が認められたとしても、それは損害額の半額が限度である。(iii) Thorogood 判決は寄与過失のある被害者からの損害賠償請求権は否定されると判示している。

　このような当事者の主張について、Lushington 博士は、無過失の荷主が、過失のある双方船舶のいずれか一方からその被った損害の全部についての賠償を受けられるか否かの問題を検討するにあたって、まず、次のように指摘した。厳密な正義（公平さ）(strict justice) の観点からみれば、損失を補填する責任は、過失の軽重に応じて双方の当事者に負わされるべきである。しかし、現実にはその割合を判定するのは困難である[92]。そして、先例としての Hay v. Le Neve における貴族院判決（前掲【裁判例1】）が採用した損害平分原則を適用して、無過失の荷主に対しては、非運送船の船主はその損害の半分についての賠償責任を負い、残り半分についての賠償責任は運送船の船主が負うとの判断を下した。また、荷主に寄与過失法理の適用を求める被告の主張については、次のように述べ、無過失の荷主に対しては Thorogood 判決に基づく寄与過失法理は適用されない旨を判示した。「荷主は、自ら、または、その代理人によってその受けた損害の原因となる過失のある行為を行ったものではない。船長および船員は、全くその支配下にはないからである。この場合に、荷主は共犯者（particeps criminis）であると考えるのは困難である。この点、被告は、荷主自身またはその代理人がその物品を運送する船舶を選択したのであるから荷主は共犯者であり、損害賠償請求権を奪われるのであると主張している。私の見解では、その物品を運送する船舶を選択したことに、衝突についての何らかの責任を生じさせる要素を見出すことはできない。ある者が、その者自身またはその代理人が支配下におくことができない者の行為によって生じた結果に対して責任を負うことを想定するこ

92　167 E. R. 167.

第2節　第三者に対して生じた損害の分担　37

とはできないからである[93]」。

　この判決は、後のThe Drumlanrig判決[94]においても承認され、船舶の衝突によって荷主が損害を被った場合には、寄与過失法理は適用されず、過失のある衝突船舶の船主は荷主の被った損害を平分して負担すべきことが判示されている。すなわち、この判決において、Atkinson卿は次のように指摘している。「荷主がその物品を運送させる船舶を選択する行為には、荷主に衝突の責任を生じさせるいかなる要素も存在しない。ある者が、その者自身あるいはその代理人によって、干渉ないし支配することができない者の行為についての責任をその者に対して負わせることはできない。このことが、The Bernina[95]において、控訴裁判所および貴族院がThorogood判決は誤りであったとの判決を下した明確な理由であるように思われる[96]。……それゆえ、The Milan（前掲【裁判例2】）において適用された原則は、もはやThorogood判決の原則に基づくものではなく、無過失の荷主は、いずれかの過失のある船舶によって損害を被っているので、船主はそれぞれの過失割合に応じて、荷主に対して、その損害を賠償すべきであるという公平かつ正義の原則に基づくものであると思われるのである[97]」。

　思うに、The Milan判決（前掲【裁判例2】）において、Lushington博士が、すなわち、Thorogood判決において示された寄与過失法理を適用せず、

93　Ibid. at 175.
94　[1911] A. C. 16. この裁判例は、英国海峡において2隻の英国船籍の船舶であるTongariro号とDrumlanrig号との衝突に関するものの貴族院判決である。当該衝突は、双方の船舶の過失によるものと認定され、Drumlanrig号の船主はTongariro号上の積荷の所有者に生じた損害の半分についての賠償責任を負うものとされた。Drulanrig号の所有者による責任制限の申立てに際して、Tongariro号の荷主が応訴（appearance）し、その荷主は、生じた損害の半分ではなく、その全部についての損害賠償を求めた。
95　13 A. C. 1 (1888). この裁判例は、汽船Bushire号とBernina号が、双方の船員の過失によって衝突したことにより、Bushire号の乗組員1名と乗客1名が溺死したため、その死亡した者の代理人がその損害の賠償を求めてBernina号の船主に対して対人訴訟を提起したものである。貴族院は、死亡した者は、その乗船していたBushire号を操船していた船員と過失に関する点において一体化されるものではないとした。そして、Lord Campbell's Act（Fatal Accidents Act 1846; 死亡事故法の通称）の適用により、損害平分原則は適用されず、死亡者の代理人は、その被った損害の全額の賠償を請求することができる旨を判示するとともに、Thorogood判決を覆した。
96　[1911] A. C. 16, 24.
97　Ibid. at 25.

Hay v. Le Neve 判決（前掲【裁判例1】）が示した損害平分原則に基づいて、荷主は、非運送船の船主に対して、その被った損害の半分についてのみ賠償請求をすることができると判示した理由は、被害者たる無過失の荷主の保護にあったといえよう。Thorogood 判決によれば、運送船の船長および船員が荷主の代理人とみなされたうえで、不法行為に関するコモン・ローの原則が適用されることになる。そうすると、無過失の荷主は、被告たる非運送船の船主から寄与過失の抗弁の対抗を受けて不公平な結果を招くことになったからである。このような結果を回避するために、海法においては、より公平な損害平分原則を適用し、あえて過失のある運送船と無過失のその荷主が一体化されることを否定したものと理解することができる[98]。したがって、The Drumlanrig 判決において示された Atkinson 卿の見解をもあわせて考慮すれば、荷主保護のためには、不法行為に関するコモン・ローの原則を適用するのではなく、Hay v. Le Neve 判決（前掲【裁判例1】）において確立された損害平分原則を衝突船舶の船主と荷主との関係にも及ぼす必要があったといえる。

しかし、このことが損害平分原則を適用することの唯一の理由であれば、寄与過失原則の適用を排除したうえで、コモン・ローの共同不法行為理論に基づき、運送船の船主および非運送船の船主は、荷主に対して連帯して損害賠償債務を負うものとした方が、より無過失の被害者としての荷主の保護に資するように思われる。それでもなお、共同不法行為者に連帯責任を負わせるコモン・ローの共同不法行為理論を適用せずに、無過失の荷主に対する関係でも、損害平分原則を及ぼすべきであると判示した意図はどこにあったのか。それは、先に引用した The Drumlanrig 判決における Shaw 卿の見解に現れているものと思われる。すなわち、Shaw 卿は、まず、コモン・ローの原則では、共同不法行為者間においては相互に求償することが認められないと述べた。そして、真に公平な損害の分配を実現するための原則は、過失のある者の帰責性の軽重に応じて責任を負わせることであるが、このような原

---

[98] なお、イギリスでは1945年の Law Reform (Contributory Negligence) Act によってコモン・ロー上の寄与過失原則が廃止された（Aleka Mandaraka-Sheppard, *Modern Maritime Law* 579 (2nd ed. 2007), Tetley, *supra* note 20, 1500, footnote 7）。

則はイギリスには存在していないこと、また、被害者救済という観点では、コモン・ローの原則のみならず、海法上の損害平分原則も適切であり、かつ、実際上の便宜を満たすものであることを指摘した[99]。さらに、(i) Hay v. Le Neve（前掲【裁判例1】）において、スコットランドの民事上級裁判所（Court of Session）が、当事者の帰責性の程度に応じた損害の分配を行ったことに対して、貴族院判決が、当事者の帰責性の軽重を判定し損害平分以外の他の原則に基づいて損害を分配することの困難さを指摘して損害平分原則を採用したこと、(ii) The Drumlanrig 控訴審判決において Fletcher Moulton 判事が、損害平分原則を適用することは、おそらく、不法行為者間では何らの求償もできないとするコモン・ローの原則を適用することよりも公平な結果を招くであろうと述べたことを指摘して、次のように述べている。「2人の不法行為者のそれぞれに損害の発生についての帰責性が認められる場合に、そのうちの一方は何らの賠償をせず、他方がすべてを賠償すべきであると判示することよりは、それぞれの者が損害を分担して賠償をすべきであると判示することのほうが、より公平である[100]」。

このような見解の背後には、イギリスに特有のコモン・ローの原則の存在が強く影響していたことがうかがえる。すなわち、この原則は、Merryweather v. Nixan 判決[101]において確立された原則で、共同不法行為者の1人が、被害者に対してその被った損害の全部についての賠償をした場合、その者は、他の共同不法行為者に対してその負担部分についての求償をすることができないという原則である[102]。したがって、The Milan 判決における Lushington 博士の見解に加えて、The Drumlanrig 判決における Shaw 卿の見解をあわせて考察すれば、この当時、荷主との関係においても損害平分原

---

99 あわせて、Palmer v. Wick and Pulteneytown Steam Shipping Co. 判決（[1894] A. C. 318）における、この原則の不合理さを指摘する Herschell 卿の意見およびこの原則に賛同する Watson 卿の意見を紹介している（[1911] A. C. 16, 26-27）。
100 [1911] A. C. 16, 28.
101 (1799) T. R. 186.
102 塚本・前掲書（注24）132頁。なお、この原則は、それ自体が不合理であることから、その適用は判例によって制限され、多くの例外を生じさせたといわれる。1935年の法改正（妻子共同不法行為者）法（Law Reform (Married Women and Tortfeasors) Act）6条は、これを改め不法行為者間の求償を認めるに至っている（同書132-133頁）。

則を適用すべきであるとされた真の目的は次の2つのことを実現するためであったといえるのではないか。すなわち、(i)運送船の船主と荷主とを一体化して被害者側の過失理論に基づく寄与過失原則が適用されることによって無過失の荷主に生じる不公平な結果を回避して無過失の荷主の保護をはからなければならないこと、および、(ii)共同不法行為者間における求償を否定するコモン・ローの原則を適用することによって生じる運送船の船主と非運送船の船主との間の不公平をも回避しなければならないことである。

ところが、これに対して、The Giacinto Motta 判決（前掲【裁判例3】）は、一転して「過失に関する限りにおいて、積荷はその運送船と一体化される」ことを衝突統一条約および1911年の海事条約法が、運送船の荷主との関係において衝突船舶の船主に分割責任を負わせる根拠であることを示す[103]。さらに、過失のある運送船の「積荷の所有者は、過失に関する限りにおいて運送船と一体化されるので、理論上は無過失ではなく、損害の半分についての賠償責任を負う第三者とみなされなければならないのである[104]」と判示して、荷主は、非運送船の船主に対しては、その過失の軽重に応じた損害賠償しか請求できないとする。このように、この判決では、The Milan 判決（前掲【裁判例2】）において否定されたはずの Thorogood 判決の理論が突如復活している。そうすると、無過失の荷主に対する運送船の船主および非運送船の船主の責任を分割責任とすることについて、The Milan 判決（前掲【裁判例2】）および The Drumlanrig 判決におけるその理論的根拠と The Giacinto Motta 判決（前掲【裁判例3】）におけるそれとは齟齬を来たしていることになる。

そこで、この点について考察すると、The Drumlanrig 判決が下されるまでは、不法行為に関するコモン・ローの原則を適用することにより生じる不公平（寄与過失原則および共同不法行為者間での求償の否定）が問題視されていた。したがって、少なくとも海法においては、船舶の衝突に関係する当事者間で、どのようにして、より公平な損害の分担を実現するかが重視されていたものと思われる。これに対して、The Giacinto Motta 判決（前掲【裁判例

---

103 [1977] 2 Lloyd's L. Rep. 221, 224.
104 *Ibid.* at 225.

3｝）が下された1977年においては、すでに、不公平な結果をもたらすとされた、かつてのコモン・ローの原則は廃止されていた[105]。さらには、1911年の海事条約法によって、損害平分原則も廃止され、損害平分原則よりも公平な損害分担が実現できる比較過失原則も導入されていた。このような状況においては、かつて指摘されていた不公平な結果は生じない。そこで、Brandon 判事は、衝突の当事者間における損害分担についての公平性を、運送船の船主と非運送船の船主が荷主に対して分割責任を負うべきことの理論的根拠とするよりは、むしろ、「船舶と積荷との一体化」の理論、すなわち、海上運送が運送人たる船主と荷主との joint venture によること[106]をその理論的根拠としたものと思われる[107]。

以上のような考察から、イギリスにおいては、無過失の荷主に対して衝突船舶の船主が分割責任を負うべき理由は、現在では、「船舶と積荷の一体化」に基づいて、衝突に関係する当事者間において公平な損害の分担を行うことにあると理解される。また、このような理論によれば、2隻の船舶が双方船員の過失によって衝突し、その結果として、たとえば、碇泊中の無過失の第三船に損害を与えた場合には、無過失の第三船との関係においては、過失のある衝突船舶の双方の船主が連帯責任を負うとするイギリスの判例法理[108]

---

[105] 共同不法行為者間の求償権が否定されることについては、前掲注98に示したとおり、1935年の法改正法（Law Reform (Married Women and Tortfeasors) Act）によって改められ、また、寄与過失原則は1945年の法改正法（Law Reform (Contributory Negligence) Act）によって廃止されている。したがって、船舶と積荷を一体とみなしたとしても、寄与過失原則から生じる不都合はもはや存在しない。
[106] Tetley, *supra* note 20, 1525.
[107] なお、このように理解することで、Thorogood v. Bryan 判決を覆した The Bernina 判決（13 A. C. 1 (1888)）の当否が疑われることにもなりそうだが、この「一体化」の理論は、「物」だけに適用され、性質上「人」には適用されないと解することにより、この判決との整合性を見出すことができるものと思われる。
[108] [1914] P. D. 25. ただし、このようなイギリス判例理論に対しては、次のような批判がある。「衝突統一条約4条は、第三者に対してでさえ、過失のある2隻の船舶は、過失割合に基づく自己の負担部分について責任を負うものとしており、衝突統一条約自体は、無過失の第三船との関係において過失のある2隻の船舶に連帯責任を負わせることを意図していたとは思われない。もし、連帯責任を負わせるならば、イギリスの1911年の海事条約法（Maritime Convention Act of 1911）は、人的損害についての損害賠償請求者と同じ立場に無過失の第三船を置くことになるから、1911年法の基礎となっている衝突統一条約の内容と異なり、無過失の第三船という特定の当事者がより有利になってしまう。したがって、いかなる無過失の第三者との関係においても、過失のある双方の船舶は分割責任を負うべきである（Brandon, *supra* note 85, 1034)」。

も矛盾なく説明することができる。

②アメリカ合衆国の判例法理
1）アメリカ合衆国の裁判例　アメリカ合衆国は、衝突統一条約を批准せず、衝突船舶の船主の第三者に対する損害賠償責任についてイギリスとは全く異なる独自の判例法理を展開している。アメリカ合衆国連邦最高裁判所は、1855年の The Catharine v. Dickinson 判決[109]において、双方船員の過失による船舶衝突における損害の分担には、損害平分原則が適用されることを宣言したが[110]、1975年の United States v. Reliable Transfer 連邦最高裁判決[111]によって、この損害平分原則は廃止され、比較過失原則が採用された。積荷の荷主などの第三者に対する責任に関しても、基本的な考え方は、イギリスのそれを継承してきた。しかし、イギリスでは、The Milan 判決[112]（前掲【裁判例2】）によって、衝突船舶の船主は分割債務を負うべきことが示されたのに対して、アメリカ合衆国では、この問題は公序の問題として重視され、このような考え方は採用されることはなかった。そして、判例は一貫して衝突船舶の船主は荷主等の第三者に対して連帯して損害賠償責任を負うと解してきた[113]。

ここでは、The Alabama and The Gamecock、The Atlas、The Chattahoochee の3つの代表的な裁判例をとりあげ、アメリカ合衆国の判例が荷主などの第三者との関係において、衝突船舶の船主が負う責任をこのように解する理論的根拠を明らかにする。

【裁判例4】The Alabama and The Gamecock[114]
〈事実の概要〉汽船P号（Alabama号）とタグボートであるQ号（Game-cock号）とが海上において衝突し、後者の被曳船R号（Ninfa号）に損害が生じた。

109　58 U. S. 170 (1854).
110　Nichlas J. Healy and Joseph C. Sweeny, *The Law of Marine Collision* 303 (1998).
111　421 U. S. 397 (1975), 1975 AMC 541.
112　167 E. R. 167, Lush. 388 (1860).
113　Healy and Sweeny, *supra* note 110, 315.
114　92 U. S. 695 (1875).

第1審のニューヨーク南部地方裁判所および第2審のニューヨーク南部控訴裁判所は、当該衝突は、P号およびQ号の双方船員の過失によって生じたものであり、Q号の被曳船たるR号には何らの過失もなかったと認定した。なお、この事実に関しては最高裁判所も両裁判所と同様の事実認定を行っている。

また、R号に生じた損害の分担に関して、第1審ではP号およびQ号は連帯してその損害の全部についての賠償責任を負うべき旨の判決が下されたが、控訴審ではこの判決が破棄され、P号とQ号は当該損害を平分し、そのそれぞれが総損害額の半額について責任を負うべきであるとの判決が下された。

〈判　旨〉Bradley判事は、まず、原審判決は、曳船たるQ号とその被曳船であるR号を一体のものとし、両者を、船舶と積荷の関係のようにみなすべきであるとの理論に基づいて、Q号＝R号およびP号に、損害平分原則を適用し、それぞれが損害の半分についての責任を負うと判示したものであると分析した。このような原審の判断については、「このような原則は、衝突した船舶のうちの一方の船舶と積荷がともに同一の所有者に属する場合のように、船舶とその積荷がともに他船から独立した一団、すなわち、船舶と積荷が他船とは異なる1つの船舶と解釈できる一団を構成しているときに適用され、船舶およびその積荷に生じたすべての損害が、衝突した船舶の船主間で平分されてきた。このような場合、非運送船の船主は荷主の被った損害の半分についての賠償責任を負うことになるから、運送船の船主が積荷の損害額の半額を賠償することができる限り、荷主との関係において衝突船舶の船主間に損害平分原則を適用したとしても、損害を被った荷主にはいかなる不都合も生じない[115]」ことを指摘した。しかし、次のような理由に基づき、過失のある双方の衝突船舶の船主は分割責任を負うとした原審判決を破棄した。

「非運送船の船主が、運送船の積荷の荷主が被った損害の半分についてのみ賠償責任しか負わないとされた場合に、運送船の船主がその積荷の損害額の半額について賠償することができなければ、荷主は損害賠償額の全額を得ることができない。無過失の荷主は、その積荷に損害を生じさせた者から全部の損害賠償を受けるべきであり、荷主が、これらのいずれかの者から、その者が支払うべき負担部分についての賠償を得られない場合には、他方の当事者からその部分の賠償を受けさせることが公平に思われる。したがって、船主間の損害分担について適用されるのと同様の、損害を平分して負担させるべきであるとの理論は、荷主に対しては適用されないと解すべきである。損

115　*Ibid.* at 696.

害平分原則は、航行の安全を確保し、双方の船舶をより注意深く航海させるために、衝突した双方の船舶に過失が認められる場合には、その双方の船主において損害を平等に負担すべきことを要求しているのであるから、まずは、それぞれの船舶の船主には、荷主に対して、その被った損害の半分についての賠償をすることが要求され、また、少なくともこのようにすることが正当化される。さらに、そのようにすることが公平でもある。しかし、衝突船舶のいずれか一方の船主が、その負担すべき荷主の被った損害の半分についての賠償をすることができなければ、その荷主は、他方の船主から全部の賠償を受けるべきである。衝突について無過失である荷主は、不法行為者間において公平な損害分担を行わせるという裁判所の思惑によっていかなる不利益をも受けるべきではない。したがって、損害平分原則は、不法行為者相互間に限って、公平な損害分担方法として適用されるべきであり、事実上、無過失の者に損失を負担させることになるのであれば、その者に対する関係では適用されてはならない[116]」。

【裁判例5】 The Atlas[117]
〈事実の概要〉X（原告）は、本件 canal-boat に積載された積荷の保険者である。当該 canal-boat は出発港であるニューヨーク港から、その曳船である汽船 P 号（The Kate 号）によって、他の2隻の船舶とともに曳航され New Brighton まで安全に航行した。New Brighton において、P 号は、Port Johnson 方向に向けて水路を横断する進路をとり、他の2隻の船舶をも曳航しながら海岸から150ヤードに達するまでは同じ進路をとっていた。P 号の操舵室にいた船長は、およそ10分の1マイル前方に汽船 Q 号の汽笛を聞き、それが短音1回、すなわち、お互いの船舶が接近したので左舷側を通過すべしとの信号であったことから、P 号も、お互いに左舷側に通過すべしとの適切な信号である汽笛2回の吹鳴による信号を発した。しかし、両船が接近するにつれ、潮流および海岸との距離の関係により Q 号の左舷を通過するのは危険な状況が生じた。そこで、P 号の船長は、その舵を右舷に転じたが、P 号は Q 号に衝突し、その曳航していた本件 canal-boat とともに沈没した。そこで、X は P 号の船主である Y に対してその被った損害の賠償を求めて訴えを提起した。

第1審において、X は、生じた損害は Q 号の船員の過失によるものである

---

116 *Ibid*. at 696-697.
117 93 U. S. 302 (1876).

第 2 節　第三者に対して生じた損害の分担　　45

と主張した。しかし、判決は、X が賠償を求めている損害は、P 号および Q 号の双方船員の過失によって生じたものであり、X は当該衝突によって生じた損害額の半額を Q 号の船主に請求することができると判示した。なお、原審も地方裁判所と同様の判決を下した。

　上告審において、X は、コモン・ローによれば過失のある船舶のいずれに対しても訴えを提起することができ、そのいずれの船舶に対してもその損害の全部についての賠償を請求することができるとの主張を展開した。

〈判　旨〉判決において、Clifford 判事は、まず、損害平分原則の意義について次のように述べた。「双方船員の過失による船舶の衝突の場合、共に過失のある者が生じさせたすべての損害はこれらの者によって平等に分担される。この原則は、たとえ、一方の船舶が他方の船舶よりも過失の程度が重かったとしても、双方船員の過失による船舶衝突のすべての事案において広く適用されているものである。海事裁判において適用されるこの原則にしたがって、過失のある 2 隻の船舶間において生じた損害は分担されるので、両者の過失の軽重は重要な問題とはならない。かつて、イギリスのスコットランド民事上級裁判所において、この原則の例外を確立する試みがなされ、双方の船舶の船員に過失がある場合に、一方の当事者により重い責任を負わせ、その船主は損害額の 3 分の 2 を負担すべきであるとの判決が下された。しかし、イギリスの貴族院は、正しい原則は、Stowell 卿によって定められた原則、すなわち、双方船員の注意義務違反から生じた衝突の場合、これによって生じた損害は、双方船員の過失によって生じたものとして当事者において平分されなければならないという原則であり、これが適用されるとの理由により、民事上級裁判所の判決を破棄した。Denman 卿が述べているように、双方船舶の船員に過失がある場合、海事裁判において適用される原則は、損害は過失のある双方船舶の船員が共に生じさせたものであるから、これらの船舶の船主間で生じた全損害を平等に分担しなければならないというものである。本件のような事案における無過失の当事者は全部の損害賠償を受ける権利があるのに対して、不法行為者間に適用される海法の原則は、衝突によって生じたすべての損害は 2 隻の船舶の船主間で平分されるというものである[118]」。

　そして、過失のある船舶と無過失の荷主との関係について次のような見解を示した。「原告は、コモン・ローの訴訟においては、その選択により、すべての共同不法行為者、または、そのいずれかに訴えを提起できることが明らかである。また、原告は、その事故に寄与していなければ、生じた損害の全

118　*Ibid.* at 313.

部についての賠償を受けることができるとの判決を得る権利があることも同様に明白」であり、「数人の者が共同して行った違法行為によって、そのすべての行為者が不法行為者となり、これらの者は連帯して賠償責任を負うべきことが求められる。これらの者が共同して行為をしたこと、または、これらのいずれかの者の行為が他者の行為を誘発したことのいずれかが明らかになれば、これらの者は、その共同行為者の1人によって生じた損害について賠償責任を負う[119]。……過失のない荷主は、損害を生じさせた者から、その被った損害の賠償を受けるべきである。しかし、荷主がそれらの者のいずれかの者から、その者の負担すべき損害賠償を受けることができないのであれば、荷主は、他の者から損害賠償を受けるべきである。したがって、荷主には船主に対して適用されるのと同様の損害平分原則は適用されないのである。このような考え方に対しては、この場合においても、船間において損害を平分することが公平かつ適切であるとの批判がなされている。しかし、衝突船舶のいずれかの船主が、その損害の半分についての賠償をすることができない場合に、荷主は他方の船主から損害賠償を受けてはならないとする合理的な理由は存在しない。損害平分原則は、共同不法行為者間におけるより公平な損害の分担について妥当するものであり、これを無過失の者に生じた損害の分担にまで拡張して適用すべきではない[120]」。

【裁判例6】 The Chattahoochee[121]

〈事実の概要〉積荷である砂糖とモラッセを満載し、Porto Rico から Boston に向けて航行していたトップスル・スクーナー船のP号（Goloden Rule 号）と Boston と Savannah との間の航路を航行していた汽船Q号（Chattahoochee 号）が、南西からの穏やかな風が吹く霧の中、衝突した。衝突の当時、P号は、船尾からの風を受け、全速力で航行しており、霧笛を吹鳴していた。Q号は、衝突直前には、South Shoal 燈台の18マイル沖を、1時間に10から12ノットの全速力で、法令によって定められた警笛を吹鳴しながら航行しており、その船長および一等航海士は、下級航海士とともに操舵室におり、1人の船員が見張りについていた。

　P号の航海士は、右舷船首方向1点から3点の方向にQ号の警笛を聞いており、それは、当該汽船の船影を4から5 Lengths ほどの距離に見るまで吹

119　*Ibid.* at 315.
120　*Ibid.* at 318.
121　173 U. S. 540 (1899).

鳴され続けていたが、P号は衝突するまで、その速力および針路を維持し続けた。他方、Q号の船長および見張りは衝突のおよそ2分前に、その左舷1点方向から、P号の汽笛を聞いたため、機関を停止し後退させ、汽笛の位置を突き止めるために舵を右舷一杯にきった。同船の船長および船員が、最初に、P号の帆を目視したときには、同船はその船首1.5点方向に進行していた。この間、Q号の舵は左舷一杯に切られていた。P号を発見した後、同船を避けるために全速力前進が命じられたがQ号はP号に衝突し、後者はまもなく沈没、その船体および積荷は全損に帰した。他方、Q号は損傷を受けなかった。そこで、P号の船主であるX_1およびその積荷の荷主であるX_2が、Q号の船主であるYに対して、その被った損害の賠償を求めて訴えを提起した。

第1審判決は、適度な速力をもって航行しなかったことにつき、双方の船舶に過失があったと認定した。そして、X_1の船舶滅失による損害についてはこれをX_1およびYにおいて平分すべきことを命じた。また、積荷の損害はその受寄者としてのX_1に生じた損害であると解し、その損害額を17,215.17ドルと算定し、Yにその支払いを命じた。その一方で、Yは、その半額である8,607.58ドルを、Yが支払うべきX_1の被った損害額の半額である9,205.45ドルから取り戻すことができるとしたので、X_1およびX_2が控訴した。控訴審判決も第1審判決を支持したので、さらにX_1およびX_2は最高裁判所に上告した。

〈判　旨〉Brown判事は、衝突の原因については双方の船舶が適度な速力で航行しなかったとする下級審の認定を支持した。そして、求償の問題について、外国の港からBostonへ積荷を運送する外国船舶にもハーター法が適用されることを確認したうえで、ハーター法が適用される場合の積荷損害の分担については、The Atlas 判決（前掲【裁判例5】）を引用して、次のように述べた。「The Atlas 判決は、運送船および非運送船の双方の船員に、その衝突についての過失があったとしても、無過失の荷主は、その被った損害について、その双方の船主に対して損害賠償を請求することを強いられず、いずれか一方の船主に対して生じた損害の全部についての賠償を求めることができると判示している[122]」。また、第1審および原審判決が、Yは、X_1に対して賠償責任を負うべきX_1が被った損害額の半額から、荷主の被った損害額の半額を取り戻す権利があると判示したことについて、X_1は次のように主張した。「ハーター法3条は、堪航能力を備えた船舶の船主は、船員の航海上の過失から生じた滅失または損傷については、いかなる責任をも負わない旨を規定して

122　*Ibid.* at 551-552.

いる。したがって、X_1は、その荷主から直接訴えを提起されようが、積荷の損害賠償請求権を有する第三者ないしそれと同じ地位に立つ者から訴えを提起されようが、この免責を受ける権利がある。この免責は、唯一運送船の船主の利益のための免責であって、もし、運送船の船主が、間接的に荷主の被った損害の半分についての賠償責任を負わなければならないとされれば、この点においてハーター法は無意味なものになってしまう。すなわち、非運送船の船主による運送船の船主に対する求償が認められれば、荷主が、運送船の船主に、直接、損害賠償請求できることと同じ結果になってしまう[123]」。

これに対してBrown判事は、次のように述べて、沈没したP号の船価の半額から、その積荷の損害額の半額を控除し、X_1がYに対して請求できる損害賠償額をこの差額に制限した原審判決を支持した。すなわち、「双方過失の船舶衝突においては、その衝突の結果、沈没全損に帰した船舶の所有者は、その被った損害額の差引計算がなされるまで、他方の船舶に対して、その責任の制限を認める法令の利益を受ける権利を有しないというThe North Star判決[124]において確立された法理が妥当なものであるとすれば、沈没した船舶の所有者は、この法理に基づいて、責任を負うべき額が決定されるまでは、衝突の相手船舶に対してその責任を減じ、または、衝突の相手船舶の損害分担を増加させるような法令の利益を受けることはない。そうすると、甚大な損失を被った船舶が積荷の運送船である場合にも、The Delaware判決[125]（この事案では、積荷滅失についての責任の問題は争点とならなかったが）によって確立された法理を適用することになる。すなわち、ハーター法が、一方船舶の他方船舶に対する責任を加重するものでないのであれば、その一方または双方の船舶に積荷が積み込まれているかどうかにかかわらず、衝突した2隻の船舶のそれぞれに対する関係は、ハーター法によって何らの影響を受けないということになる[126]」。

2）アメリカ合衆国の判例における連帯責任の法理論

以上の裁判例にみるように、イギリスをはじめとする衝突統一条約の内容を国内法に取り入れた国とは異なり、アメリカ合衆国では、衝突船舶の船主は、荷主に対して連

---

123 *Ibid.* at 552.
124 106 U. S. 17 (1882).
125 161 U. S. 459 (1896). The Delaware判決は、ハーター法は運送船の船主とその荷主の関係に限定して適用され、衝突した双方の船舶間には適用されないと判示している。
126 173 U. S. 540 at 555.

帯して損害賠償債務を負うとの判例法理が確立されている。そして、双方船員の過失による船舶衝突から生じた損害の分担に関して長きにわたって適用されてきた損害平分原則を廃止して、衝突統一条約と同様の比較過失原則を採用することを宣言した United States v. Reliable Transfer 連邦最高裁判所判決[127]が下された以降においても、この判例法理は確固として維持され、多くの控訴裁判所および地方裁判所においてこれが適用されている[128]。このような状況から、アメリカ合衆国の連邦最高裁判所は、双方過失の船舶衝突によって損害を被った荷主に対する衝突船舶の船主の責任は公序（public policy）の問題であると考え、船主の責任を分割責任とすべきであるとの主張を退け、荷主に対する関係では衝突船舶の船主に連帯債務を負わせることにより、無過失の荷主を保護してきた[129]。そして、ここでとりあげた裁判例から、その判例法理は次のように導かれる。

　The Alabama and The Gamecock 判決（前掲【裁判例4】）は、積荷損害についても衝突船舶に損害平分原則が適用できる場合として、船舶とその積荷が同一所有者に属するなど船舶と積荷が一団とみなされる場合、または、荷主が全額の賠償を受けることができる場合をあげた。そして、損害平分原則は、共に過失のある船舶に公平に損害を分担させるものであるから、一応は、正当化される。しかし、これは不法行為者相互間における公平な損害分担を行うために適用されるべきであり、無過失の者に損失を負担させることになれば適用されてはならない。このように述べて、無過失の荷主が、その受けた損害の全部についての賠償を受けられないのは不公平であるから衝突船舶の船主に連帯責任を負わせるべきであるとする。

　この点、The Atlas 判決（前掲【裁判例5】）も、損害平分原則は、共同不法行為者間における、より公平な損害の分担を実現するために妥当するので

127　421 U. S. 397, 1975 AMC 541 (1975).
128　Tetley, *supra* note 20, 1514, footnote 77は、Reliable Transfer 連邦最高裁判所判決後に、この原則が適用された控訴裁判所の裁判例として、Complaint of Flota Mercante Grancolombiana, S. A. 440 F. Supp. 704, 1979 AMC 156 (S. D. N. Y. 1979), Allied Chemical Corp. v. Hesss Tankship Co. 661 F. 2d 1044, 1982 AMC 1271 (5th Cir. 1981), SCNO Barge Lines v. Sun Transp. 775 F. 2d 221, 1987 AMC 143 (8th Cir. 1985), Travelers Indemnity Co. v. Calvert Fire Ins. Co. 836 F. 2d 850 (5th Cir. 1988) をあげる。
129　Healy and Sweeney, *supra* note 110, 313, Tetley, *supra* note 20, 1515.

あり、これを無過失の者に生じた損害の分担にまで拡張して適用すべきではないとした。ここでも、無過失の荷主が、その被った損害の全部についての賠償を求めることができない不利益を負わされるのは公平ではないことが強調されている。したがって、船舶の衝突について何の落ち度もない無過失の荷主を保護し、その被った損害の全額の賠償を確実に受けられるようにするために、アメリカ合衆国の判例は、一貫して、荷主に対する関係においては衝突船舶の船主は連帯して損害賠償債務を負うべきであると解してきたといえる。

　また、The Chattahoochee 判決（前掲【裁判例6】）は、双方船員の過失による船舶衝突の場合に、非運送船の船主が、運送船上の積荷の荷主にその被った損害の全部についての賠償を行った後の非運送船の船主と運送船の船主との間の求償関係に関する法理を確立した。同判決は、まず、The North Star 判決[130]に基づき、次のように判示した。双方船員の過失によって衝突が生じ、運送船およびその積荷が滅失し、運送船の船主およびその荷主が損害を被った場合において、非運送船の船主が、運送船の荷主に対してその被った損害の全部についての賠償をしたときには、運送船の船主が被った損害額と非運送船によって荷主に支払われた賠償額が、この衝突によって生じた損害額の一団を形成する。そして、最終的に、その一団を双方の船舶で折半した結果、受取勘定となる船舶のみが損害賠償請求権を有する。さらに、The Delaware 判決[131]に基づき、この場合には、債務者となる一方の船舶はその債務について責任制限を主張できるが、ハーター法に規定される法定の航海過失免責は、もっぱら船主と荷主との関係に適用されるものであると指摘した。そして、双方の衝突船舶の船主の責任には影響を与えず、運送船の船主は、非運送船の船主が荷主に対して支払った損害賠償について、非運送船の船主に対して自己の負担部分についての免責を主張しえないと判示した。

　したがって、このようなアメリカ合衆国の判例法理によれば、実質的には、非運送船の船主は自船に生じた損害額に運送船の荷主に支払った賠償金の額を加算したものを自己の損害の総額として、その半分を運送船の船主に求償

---

[130]　106 U. S. 17 (1882).
[131]　161 U. S. 459 (1896).

することが認められる。そして、この判決によって、本来ならば、荷主との関係では、ハーター法によって、航海過失免責を受けることができるはずの運送船の船主も、双方過失の衝突により自船の積荷に損害が生じた場合には、当時の損害平分原則の下において、その半分については間接的に荷主に対して賠償責任を負わなければならないという結果を招いた。そこで、船主が被るこのような不利益を回避するために、実務では、非運送船の船主に支払った損害賠償金についての補償を荷主に対して求めることに合意する旨の約款が案出され、それが船荷証券に挿入されるようになった[132]。これが Both to Blame Collision Clause（双方過失衝突約款）である[133]。ところが、United States v. Atlantic Mutual Insurance Co. 判決において、連邦最高裁判所は、荷主保護のための公序（public policy）に反するという理由で、このような約款は無効であると判示した[134]。しかし、このような連邦最高裁判所の解釈は、船主に対して著しい不利益を及ぼすから、合衆国では、衝突統一条約の批准または立法によって、あるいは、その双方の方法によって、The Chattahoochee 判決（前掲【裁判例6】）を改めるべきであるとの見解がみられる[135]。

---

[132] Healy and Sweeney, *supra* note 110, 317.

[133] 日本海運集会所書式制定委員会が採択した船荷証券に挿入されるべき Both to Blame Collision Clause は次のとおりである。If the Vessel comes into collision with another ship as a result of the negligence of the other ship, and any act, neglect or default of the Master, mariner, pilot or the servants of the Carrier in the navigation or in the management of the Vessel, the owner of the Goods carried hereunder shall indemnify the Carrier against all loss or liability which might be incurred directly or indirectly to the other or non-carrying ship or her owner in so far as such loss or liability represents loss of or damage to his Goods or any claim whatsoever of the owner of the said goods, paid or payable by the other or non-carrying ship or her owner to the owner of the said goods and set-off, recouped or recovered by the other or non-carrying ship or her owner as part of his claim against the carrying Vessel or the Carrier. The foregoing provisions shall also apply where the owner, operator or those in chage of any ship or ships or objects other than, or in addition to, the colliding ships or objects are at fault in respect of a collision or contact.

[134] 343 U. S. 236 (1952). なお、この判決については、小町谷操三「双方過失による衝突に基づく責任と船荷証券の免責約款との関係」法学17巻2号（1953）1頁以下に詳細に紹介されている。なお、小町谷教授は、わが国における解釈問題として、船荷証券に免責約款が存在する場合には、その免責約款は、海上運送人の法律行為および不法行為上の責任の免除を目的とするものであり、この場合には、民法437条を準用すべきものと解し、わが商法の下においては、アメリカのような問題が生じる余地がないとする（同論文153頁）。

[135] Healy and Sweeney, *supra* note 110, 318.

52　第1章　船主の負担する船舶衝突責任

3．わが国の従来の学説およびその検討

（1）学　説

　わが国では、船舶の衝突によって第三者に対して損害を加えた場合に、衝突船舶の船主は、荷主に対して、民法719条1項に基づいて連帯して損害賠償債務を負うのか、あるいは、この場合にも商法797条が適用され、連帯することなく、それぞれの過失の軽重に応じて損害賠償債務を負うのかが問題とされてきた。

①**民法719条適用説**　判例と同様に、船主と第三者との関係には民法719条1項が適用され、第三者は共同不法行為者としての各船主に対して自己の被った損害の全部についての賠償を請求することができ、各船主は連帯債務者としての責任を負うと解する見解（民法719条適用説）がある[136]。この見解は、このように解すべき理由を次のように説明する。(i)不法行為による損害の発生について何らの過失もない者が、その運送品が積み込まれた船舶の船員の過失の軽重に応じた損害賠償しか得られないという不利益を受ける理由はなく、このような不利益を認めるのであればその旨の明確な規定が必要である[137]。また、(ii)立法の経緯によれば[138]、旧商法942条（現797条）は荷主には適用されず、各船主は荷主に対してその損害の全部につき連帯して賠償する

136　加藤正治『海法研究第2巻』(1916) 498頁、北澤・前掲書（注6）17頁、島田・前掲書（注3）149頁、松本烝治『海商法』〔第15版〕(1926) 195頁、山戸・前掲書（注14）144頁、田中（誠）・前掲書（注6）(詳論) 521頁、烏賀陽然良「船舶ノ衝突ニ就キテ」法学論叢2巻6号(1919) 27-28頁、松波（港）・前掲論文（注6）104頁、金沢理「双方過失による衝突と積荷に対する損害賠償」海事判例百選〔増補版〕(1973) 148頁、小島孝「双方過失による船舶衝突の責任」商法の争点Ⅱ (1993) 309頁。なお、小町谷教授は、双方船員の過失によって衝突が生じ、船主に過失がない場合には、直接には民法719条を適用することができないから、これを準用すべきであるとする（小町谷・前掲書（注2）(下2) 117頁）。

137　小町谷・前掲書（注2）(下2) 135頁、川又良也「船舶の衝突と免責約款」『別冊ジュリスト法学教室（旧版）No.6』(1963) 136頁。なお、田中敏夫「船舶ノ衝突ニ因ル船主ノ荷主ニ対スル損害賠償責任ヲ論ス」保険雑誌 (1913) 203号4頁は、被害者たる荷主の立場を考慮すれば連帯責任を認めるのが公平であることを強調する。

138　司法省・前掲書（注4）744頁によれば、ロエスレル草案996条については、「<u>専ラ船舶ノ所有者ニ適用スヘキモノニシテ積荷ノ所有者ニ適用スルヲ得</u>積荷関係人ニ対シテハハレ或ハ偶然或ハ船長ノ罪過ヨリ生シタルノ損害ナリ故ニ其要償ノ権利ハ第924条以下ノ規則ニ拠リテ判別スヘシ若ニ両船ノ船長共ニ罪過アルトキハ<u>各其荷主ニ対シ損害ノ全額ニ就テ連帯ノ義務アルナリ</u>」と説明されている（下線は著者が付した）。

責任を負うことが予定されていた[139]。なお、この場合に各船主が最終的に負担する損害賠償額については、商法797条の趣旨から、それぞれの過失の割合に応じて決定すべきであるとする見解[140]と、民法上722条2項の類推適用があるものとし、商法上も商法797条が類推適用され、これにより定まるとする見解[141]に分かれる。

なお、この見解は、荷主は運送船の船主に対して不法行為に基づく損害賠償の請求ができることを前提とすることから、わが国の判例および通説の立場である請求権競合説[142]ないし修正請求権競合説[143]といった基本的に請求権の競合を認める立場から認められるものである。この点、法条競合説の立場からは、運送船の船主と荷主の関係はもっぱら契約責任によるから、運送船の荷主との関係において衝突船舶の船主間の共同不法行為は成立しないとの見解が示されている[144]。しかし、この見解も、船舶衝突という1個の同時的現象において、しかも共同の過失によって発生した損害の負担関係として民法719条に準じ、または、同様の精神から両船主の連帯責任を認めるべきであるとする[145]。あるいは、双方船員については明らかに共同不法行為の要件である客観的な行為の共同があり、これに基づいて企業者責任を負う双方船主にも民法719条の類推によって不真正連帯責任を負わせることは合目的的であることから、民法719条を類推適用すべきであると説いている[146]。

②**商法797条適用説**　　以上のような多数説に対して、少数ながら、船主と

139　小町谷・前掲書（注2）（下2）135-136頁。
140　小町谷・前掲書（注2）（下2）158頁。
141　田中（誠）・前掲書（注55）（諸問題）470頁。
142　加藤一郎『不法行為（法律学全集）〔増補版〕』(1975) 48頁、大判大正15・2・23民集5巻104頁、最判昭和38・11・5民集17巻11号1510頁、最判昭和44・10・17判時575号71頁など。
143　加藤（正）・前掲書（注136）366頁、島田・前掲書（注3）188頁、田中（誠）前掲書（注6）（詳論）299頁、鈴木竹雄『新版商行為法・保険法・海商法』〔全訂2版〕(1993) 42頁、中村眞澄＝箱井崇史『海商法』〔2版〕(2013) 241頁など。なお、いわゆる折衷説の立場は、基本的には請求権競合を認め、契約で想定された程度の逸脱行為があった場合にのみ不法行為に基づく損害賠償請求権が発生すると解するので（小町谷操三『商行為法論』〔再版〕(1943) 280頁、戸田修三『海商法』〔新訂5版〕(1990) 164頁）、この場合には共同不法行為の成立が認められることになろう。
144　竹井・前掲書（注56）350頁、石井・前掲書（注6）241頁、鴻・前掲論文（注50）641頁。
145　石井・前掲書（注6）338頁。
146　竹井・前掲書（注56）350頁。

第三者との関係にも商法797条が適用されると解する見解（商法797適用説）も示されている。この見解は、このように解すべき理由を次のように説明する[147]。(i)商法797条は「船主間」とは限定していないから、文理解釈上は、船主相互間と船主第三者間との関係を包含するものと解すべきである。(ii)同条が船主と第三者との関係に適用されないとすれば求償権の問題が生じ、運送船主と荷主との間の運送契約に免責約款がある場合の説明が困難となる。(iii)すでに法律が両船船員の過失の軽重を区別し損害の負担を区分する以上、自船船員の過失の部分についてのみ賠償責任を負うものとするのが自然で公平な解釈であるだけでなく、このことは民法の分割債務の原則にも合致する。(iv)第三者に対しても過失の割合により損害を分担するのは現代の各国の海商法および衝突統一条約の採用する主義であって、この主義は海商法の沿革にも合致する。なお、この立場は、衝突統一条約が物的損害については分割責任を採用し、人的損害については連帯責任を採用することについて、このような条約の規定は論理的一貫性を欠くと批判する[148]。

（2）双方船員の過失による船舶衝突と共同不法行為

わが国の判例および多数説は、双方船員の過失による衝突の場合、運送船の船主および非運送船の船主と運送船の荷主との関係においては共同不法行為が成立し、民法719条が適用されるとする。この点、商法797条適用説は、この場合には、共同不法行為は成立しないと解しているのか、それとも、共同不法行為の成立を認めたうえで、共同不法行為の効果としての連帯責任の成立が制限され、商法797条に基づく分割責任となると解しているのかについては定かではない。学説の検討を行う前に、そもそも双方船員による船舶の衝突によって第三者に損害を加える行為が民法719条にいう衝突船舶の船主の共同不法行為にあたるか否かについて検討する。

松波（仁）教授は、双方船員の過失による船舶衝突においては、商法690条に基づき第三者に加えた損害について各船主がその全部を賠償する責任を負うと解する[149]。そして、船主は、自己に過失がなくても、その使用する

147　森清『海商法原論』（1934）300-301頁、戸田・前掲書（注143）250頁。
148　戸田修三＝西島梅治編『保険法・海商法』（1993）280頁〔戸田修三〕。

船員等の過失による行為の結果として生じた損害の賠償責任を負うから、過失を前提とする民法719条の共同不法行為の規定を根拠に各船主の責任を連帯責任とするのは妥当ではないと指摘する[150]。また、竹井教授も、船主は船員の不法行為について商法690条に基づいて責任を負うに過ぎず、各船主間には衝突という不法行為についての意思の共同はなく共同不法行為は成立しないと指摘する[151]。

しかし、民法719条により船長の責任が連帯責任となる以上は、船主もまた同種の責任を負うべきである[152]。また、民法719条の共同不法行為には、自己の行為によって不法行為（民法709条）の要件を満たす場合だけでなく、他人の行為または一定の事実に基づく不法行為も含まれているところ、商法690条に基づく船主の責任が他人の不法行為に基づく責任であることは明らかである[153]。さらに、民法719条の適用には主観的要件は必要ではなく、行為者の客観的共同があれば十分であることから[154]、各船主は共同不法行為者として、第三者に加えた損害について連帯して賠償する責任を負うべきであるとする見解が多数である。

さらに、民法学の一部の学説にも、衝突した運送船および非運送船の船主は共同不法行為者とならず、民法719条が適用されずに、独立的不法行為の競合として捉えるものがある。たとえば、客観的共同を厳格に捉える戒能教授は次のように指摘する。全く偶然に過失が競合して結果が拡大したような場合には、両者の行為の間に一定の結果をもたらすにたる客観的な事情が存在したか否か、また特別な事情ある場合には、両者が、これを認識できたか否かを重視する必要があるとして、「船舶衝突の際などは、反対に共同不法行為にならないと解するのが普通であ[155]」る。また、森島教授は、自動車同士の衝突によって乗客または通行人に生じた損害に対する両加害自動車の

149　松波（仁）・前掲書（注44）949頁。
150　松波（仁）・前掲書（注44）958-960頁。
151　竹井・前掲書（注56）350頁。
152　烏賀陽・前掲論文（注136）27頁。
153　田中（誠）・前掲書（注55）（諸問題）469頁、山戸・前掲書（注14）145頁。
154　田中（誠）・前掲書（注6）（詳論）521頁。
155　戒能通孝『債権各論』〔4版〕（1950）439頁。

運転者の責任を例にあげる。そして、この場合は、加害者間に主観的関連共同が認められないので民法719条1項前段の適用はなく、また、それぞれの自動車の運転行為と被害者に生じた損害との間に因果関係が存在することは明らかなので同条項後段の適用もない。結局、それぞれの自動車の運転者の独立の不法行為が競合したに過ぎないと指摘する[156]。これらの見解によれば、船舶の衝突によって荷主等の第三者に損害を加える行為は、運送船の荷主との関係では運送船の船員および非運送船の船員による、それぞれ独立の不法行為の競合になる。したがって、両船の船主は、民法709条および商法690条に基づき、自己の船員の過失のある行為と相当因果関係にある損害について責任を負うことになる。

共同不法行為の効果として共同不法行為者が負う責任は、十分な被害者の救済という政策的な理念に基づき、被害者は各加害者のいずれに対しても賠償請求ができ（全部連帯責任）、かつ、その賠償額につき全額賠償となるものである[157]。民法719条の定める共同不法行為の存在意義ないし機能については、その立法趣旨に基づくアプローチでは、その特定は困難であるとされつつも[158]、一般には次のように説明されている[159]。損害の発生について複数の加害者が存在する場合には、それぞれの行為と損害との間の因果関係を証明するのは被害者にとって困難なことが多く、民法709条だけに頼ると被害者の保護が十分にはかれない。また、他方、複数の行為者が存在する場合には、しばしばその者の間に何らかの緊密な関係が存在しており、この関係の存在が、各人の行為との因果関係のない損害をもすべての行為者に負担させることを正当化する。このような被害者側・加害者側のそれぞれの事情を念頭に置いて被害者の保護を考えれば、因果関係の要件を緩和して損害賠償請求を容易化しつつ、行為者すべてに全損害についての連帯責任を負わせることにより、行為者の中に無資力者がいる場合のリスクを加害者側に負担させることが望ましい。したがって、民法719条はこのような結果を実現するた

156　森島昭夫『不法行為法講義』（1987）104頁。
157　近江・前掲書（注60）236頁。
158　神田孝夫「共同不法行為」星野英一編集代表『民法講座6　事務管理・不当利得・不法行為』（1985）573頁。
159　奥田＝潮見・前掲書（注52）229-230頁。

めに設けられている。

　ここでは、民法719条の共同不法行為の成立要件としての関連共同性について、共同行為者の行為が客観的に関連共同していれば足りると解するか、あるいは、主観的に共同していることを要すると解すべきかについての詳細な理論的検討は控える。しかし、船舶の衝突によって荷主等の第三者に損害を加える行為が独立の不法行為の競合にあたると解すれば、被害者たる第三者の保護に欠けるのではないかと思われる。すなわち、被害者たる荷主等の第三者は、それぞれの衝突船舶の船員の過失のある行為が、自己に生じた損害のどの部分と、どの程度の因果関係を有しているかについての立証ができない限り損害の賠償を得られないと考えられるからである[160]。この点、船舶衝突に関する古い下級審裁判例には次のように判示するものがある[161]。双方の衝突船舶の船員の共謀が認められない場合には、双方船員の過失に基づく船舶の衝突によって荷主に損害を加えることは民法719条の共同不法行為ではなく独立の不法行為の競合にあたる。したがって、衝突船舶の船主は各自荷主に生じた全損害を賠償しなければならない。また、学説にも、独立の不法行為が競合した場合においては、民法719条の適用がなくても一般理論によって各共同行為者が不真正連帯責任を負うとの見解がある[162]。さらに、近時、この因果関係の立証について被害者を救済するために、独立の不法行為の競合の場合には民法719条1項後段が適用されるとの見解も示されている[163]。すなわち、この見解は、被害者は、共同行為者および他の不法行為の要件を主張立証すれば十分であり、この規定の適用により、各行為者の行為と生じた損害との間の因果関係の立証責任は加害者側に転換され、こ

---

[160] この場合には、民法709条の不法行為が競合しているだけなので、各行為者の行為が原則として民法709条の要件を満たさなければならず、その効果も、原則として各行為者の分割責任となる（近江・前掲書（注60）249頁）。なお、近江教授は、各加害者は、因果関係の不存在や加害行為の特定を証明することによって、免責または減責の主張が可能であるが、これらの証明ができない限り、民法719条1項後段の類推適用により、加害者全員の全部賠償義務が生じると解している（同前）。
[161] 函館地判判決年月日不詳新聞650号13頁（前掲注67）。なお、松波（仁）教授も、民法719条は適用されないとの立場をとっていることは、すでに述べた。
[162] 平井宜雄『債権各論Ⅱ不法行為法』（1992）192，212頁。
[163] 前田達明「共同行為者の流水汚染により惹起された損害と各行為者の賠償すべき損害の範囲」民商法雑誌60巻3号（1969）472頁。

の立証ができなかった加害者は、全損害について不真正連帯債務を負うとする。

なるほど、このように解せば、因果関係の立証に関しては被害者の保護に資する。しかし、独立の不法行為（民法709条）が競合した場合には、本来的には、各不法行為者は自己の加害行為によって生じた損害と因果関係を有する範囲で責任を負うはずである。したがって、衝突した双方の船舶の船主はその船員の過失のある行為と因果関係を有する損害を立証できれば、減責を受けることになり、損害の全部について連帯責任を負うことを免れることができる[164]。そうすると、確実に全部の損害賠償を得られるかどうかの観点では、船舶の衝突によって損害を被った無過失の被害者の保護が十分にはかれない。被害者に莫大な損害を加えるおそれのある現代の船舶衝突の実際を踏まえれば、やはり、海商法学における判例および多数説の見解にしたがい、双方船員の過失に起因する船舶衝突によって荷主等の第三者に損害を加える行為は共同不法行為にあたると解し、基本的には、正面から民法719条1項の適用を認め、衝突船舶の船主は、荷主等の第三者に対して、連帯して損害賠償債務を負うと解すべきである。

（3）民法719条適用説の問題点

自己の被った損害の発生について過失のない被害者には、原則として、その損害の全部についての賠償が得られるように強い保護が与えられなければならない。したがって、衝突船舶の船主と荷主等の第三者との関係には民法719条が適用され、衝突船舶の船主は連帯して、第三者に対して、損害賠償債務を負うと解する海商法学の判例および多数説の見解は、この点においては正当であると評価できる。しかしながら、船舶衝突による被害者としての荷主を強く保護するために、民法719条を適用して衝突船舶の船主に連帯責任を負わせれば、次のような問題が生じる。

①船主間における不公平な損害分担　　まず、民法719条を適用して、衝突船舶の船主は荷主に対して常に連帯責任を負うと解すると、場合によっては、

164　平井・前掲書（注162）212頁。

第2節　第三者に対して生じた損害の分担　59

船主間において著しく不公平な損害分担を強いられることが懸念される。

　衝突船舶の船主に連帯責任を負わせるアメリカ合衆国の判例法理は、先に考察したようなイギリスの法理論とは異なり、衝突に基づく損害賠償に関係する当事者の公平な損害の分担よりも、分割責任主義の下では、被った損害の全部についての賠償を受けられないおそれのある無過失の荷主を保護することが優越することをその根拠とする。すなわち、船主の無資力が荷主の保護に著しく欠ける結果をもたらすことを指摘して[165]、ともかく、優先的に無過失者としての荷主の保護をはかることを公序と位置づけ、Both to Blame Collision Clause の効力をも否定し、徹底して荷主の保護をはかろうとしている姿勢がうかがえる[166]。すでに確認したとおり、わが国の判例および多数説も、民法719条1項の適用により、衝突船舶の船主が荷主に対して連帯責任を負うべきであるとする根拠として、被害者としての無過失の荷主に対する保護の必要性をあげる。また、カナダの Tetley 教授は、海難の結果として積荷の滅失または損傷といった損害を受けた無過失の荷主は、全額の賠償を求めることが許されるべき他の無過失の第三者と同様に犠牲者たる地位にあることを指摘する。そして、運送船の船主または非運送船の船主いずれか一方に対して、被った損害の全部についての賠償を求めることができるとするアメリカの判例法理はより公平なものであると述べている[167]。

　また、次のような見解も示されていることが注目される[168]。衝突統一条約4条のように、荷主に対しても、運送船の船主と非運送船の船主の分割責任を認めた場合、荷主が全額の賠償を得る唯一の方法は、衝突に関与したす

---

[165] The Atlas, 93 U. S. 302, 318 (1876).

[166] Dennis A. Goschaka, *Goodby to All That!-The Unlamented Demise of the Divided Damage Rule*, 8 J. Mar. L. and Com. 51, 68 (1976).

[167] William Tetley, *International Maritime and Admiralty Law*, 250 (2002), Tetley, *supra* note 20, 1525. なお、Tetley 教授も、ハンブルグ・ルール（United Nations Convention on Carriage of Good by Sea, adopted at Hamburg, March 31, 1978 and in force November 1, 1992）または2009年に成立した新しい国連条約（United Nations Convention on Contracts for the International Carriage of Goods Wholly or Partly by Sea；ロッテルダム・ルール）の採択によって、航海過失免責が排除され、荷主は、運送船の船主に対しても、その被った損害の賠償を請求できるから、双方過失による船舶衝突の場合における無過失の荷主保護の問題は解決するとし（Tetley, *supra* note 20, 1525）、航海過失免責が認められる限りにおいて、アメリカ法の原則は公平性があると述べている（Tetley, *supra* note 20, 1529）。

[168] Goschaka, *supra* note 166, 68.

べての不法行為者に対して訴えを提起することである。しかし、海上運送は国際取引を前提としているから、無過失の荷主が、すべての過失のある当事者に対して訴えを起こすことが不可能な場合がしばしば生じる。また、仮にそれが可能であるとしても、荷主にそのような負担を強いるのは妥当ではない。無過失の者はより強く保護されなければならないから、その者には、共同不法行為者のうちの1人から、その被った損害の全部についての賠償を受けさせ、その後に、共同不法行為者間の求償を認めるのが妥当である。

しかしながら、アメリカ合衆国の学説には、その判例法理を批判し、衝突統一条約の内容と同様に荷主に対する関係でも、衝突船舶の船主の責任は分割責任とすべきであるとの見解がみられる[169]。この見解は、主に次の2つの観点から判例法理に対する批判を展開する。

1）連帯責任原則と法定免責がもたらす不合理な結果　まず、次のような批判がある[170]。荷主に対する関係において衝突船舶の船主間の連帯責任を肯定すれば、たとえば、過失割合が同じである場合、非運送船の船主は運送船の船主に対して、非運送船の船主が荷主に支払った損害賠償額の半額を求償することができる。そうすると、運送船の船主は、間接的ではあるものの、その荷主の損害賠償請求額の半額を支払わなければならない。しかし、仮に運送船側に100％の過失（一方的過失）が認められれば、法定の航海過失免責の利益を受けるその船主は、その荷主に対しては何らの損害賠償もする必要はないという異常な結果を招く。

この批判は次のようなことを指摘している。衝突が運送船の一方過失によって生じた場合には、運送船の船主は、法定の航海過失免責を受けることによって、荷主に対しては、全く損害賠償債務を負うことはない。しかし、非運送船に少しでも過失が認められ、それが衝突に寄与していれば、運送船の

---

[169] この点、すでに紹介したとおり、Healy 教授および Sweeney 教授は、衝突船舶の船主が連帯責任を負い、かつ、運送船の船主は荷主に対する関係では航海過失免責を受けられる場合であっても非運送船の船主からの求償に応じなければならないとする The Chataahoochee（前掲【裁判例6】）判決を疑問視して、合衆国の裁判所が、United States v. Reliable Transfer 判決によって比較過失原則を採用したことに伴い、衝突船舶の船主が連帯責任を負うことも排除されたとの解釈を行わないのであれば、立法または衝突統一条約の批准、あるいは、その双方によって同判決を破棄する必要があるように思われると述べる（Healy and Sweeny, *supra* note 110, 318）。

[170] Gordon W. Paulsen, *Provable Damages in Collision Cases*, 51 Tul. L. Rev. 1059 (1977).

荷主は、非運送船の船主に対して、その被った損害の全部についての賠償を求める。そして、その後、非運送船は、運送船に対してその過失割合に応じて求償することができる。すなわち、この批判は、運送船の過失のある行為が衝突に全面的に寄与した場合には、運送船の船主は全面的に責任を免れる一方で、運送船の過失と非運送船の過失が競合して衝突が生じた場合には、運送船の過失割合が相対的に低下したにもかかわらず、運送船の船主は間接的に荷主に対して損害賠償をしなければならないという不合理な結果が生じることを鋭く指摘する。

2）法廷地漁りの助長　第2の批判は、アメリカ合衆国が、衝突統一条約を批准せず、無過失の荷主に対する関係において衝突船舶の船主の分割責任を認めないことが、法廷地漁りの弊害に拍車をかけ、船舶衝突法の国際的統一を乱しているというものである[171]。United States v. Reliable Transfer 判決[172]が、法廷地漁りの弊害を抑制するという目的の下に、比較過失原則を採用することを宣言したにもかかわらず、比較過失原則に基づく分割責任の考え方が衝突船舶の船主と荷主との関係に及ばないのであれば、その目的を達することはできない[173]。すなわち、合衆国は、運送船および非運送船の船主の無過失の荷主に対する連帯責任を認めることによって、荷主が、合衆国を法廷地として非運送船に対する訴訟を提起することを助長していると指摘している。このような批判は、Forum Non Convenience 法理に基づく訴えの却下によっても回避可能であるともいえるが、やはり、衝突統一条約またはハンブルグ・ルールのいずれかを批准することによって、法廷地漁りに起因して生じる合衆国における訴訟負担を減らすべきことを主張する[174]。

なお、1975年の United States v. Reliable Transfer 判決[175]は、Both to Blame Collision Clause の無効を宣言した United States v. Atlantic Mutual

---

171　Nichlas J. Healy, *Reliable Transfer Company v. United States: Proportional Fault Rule*, 7 J. Mar. L. and Com. 293, 300 (1975).
172　United States v. Reliable Transfer, 421 U. S. 397, 1975 AMC 541 (1975).
173　Paulsen, *supra* note 170, 1060.
174　Mark O. Kasanin, *Cargo Rights and Responsibilites in Collision Cases*, 51 Tul. L. Rev. 880, 892-895 (1977).
175　United States v. Reliable Transfer, 421 U. S. 397, 1975 AMC 541 (1975).

Insurance Co. 判決について何ら言及してはいない。同判決は、「2隻以上の船舶が、これらの過失による衝突または座礁に基因して財産的損害（property damage）を生じさせた場合、その損害に対する責任は、それらの過失の軽重に応じて、その当事者間で分配される」と述べる。ここにいう財産的損害（property damage）は、特に船体損害等に限定されているわけではないから、その文言上、運送船上の積荷の荷主が被った損害も、この財産的損害に含まれるものと解することができる。また、同判決においては、損害平分原則を廃止し、比較過失原則の適用を正当化する理由として、アメリカ合衆国法を他の海運国の法と調和させ、大洋を横断して行われる法廷地漁り（transoceanic forum shopping）を思いとどまらせることを明確にあげている。これらのことから、この判決を目的論的に解釈し、積荷損害も「財産的損害」に含まれるとして、積荷損害についても比較過失原則を及ぼし、衝突船舶の船主に分割責任を負わせるべきであるとの見解もみられる[176]。

このように、わが国においては指摘されてはいないが、アメリカ合衆国では運送船の単独の過失によって衝突が生じた場合には、運送契約上の免責約款または法定の航海過失免責規定の適用を根拠に、運送船の船主は積荷損害の全額についての損害賠償を免れるのに対して、衝突の相手船舶たる非運送船にもわずかにでも過失が認められれば、荷主は非運送船の船主から全額の賠償を受けられるといった矛盾が生じるという問題が指摘されている。そして、法廷地漁りを助長するという問題とともに、これを回避するために、衝突統一条約が定める内容を国内法にとり入れるべきであるとの見解が有力に主張されている。

また、フランスの著名な海法学者であるRodiére教授は、いずれか一方の船舶の船主がその本来の責任の範囲を超えて、荷主に対して損害賠償債務を負わなければならないことは不公平であると指摘する[177]。この指摘のとおり、無過失の荷主との関係において衝突船舶の船主が常に連帯責任を負わなければならないとすれば、衝突について非運送船船員の過失の程度が著しく軽い場合（たとえば、過失割合1割などの場合）であっても、非運送船の船主

---

176 Paulsen, *supra* note 170, 1061.
177 Rodière, *supra* note 40, 56.

は荷主からの全額の損害賠償請求に応じなければならないことは不公平であるといえる。この点については、後に詳細に論じるが、現代においても、海上運送は海上運送人たる船主と荷主との joint venture としての性格を有している。しかも、ほとんどの場合において、これに関与するのは商人だから、一般の不法行為の場合と比較してみれば、被害者の保護よりも、法律関係の合理的処理の要請が強く働くものと解すべきである。そうすると、このような海上運送に関わる者の間における、このような不合理な損害分担を回避し、より公平な損害分担の方法が示されなければならないと考える。

②**航海過失免責から生じる問題**　運送船の船主と荷主との間に、船員の軽過失を免除する免責約款が挿入される場合がある[178]。わが商法は、「船舶所有者ハ特約ヲ為シタルトキト雖モ自己ノ過失、船員其他ノ使用人ノ悪意若クハ重大ナル過失又ハ船舶カ航海ニ堪ヘサルニ因リテ生シタル損害ヲ賠償スル責ヲ免ルルコトヲ得ス」(商法739条) と定める。したがって、船主および船員の悪意・重過失による損害賠償責任を免除する特約を設けることは制限されるが、運送契約に船員等の軽過失を免責するような約款を挿入することは妨げられない。そこで、運送船の船主とその荷主との間にこのような免責約款がある場合には、運送船の荷主による損害賠償請求に際して、非運送船の船主は、運送船の船主がその荷主との間に有していた、このような運送契約上の過失免責約款を対抗できるかどうか、すなわち、このような免責約款を援用して、荷主に対する損害賠償責任を過失割合に基づく自己の負担部分に限定することができるかどうかが問題となる。非運送船の船主による免責約款の援用を認めなければ、荷主に対して全額の損害賠償をした非運送船の船主が運送船の船主に対してその過失割合に基づく負担額を求償できることになる。そうすると、運送船の船主が本来受けることができるはずの航海過失免責の利益が受けられず、運送契約に免責約款を挿入したこと、さらには、国際海上物品運送法が認める法定の航海過失免責規定が全く空文化してしま

178　わが国において使用される船荷証券の裏面には、「第2条　当会社は左に掲げる事由によって生じた運送品の減失、毀損、延着その他の損害についてはその責に任じない　2、衝突、座州、座礁、難破その他の海難……」との免責約款が見られる (社団法人日本海運集会所書式制定委員会制定、採択、推薦契約書式1997)。

う。そこで、判例および学説は、従来、この援用を認めるための理論を構築することにより、この問題を解決してきた[179]。

1）裁判例　この点、わが国の裁判例には、下級審のものではあるが、免責約款を将来生ずべき損害賠償債務の免除であると解し、民法437条を類推適用することにより免責約款の援用を認める東京地方裁判所昭和5年4月25日判決[180]がある。

〈事実の概要〉Y（被告）所有の汽船P丸が、イギリス領コロンボからニューカレドニアに向かう航行中に、マラッカ海峡の沖合において、ニューカレドニアからコロンボに向かって航行中であった訴外A所有のQ丸と衝突した。Q丸はその右舷船首隔壁付近の外板を破損し、一番艙への浸水が甚だしく沈没のおそれがあったが、辛うじて沈没は免れ、他の汽船R丸に曳航されてニューカレドニアに到着した。この衝突の結果、Q丸の積荷は漏損を被った。Q丸の荷主との間の保険契約に基づき保険金を支払ったX（原告）が、被保険者たる荷主のYに対する損害賠償請求権を代位取得したとして、Yに対して賠償金の支払いを求めた。

本件衝突は、P丸およびQ丸の両船船員の職務上の共同過失によって生じたが、訴外AとQ丸に積載した貨物のすべての荷送人との間には、船荷証券上、同船船員の過失（不法行為の場合を含む）による損害につきその責任を負わない旨の免責約款があった。

そこで、この約款の効力について、Xは次のように主張した。船荷証券上に船員の過失について免責する旨の約款があることは認める。しかし、船舶衝突の責任に関する商法650条（現797条）は船主相互間の関係を規定したに過ぎないから、荷主に対する賠償責任については一般原則によるべきである。これによれば、両船主は共同不法行為者として損害につき連帯して賠償責任を負うべきである。また、その一方に対して免責約款があるときは、その船主は初めから責任を負担することなく共同不法行為は成立しないから、他の一方のみが単独で全額を負担すべきである。これは、あたかも、責任無能力者の行為と責任能力者の過失とが相まって損害を生じさせた場合において、その責任能力者は自己の過失の軽重のいかんを問わず単独で全額を賠償しな

179　このような不都合を避けるために、衝突船舶の船主と荷主との損害分担関係にも商法797条を適用すべきであると説くのが少数説の見解であることはすでに述べた。
180　新聞3133号11頁。

第2節　第三者に対して生じた損害の分担　65

ければならないのと同じである。これに対して、免責約款を条件つきの債務免除とみる見解もあるが、この見解はいったん債務を発生させた上で、これを免除するものとみる点において当事者の意思に反する。初めから損害賠償請求権を発生させないことが当事者の意思としては明白だからである。したがって、仮にQ丸の船員にも過失があったとしても、Yの責任には何らの影響を及ぼさない。

　これに対して、Yは次のように主張した。両船の船員が職務上の共同過失によって他人に損害を加えたときは、その損害賠償について両船の船主は連帯債務を負うべきである。しかし、Q丸とその荷送人との間には同船船員の過失による損害について責任を負わない旨の船荷証券上の免責約款がある。これによって、債務者の1人に対して、その債務が免除されるときは、民法437条に基づき、その者の負担部分については他の債務者の利益のためにも免除の効力が生じる。したがって、Q丸船員の過失による同船船主の負担部分については、P丸船主たるYもその責任を免れる。

〈判　旨〉判決は、この航免責約款の効力について次のように判示した。「所謂免責約款ハ當時者〔ママ〕ノ契約ヲ以テ将来生スルコトアルヘキ損害賠償請求權ヲ豫メ免除スルモノト解スヘキカ故ニ民法第437條ノ規定ニ依リ前示大阪商船株式會社（訴外A）ノ負擔部分ニ付テハYモ亦其責ヲ免ルルモノト謂フヘシ或ハX主張ノ如ク免責約款ヲ有スル船主ニ對シテハ不法行爲ヲ成立スルコトナク從テ共同不法行爲ハ全然成立セサルヲ以テ他ノ一方ノ船主ノミカ單獨ニテ損害全部ヲ負擔セサルヘカラス恰モ責任無能力者ノ行爲ト責任能力者ノ過失ト相俟チテ損害ヲ生セシメタル場合ニ於テ其責任能力者ハ自己ノ過失ノ輕重如何ヲ問ハス單獨ニテ全額ヲ賠償セサルヘカラサルト何等異ナルコトナシトノ説ヲナスモノアルヘキモ免責約款ハ積荷ノ所有者（又ハ荷送人）カ所有權ノ侵害（又ハ債務不履行）ヲ許諾又ハ認容セルモノトハ解シ難キカ故ニ之ヲ以テ所謂被害者ノ承諾トシテ違法性ヲ阻却スルニ至ルモノト解スルハ甚シク當事者ノ意思ニ反スルモノト謂フヘシ蓋シ免責約款ハ船員ノ輕過失ニ基キ發生スル損害ニ付テハ其責ヲ免レシムト謂フニアレハ當事者ノ意思ハ船員ノ過失ニ基ク權利侵害ヲ認容スト謂フニ非スシテ寧ロ斯ル事由ニ基ク損害カ發生シタル場合ニ於テハ之ヲ免除スル趣旨ナリト解スヘク然レハ通常ノ債務免除ト異ルハ只意思表示カ事前ニ在ルト事後ニ在ルトノ差異アルニ過キス事前ニ免除ヲ爲シタルカ爲メ免除ナル意思表示上ノ效果ヲ妨クヘキ何等ノ理由ナキヲ以テ右Xノ見解ハ之ヲ排斥ス假ニ又免責約款ヲ以テ該約款ヲ有スル船主ニ付テハ初メヨリ全然不法行爲ヲ成立セシメサル趣旨ナリトスルモ民法第437

條ノ規定ヲ類推シ共同不法行爲ナリセハ該船主ニ歸スヘキ負擔部分ニ付テハ他ノ船主モ亦其責ヲ免ルルモノト爲スヲ以テ最モ安全妥当ナル解釋ナリトス何者若シ此ノ場合他ノ船主ニ全額ノ賠償責任アリトスルトキハ該船主ハ免責約款ヲ有スル船主ニ對シ其負擔部分ニ付求償ヲ爲シ得ヘク其船主ハ荷主トノ間ニ於ケル免責約款ヲ援用シテ該請求ヲ拒絶スルコトヲ得サルヲ以テ其船主ハ荷主トノ間ニ免責約款ヲ成立セシメタル目的ヲ没却スルニ至ルヘキヲ以テナリ」

2）学 説　学説では、このような場合における免責約款の援用を否定する学説と肯定する学説とが対立していた。援用を否定する学説は、契約が当事者のみを拘束し、免責約款は他人間の契約（res inter alios acta）であるという理由に基づいており、かつての多数説であった[181]。

しかし、運送船上の荷主に対する免責約款の援用を認めなければ、結局、運送船の船主は免責約款の利益を享受できないという不合理な結果が生じる[182]。そこで、この援用を肯定する説は、このような不都合を回避するために、非運送船の船主による運送船の船主と荷主との間の運送契約上の免責約款の援用を認めるための理論構成に取り組み、現在では、これを認めるとの見解が多数である。

このような多数説の理論構成については、いくつかの見解が示されている。まず、民法437条の勿論解釈または類推解釈によるべきであるとの見解がある[183]。田中（誠）教授は、免責約款の当事者の意思表示の内容によって、免責約款を条件付損害賠償請求権の免除、あるいは、不法行為における被害者の許諾と解する。そして、前者の場合には、条件付免除は絶対的効力を生じることから（民法437条）、非運送船の船主も運送船の船主の負担部分につき債務を免れ、後者の場合には、被害者の被害に対する許諾により違法性が阻却されるので、運送船の船主については債務不履行責任または不法行為責任は発生しない。したがって、荷主は非運送船の船主に対してのみ損害賠償を

181　松波（仁）・前掲書（注44）956頁、松本・前掲書（注136）196頁、烏賀陽・前掲論文（注136）28頁。
182　石井・前掲書（注6）338頁。
183　田中（誠）・前掲書（注55）（諸問題）472頁、竹井・前掲書（注56）350頁、石井・前掲書（注6）338頁、山戸・前掲書（注14）151頁。

請求することができるが、この場合には民法437条の勿論解釈により非運送船の船主の責任額はその負担額にとどまると解する[184]。

また、小町谷教授は、免責約款には、将来、船主が商法690条によって負担すべき責任を免除するものと、船主自身の不法行為そのものの成立を阻却する趣旨のものがあると指摘する。そして、特別な事情がない限り、この免責約款にはこの2つの趣旨が含まれ、前者には民法437条を準用し、後者には同条を類推適用すべきであると解する[185]。また、船主自身の過失を免責するような特約は、不法行為の成立を妨げることを目的とするものであり、民法437条は債務の免除の場合ですらその絶対効を認めるから、これよりも強い効力を有する不法行為責任排除の特約には、なおさらこれを類推適用できると解する[186]。

他方、これらとは異なる理論構成を提案する見解もある。まず、免責約款を違法性の阻却についての被害者の承諾ととらえて、これを有する船主には不法行為責任が発生せず、その免責約款を対抗することができる荷主との関係では衝突両船間に連帯債務関係が生じないものと構成する。そして、衝突の相手船舶の船主は、商法797条によって定まる自らの負担部分のみを当該荷主に賠償すれば足りるとする見解がある[187]。さらに、法条競合説の立場

---

[184] 田中（誠）・前掲書（注55）（諸問題）472-473頁。
[185] 小町谷・前掲書（注2）（下2）154-155頁。なお、小町谷教授は、このように解すべき理由について次のように述べる。(i)民法437条の立法趣旨は、連帯債務者間の求償関係により、その1人が免除の利益を受けられない結果となることを避け、かつ、訴訟の循環によって不必要に手続が煩雑になることを防止することにある。このことは、免責約款の援用が認められなかった場合の不合理の回避の目的と合致する。(ii)免責約款に関する当事者の意思解釈として、当事者はその免責約款が民法437条と同一の効果を生じることを意欲していた。すなわち、免責約款の援用を認めないと免責約款そのものが全く無意味になってしまうが、当事者がそのような無意味に帰するような特約をするはずがない。
[186] 小町谷・前掲書（注2）（下2）156頁。しかし、免責約款を画一的にこのような趣旨のものであると理解できるかどうかは疑問である。
[187] 加藤（正）・前掲書（注136）379, 502頁、島田・前掲書（注3）153頁、田中（敏）・前掲論文（注137）5頁。加藤（正）教授は、修正請求権競合説の立場にたちつつ、免責約款を被害者による不法行為における違法性の阻却についての許諾と解し、免責約款がある場合には、運送船の船主と荷主との関係においては、不法行為も成立しないとする。その結果、荷主は非運送船の船主に対してのみ、不法行為を根拠として損害賠償の請求をすることができるが、商法797条に基づき、その過失割合に基づく負担部分についてのみ損害の賠償を請求することができるにとどまると説く。しかし、商法797条を根拠として非運送船の船主の負担部分につき限定を加えることは、結果として商法797条適用説の理論構成と同様になることから妥当ではないと考える。

からは次のような見解が示されている[188]。運送船の船主には不法行為責任は成立せず、非運送船の船主に対してのみ不法行為に基づく損害賠償ができる。しかし、免責約款を設定した当事者の意思解釈により、運送船本来の負担部分については、荷主自身がその賠償の危険を負担する趣旨であると解し、荷主は、非運送船の船主に対してはその被った損害の全部についてではなく、初めからその負担部分のみを請求できる。

また、国際海上物品運送法は、運送人は、自己またはその使用する者が運送品の受取、船積、積付、保管、荷揚及び引渡につき注意を怠ったことにより生じた運送品の滅失、損傷又は延着について、損害賠償の責を負う（同法3条1項）とする。他方、同法は「前項（3条1項）の規定は、船長、海員、水先人その他運送人の使用する者の航行若しくは船舶の取扱に関する行為又は船舶における火災（運送人の故意又は過失によるものを除く。）により生じた損害には適用しない（同法3条2項)」と定め、運送人の航海過失免責を認める。したがって、双方船員の過失による船舶衝突が生じ、運送船の船主がこのような法律上の免責を受ける場合に、非運送船の船主がこれを援用することができるかどうかが問題となる。この場合にも、運送契約に免責約款が挿入された場合と同様の問題が生じるが、これは当事者の合意によるものではないために、法定免責の援用が認められるとの結論を導くには、非運送船の船主に免責約款の援用を認める場合とは異なる理論構成が必要になる。

この点、田中（誠）教授は、国際海上物品運送法の規定によって、免除の絶対効を認める民法437条の趣旨に基づき運送船の船主の損害賠償債務が法定免責されていると解し、この場合には民法437条を類推適用して、非運送船の船主はその負担部分についてのみ損害賠償債務を負うとの見解を示している[189]。また、鴻教授は、航海過失免責が法定された経緯に鑑み、この場

---

188 鴻・前掲論文（注50）647頁。鴻教授は、法条競合説の立場にたち、免責約款を債務不履行責任の成立を阻却する被害者の許諾と解し、免責約款がある場合には、運送船の船主に対しては債務不履行責任をも生じないとする。したがって、荷主は、非運送船の船主に対してのみ不法行為に基づく損害賠償を請求することができ、その被った損害の全額の賠償を求めることができると解する。しかし、本文に示したような理論で、このような請求は、はじめから非運送船の船主の本来の負担部分に限定されると主張する。

189 田中（誠）・前掲書（注6）（詳論）524頁。

合については、理論上は両船主によってカバーされるべき荷主の損害のうち、運送船の船主が非運送船の船主との内部関係において分担すべき負担部分については荷主自身がその危険を負担すべき旨が同条項によって定められた（その損害は積荷所有者の負担となる趣旨を内包している）ものと解する。そして、荷主は非運送船の船主に対しては、その本来の負担部分についてのみ損害賠償を請求することができるとの見解を示している[190]。

3）学説の検討　前述したとおり、商法797条適用説の立場からは、同条が、衝突した船舶の船主と第三者との関係に適用されない場合には、衝突した船舶の船主間における求償に際して、運送船の船主とその荷主との間に免責約款があれば不都合が生じ、これを回避するための説明が困難であることが指摘されている[191]。しかし、民法719条適用説の立場も、この問題は、必ずしも説明できない問題ではなく、非運送船の船主によるこのような免責約款の援用を認めることにより、非運送船の船主の荷主に対する損害賠償責任をその本来負担すべき額に限定することが可能であると反論し[192]、先にみたような理論構成を展開してきた。

非運送船の船主による免責約款の援用を認めなければ、運送船の船主と荷主との間の免責約款が全く無意味になるから、これを認める多数説の見解はもっともであるといえる。しかし、そのための異なる理論構成が提示されていることから、非運送船の船主に、他人間の契約として挿入されている免責約款の援用を認めるためには、いずれの理論構成が妥当であるかを検討しなければならない。

まず、すでにみたように、このような免責約款がどのような性質を有するか、すなわち、将来発生しうべき損害賠償請求権を免除する性質を有すると解するか、または、不法行為の成立を妨げる性質を有すると解するかについ

---

[190] 鴻・前掲論文（注50）653頁。なお、石井教授も、航海過失についての免責を法定したことのうちに、双方船員の過失による船舶衝突から積荷に対して生じた損害はその所有者の負担となるという趣旨が内包されているとし、その反射的効果として、非運送船の船主はその負担部分についてのみ損害賠償責任を負担するものと解すべきであるとする（石井・前掲書（注6）338-339頁）。

[191] 森・前掲書（注147）301頁、戸田・前掲書（注143）254頁、戸田＝西島・前掲書（注148）285頁〔戸田〕。

[192] 鴻・前掲論文（注50）642頁。

て、これを設定した当事者の意思から推論して判断するとの見解がある。しかし、この判断を当事者がいかなる意思を有していたかという点に求めるとすれば、事案ごとに免責約款の性質が異なる場合が生じ、船舶衝突事件における画一的な権利関係確定の要請が損なわれるおそれがあると思われる。

また、民法719条1項にいう連帯債務について、かつて大審院は、債権総則にいう連帯債務と理解していたが[193]、現在の最高裁判例は、これを不真正連帯債務であると解している[194]。また、単純な連帯債務と解する見解もあるが、民法学説においても不真正連帯債務と解するのが通説である[195]。このように解する理由は次のとおりである[196]。共同不法行為者間に主観的な関係がない場合があり、連帯債務者の密接な人的関係を前提とする連帯債務の規定が直ちに適用されることには問題がある。また、絶対的効力を生じる事由の多くは、債権者にとって不利な事由が多いから、被害者保護の観点から不真正連帯債務と解するのが適当である。

このような判例および通説の見解にしたがい、船主間の連帯債務を不真正連帯債務と解しつつ、かつ、免責約款の援用の根拠を民法437条に求める場合には、連帯債務に関する民法の規定（民法442条以下）は適用されない。そこで、船荷証券上の免責約款との関係では、このような問題を避けるための理論構成として、免責約款挿入の趣旨を、運送船主本来の負担部分については、荷主自身がその賠償の危険を負担する趣旨であると解し、荷主は、初めからその負担部分のみを請求できるとの見解が支持を得つつある[197]。また、この点、陸上の自動車交通事故についてではあるが、一方当事者の負担部分についての免除の効力につき絶対的効力を認める立場から次のように指摘さ

---

193 大判大正3・10・29民録20輯834頁。
194 最判昭和57・3・4判時1042号87頁。
195 加藤（一）・前掲書（注51）（注釈民法）328頁〔徳本〕。
196 高木多喜男ほか『民法講義6 不法行為等』（初版5刷）（1982）265頁。
197 川又・前掲論文（注137）137頁、小島・前掲論文（注136）309頁、楊衛民「船舶衝突における損害賠償責任の分担とその準拠法」法学69巻1号（2004）145頁。鴻教授は、民法437条を類推適用するとの学説は、どのような意味でこの類推適用があるのかについて、免責約款の存在による実際の不都合を回避すること以外には明らかにしていないことを指摘する（鴻・前掲論文（注50）647頁）。なお、同教授は、このように解釈する前提として、法条競合説の立場にたち、免責約款を債務不履行責任の成立を阻却する被害者の許諾と解し、免責約款がある場合には、運送船の船主に対しては債務不履行責任も生じないとすることは前述した（前掲注188参照）。

れている。「車両圏、行為圏を異にする原因寄与者間の責任競合においては、もともと負担部分に限るべき格別の独立な債務を被害者保護の政策的要請から関連、複合させたものであるから、被害者側の意思に基づく分割債務としての取り扱いまで否定する必要はない[198]」。

　免責約款を、画一的に不法行為責任または債務不履行責任の成立を妨げる性質を有するものであると解することに疑問がないではない。しかし、このような見解に示唆を得れば、荷主は、その挿入によって過失のある双方船舶の船主間においては連帯責任の成立が制限され、分割責任となることに合意したものと解することもできよう。したがって、運送契約上の免責約款については、一応は、非運送船の船主によるその援用を理論的に説明できると思われる。

　また、法定の航海過失免責規定の適用がある場合についても民法437条が類推適用されるとの見解がある。しかし、この見解に対しては、運送契約上の免責約款の援用の場合と同様の理論的な問題が指摘できる。さらに、先にみたように、航海過失免責が法定された沿革的な理由に基づき、理論上は両船主によってカバーされるべき荷主の損害のうち、運送船の船主が非運送船の船主との内部関係において分担すべき負担部分についてのみ、荷主自身がその危険を負担すべき旨が同条項によって定められたものと解し、荷主は、非運送船の船主に対しては、その本来の負担部分についてのみ損害賠償を請求することができるとの見解が有力になっている。しかし、このような解釈は擬制に過ぎるように思われる。果たして、国際海上物品運送法3条2項の枠内で、そこまでの解釈が成り立つかどうか全く疑問がないとはいえない。

　このように、学説は、運送船の船主と荷主との間に免責約款が存在する場合および法定の航海過失免責規定の適用がある場合の不都合を除去するための理論構成を試みてはいるものの、現在のところ、見解の統一がはかられているわけではないし、すでに示されているいずれの理論構成も全く問題がないとはいえない。もっとも、非運送船の船主による免責約款の援用を認めれば、結局、運送船の船主および非運送船の船主と荷主との間には、商法797

198　船本信光『自動車事故民事責任の構造』（1970）101頁。

条を適用して、分割責任を認めたのと相違ない。したがって、結論としては、双方過失の船舶衝突の場合に、荷主に対する両船主の分割責任を認める衝突統一条約の立場および797条適用説と軌を一にしているのであって、敢えて商法797条の適用範囲を船主相互間の損害の分担関係に限定して適用し、両船主の第三者に対する関係につき連帯責任としたうえで、このような迂遠な理論構成をする必要はない。そうすると、衝突船舶の船主と第三者との間にも商法797条を適用すべきであるとする少数説にも十分理由があるように思われる[199]。

(4) 商法797条適用説の問題点と民法719条適用説の妥当性

民法719条を適用すべきであるとする多数説は、免責約款によって生じる問題を解決するために複雑な理論構成によって、結局は非運送船の船主にその援用を認めており、実質的にみれば、商法797条を適用して衝突船舶の船主に分割責任負担させたのと同じ結果を導いている。さらに、近時、運送船の船主と荷主との間の免責約款を非運送船の船主の荷主に対する責任にも援用できると解する多数説の立場からも、この見解は合理的な損害分担の要求に一致しており、無過失の荷主の被害者保護のみを念頭におくという強硬なものではないとの指摘もみられる[200]。なるほど、海上運送の実際においては、通常の場合は、荷主は、運送契約上の免責約款の挿入を許諾し、または、運送船の船主による法定の航海過失免責を甘受しなければならない。さらに、民法719条適用説も非運送船の船主によるこれらの援用を認めるのが多数説の見解であるから、荷主は、もはや強い保護を受けるべき第三者としての地位を相当程度失っているともいえる。

他方、船主間における公平な損害の分担という観点においては、商法797条は極めて合理的であると認められるから、少数説が説くように、この場合にも同条を適用すれば、荷主等の第三者に生じた損害の分担についても船主間では公平さが確保できる。また、あわせて、免責約款等の存在によって生じる問題をも簡便に解決することができ極めて合理的である。このように、

199　戸田＝西島・前掲書（注148）285頁〔戸田〕、清河・前掲論文（注6）444頁。
200　楊・前掲論文（注197）140-141頁。

民法719条を適用することにより衝突船舶の船主が連帯責任を負うことによって生じる問題を簡単かつ一挙に解決することを重視すれば、少数説のように、衝突船舶の船主と荷主等の第三者との関係にも商法797条が適用されると解するのが妥当であるようにも思われる。

しかしながら、この立場は、先にみたような理由をあげるだけで、イギリス判例のように衝突船舶の船主は荷主に対して分割責任を負うとの理論的な根拠を示していない。また、荷主は強い保護を受けるべき第三者としての地位を失っているとはいえ、商法797条を適用すれば、荷主との関係だけではなく、その他すべての第三者との関係において、衝突船舶の船主の責任は過失割合に応じた分割責任となるという問題が生じることも指摘できる。船舶の衝突によって損害を被る第三者には、過失のある運送船上の積荷の荷主だけでなく、たとえば、無過失の第三船およびその荷主、埠頭の所有者、漁業者など、種々の立場の者も含まれうる。船舶の巨大化に伴い、衝突によって損害を被る者は拡大傾向にあるものと考えられるから、衝突船舶の船主について民法719条1項に基づく連帯責任を認め、被害者の保護を強める必要がある場合も少なからず存在すると考えられる。

この点、衝突統一条約4条2項は、「船舶若ハ其ノ積荷又ハ船員、旅客其ノ他船舶内ニ在ル者ノ手荷物其ノ他ノ財産ニ生シタル損害ハ第三者ニ対シテ連帯スルコトナク前項ノ割合ニ応シ過失アリタル船舶ニ於テ之ヲ負担ス」と定めている。ここにいう「船舶」に無過失の第三船が含まれるかどうかについては争いがある。しかし、これには無過失の第三船は含まれず、同項は、過失のある船舶相互間の衝突のみに適用され、無過失の第三船、その積荷またはその他の船内の財産に損害を加えた場合には、適用されないと解される[201]。また、すでに明らかにしたように、イギリスにおいても、衝突船舶

---

201 小町谷・前掲書（注2）（下2）161頁。小町谷教授は、無過失の第三船の船員には全く過失がないから、その船主は、過失のある衝突船舶の船主と損害を分担する地位に立たない（要するに、一方的過失による衝突と同じである（小町谷・前掲書（注2）（下2）163頁））とともに、無過失の第三船上の積荷について責任を負うはずがなく、免責約款についての矛盾が生じる余地もないこと、そして、条約の条文の構成からみて、無過失の第三船およびその積荷その他の財産には同条の適用はないと解している。また、私見としても、後述するように、法律上も、事実上も、衝突につき過失のある船舶と結びつきを有しない無過失の第三者に対しては、被害者保護の観点から、民法719条に基づく連帯責任を認めるのが妥当であると解する。なお、同条約4条2

の船主は荷主に対しては分割責任を負うとする一方で、判例は、このような衝突統一条約の解釈と同様に、無過失の第三船に対しては、船主は連帯責任を負うと解している。これに対して、商法797条は、仮にこれが第三者に対する関係にも適用されると解釈したとしても、第三者の範囲について何ら定めていないことは明らかである。したがって、商法797条が適用されれば、特に解釈によって限定を加えない限り、すべての第三者との関係において衝突船舶の船主は分割責任を負うことになり、条約の規定とも立場を異にする。しかし、解釈によって条約と同じように第三者の範囲を限定することは、商法の解釈論の限界を超えるものといわざるを得ない。

　以上のような理由から、解決しなければならない問題はあるものの、衝突船舶の船主と荷主を含む第三者との関係には、基本的には、多数説が説くように民法719条1項が適用されると考えるべきである。

4．新たな理論による民法719条適用説の克服すべき課題の解決

（1）新しい理論構成への基本的視点

　船舶の衝突によって損害を被る第三者には荷主のみならずその他の多様な者が含まれるから、基本的には、判例および多数説にしたがい、双方船員の過失による船舶衝突の場合には、衝突船舶の船主と第三者との関係には民法719条が適用され、両者の関係は、これによって画一的に規律されると解すべきである。しかしながら、このように解すれば、すでに指摘したような解決すべき課題が生じる。すなわち、衝突船舶の船主間の公平な損害分担を実現する一方で、運送船の船主とその荷主との間の運送契約上の免責約款または法定の航海過失免責規定の適用から生じる不都合も回避しなければならない。

項が、「船舶若ハ其ノ積荷…（下線は著者が付した）」と規定していることから、その適用範囲を広く解すべきであるとの主張もありうる。しかし、小町谷教授の指摘のように、衝突した一方の船舶または双方が、船舶賃借人によって利用されている場合には、その所有者が、賃借人および衝突の相手船舶の船主に対して、船舶の所有権侵害に基づく損害賠償請求をすることが考えられるから、「船舶」という文言が用いられているからといって、ただちに、同項の適用範囲を拡張すべきではないと考える（小町谷・前掲書（注2）（下2）163頁）。

そこで、ここでは、従来の学説におけるアプローチとは異なり、運送船の船主と荷主との関係に着目する。そして、運送船の船主と荷主は、運送船の船主とその他の第三者とは異なる特殊な関係にあるとみて、第三者に対する関係においては衝突船舶の船主に民法719条1項を適用しつつも、場合によっては、近時の民法学説が提唱するように同条の効果について柔軟な解釈を行い、例外的に同条の効果としての連帯債務の成立を否定ないしは制限すべきであるとの新たな理論を展開する。そして、これによって民法719条の適用によって生じる課題を解決しようと考える。

(2) 運送船の船主と荷主との特殊的関係
　まず、すでに概観したイギリスの判例理論に加えて、フランスの著名な海法学者の見解に示唆を得ながら、この新しい理論構築の基礎となる運送船の船主と荷主との一体化された特殊的関係について論じることにする。イギリスでは、衝突統一条約の内容を国内法に摂取する以前から、運送船上の積荷の荷主との関係においては、過失のある衝突船双方の船主は分割責任を負うとの原則が確立されており、1911年の海事条約法はこの原則を踏襲し、1995年商船法もこの原則に変更を加えてはいない。そして、荷主に対する関係における船主の責任を分割責任とする基本思想は、当事者間における「損害の公平な分担」であり、現在の裁判例は、その理論的根拠として「船舶と積荷の一体化」をあげることを確認した。

　フランスでは、1915年7月15日法が、衝突統一条約の規定の文言をそのまま取り入れ、同法407条4項は、双方の過失による船舶衝突の場合には、その過失の軽重に応じてその責任を負うとの比較過失原則による衝突損害の分担を定めるとともに、第三者に対しては連帯することなく、双方の船舶が責任を負う旨を規定した[202]。そして、1967年7月7日法の規定も、衝突統一条約と同様の立場をとっており、やはり、第三者の被った損害については双方の船舶の船主は連帯することなく責任を負うべきことを定める[203]。

　1915年7月15日法の制定以前においては、損害を生じさせた行為を行った

202　Ripert, *supra* note 41, 47.
203　Pierre Bonassies, Christian Scapel, *Traité de Droit Maritime* 254 (2006).

共同行為者は、その行為に準不法行為における不可分の過失が認められるときには、その過失によって生じた損害を連帯して賠償しなければならないという民法の一般原則を適用することによって、双方船舶の船長に過失がある場合には、衝突船舶の船主は荷主に対して連帯責任を負うとされていた[204]。したがって、船主は、荷主および旅客に対して、その過失割合に基づく分割責任を負うべきことを主張できず、衝突船舶の船主は連帯責任を負い、学説および判例もこれを躊躇なく認めていたとされる[205]。

そして、このように衝突船舶の船主に連帯責任を認めることの利益としては次の2つの点が指摘されていた[206]。その1つは、債権者は、債務者の負担する債務が分割されないことから、最終的なその分担を懸念することなく、その選択する債務者にその被った損害の全部の賠償を求めることができる点である。もう1つは、債務者の1人の支払不能による不利益を免れることができるという点、すなわち、債務者の連帯責任が認められれば、衝突によって滅失または損傷した積荷の荷主は、非運送船の船主に対して訴えを提起することができるという点であった。

しかしながら、船舶の衝突においてこの民法の一般原則を適用することには、極めて大きな不都合が生じることも指摘されていた。すなわち、Ripert教授は次のように指摘していた[207]。衝突した船舶の船主のうちの一方が荷主に対して全額の賠償をすることにより、他方の船主にその負担部分について求償することができる。しかし、その他方船主が船舶および運送賃を放棄することによって、他方船主への求償が功を奏さず、荷主に対する全額の賠償を一方の船主が受忍しなければならなくなる。また、非運送船の船主による運送船の船主に対する求償が認められれば、船荷証券に挿入された船長の過失を免責する約款が無意味になる。これに加えて、Rodière教授は、荷主に対してその被った損害について全額の賠償をした非運送船の船主が、本来免責されるはずの運送船の船主にその負担部分の求償を認めようが、あるい

204　Ripert, *supra* note 41, 46.
205　*Ibid.*
206　Rodière, *supra* note 40, 55.
207　Ripert, *supra* note 41, 47.

は、これを認めなくとも、非運送船の船主のみが、その本来の負担部分を超えて、荷主に対して損害賠償義務を負わなければならないという不合理な問題が生じることを指摘した[208]。そして、このような問題を避けるために、衝突統一条約は、運送船の荷主に対して、衝突船舶の船主は連帯することなくその過失の軽重に応じた分割責任を負うと定め、フランスの1915年法および1967年法もこれと同様の立場をとったと述べている[209]。

さらに、Rodière教授が、衝突統一条約4条2項の解釈について次のような見解を示していることは極めて注目に値する[210]。衝突した船舶と、法律上も、また、事実上も結びつきを有しない第三者に損害が生じた場合には、連帯責任の成立を制限すべき理由は見出せない。衝突統一条約4条2項の定める船主の分割責任は、無過失の第三船ではなく過失のある船舶、および、無過失の船舶上にある物品ではなく過失のある船舶上の物品を対象としており、無過失の第三船およびその船舶上の積荷に対する関係では、一般原則に戻って過失のある双方の船舶の船主は連帯責任を負うものと解すべきである。Rodière教授のこのような解釈によれば、運送船とその船上の積荷について何らかの結びつきを認める。そして、これを理由として、運送船および非運送船の双方過失によってこれらが衝突し、運送船上の積荷に損害が生じた場合には、運送船の船主および非運送船の船主は、その荷主に対する関係では分割責任を負うべきであるとの理論を導くことができよう。なお、この見解には「船舶と積荷の一体化」に衝突船舶の船主が分割責任を負うべき根拠を見出すイギリスの判例理論との類似性も認められる。

双方船舶の過失による衝突においては、損害を被った無過失の荷主は被害者であることに相違はない。したがって、特に、その無過失であることを強調すれば、その保護を強めようとする立場も理解はできる。しかし、陸上における活動とは異なり、古くから海上活動においては、その特殊性が認められ、その最も根本的なものは、海上危険の克服であり、航海を成就させるためには、航海に関わる多くの人々の間での「連帯」が不可欠であった[211]。

208　Rodière, *supra* note 40, 56.
209　*Ibid.* at 57.
210　*Ibid.* at 57-58.

現代においても、航海に関する技術がいかに発達したとはいえ、やはり、人類が海上危険を完全に克服できていない以上、海上運送は、航海に関わる多くの人々の間での「連帯」によって、船舶の衝突を含む、あらゆる海上危険を克服して遂行されなければならない。航海の完遂のためには、運送人だけでなく荷主にもそのための協力が求められ、この連帯の中には荷主も組み込まれる[212]。

　また、不可避的に危険を伴う海上において、運送人は物品運送そのものを事業とし、荷主はこの物品運送を利用することで自らの事業を遂行していることから、海上物品運送は、運送人および荷主がそれぞれの事業目的のために行う一種の共同事業（joint venture）であるとも解しうる[213]。さらに、海上物品運送契約は、物品運送契約の一種であるところ、物品運送契約とは、運送人が荷送人から運送品を受け取り、これを自己の保管下において、目的地まで運送して、荷受人に引き渡すことを約する契約であると定義される[214]。すなわち、海上物品運送においても、運送品は運送人の保管下に入ることになる[215]。ここにいう保管は、倉庫営業者のなす物品の保管とほぼ同義であると理解できるから、運送人たる船主は目的物を自己の直接の占有内において、その現状維持をはからなければならない[216]。したがって、運送品は、物品の受け取りによって、運送品は運送人たる船主の占有下に入り、運送人たる船主によって現状維持がはかられる。このように考えると、理論的側面からも、イギリス判例のような運送船と積荷との一体化の理論も正当化され、運送船上の積荷の荷主は、その他の第三者とは異なる地位にあると理解できる。そうすると、船舶衝突によって積荷に損害が生じた場合には、

211　中村＝箱井・前掲書（注143）（海商法）2頁。
212　たとえば、船長には、航海を継続するために必要な費用を支弁するために、積荷の全部または一部を売却または質入れし、または、航海の用に供する権限が付与されているし（商法715条1項、商法719条）、また、共同海損については、利害関係人がこれを分担すべきこととされる（商法789条）。
213　この点、Tetleyは、現代においてはjoint ventureの考えは薄れてきていることを指摘する（Tetley, *supra* note 20, 1525）。
214　中村＝箱井・前掲書（注143）（海商法）221頁。
215　小町谷操三『海商法要義中巻1』（1936）17頁。
216　西原寛一『商行為法』〔再版〕（1969）297頁。

過失のある一方の船主に、その本来負担すべき損害賠償の額を超える損害賠償義務を課し、他の第三者と同様に荷主を保護すべき要請はそれほど強くは働かないものと考えられる。

　以上は、衝突船舶の船主は荷主との関係において分割責任を負うことを法の内容として確立した国における法理論を参考に導いた衝突船舶の船主と荷主との関係である。通常は、運送船の船主と荷主との間の運送契約に免責約款が挿入され、あるいは、法定の航海過失免責規定の適用による免責が認められる。そこで、民法719条を適用ないし類推適用すべきであると解するわが国の多数説は、非運送船の船主が、運送船の船主と荷主との間の免責約款または法定の航海過失免責条項を援用できると解し、結局は、商法797条を適用して過失船舶双方の船主の責任は分割責任となると解する立場と同様の結果を導いている。したがって、このような事情を考慮すれば、衝突船舶の船主と荷主との関係にも商法797条を適用することが合理的である。しかし、イギリスおよびフランスでは、ここにみたような理論に基づいて、荷主との関係では、衝突船舶の船主は連帯責任ではなく分割責任を負うべきであるとする一方で、荷主以外の第三者との関係においては、衝突船舶の船主は連帯責任を負うとの解釈を導いている。わが国においても、商法797条について同様の解釈を行うことができれば、荷主との関係において衝突船舶の船主間にこれを適用してもよいと思われる。しかし、すでに指摘したとおり、現行商法の枠内において解釈によってこのような限定を加えることは極めて困難である。

　したがって、第三者との関係において衝突船舶の船主には、民法719条が適用され、第三者に対してその船主は連帯責任を負うと解すべきである。ただし、次に論じるように、イギリスおよびフランスにおいて示されているこのような一体化理論を解釈の基礎としてこれを応用して、民法719条を適用しつつも、船主間の公平な損害の分担の実現、非運送船の船主による免責約款または法定の過失免責から生じる問題の合理的解決をはかるべきである。

(3) 連帯責任成立の制限よる船主間における公平な損害分担の実現

　以上の検討から、運送船の船主と荷主は一体化した特殊的関係を有し、荷

主は、その他の第三者とは異なる地位にあることを導くことができた。そこで、この特殊的関係を基礎として、衝突によって荷主に生じた損害について、近時の民法学説の展開に示唆を得つつ、船主間の公平な分担を実現するための理論を提示したい。

①**連帯責任の成立を制限する理論**　民法学の従来の通説によれば、狭義の共同不法行為（民法719条1項）が成立するには、まず、共同行為者の行為がそれぞれ独立の不法行為の要件を満たしていること、すなわち、各行為の独立性はもちろん、各共同行為者について故意・過失、責任能力が存在しなければならないとされる[217]。そして、これらに加えて、各共同行為者の違法行為が関連共同し（関連共同性）、これによって損害が生じたこと（因果関係）を要すると解されている[218]。しかし、関連共同性の概念をいかに理解するかについては見解が多岐に分かれている。

1）判　例　判例は、早い時期から、この場合の関連共同性については、各行為者の通謀はもとより、共同の認識も必要でなく、その共同の行為が、もっぱら客観的に関連共同していればよいと解し[219]、その客観的関連共同性のある各人の加害行為とその結果との間に相当因果関係が認められれば、各加害者が、連帯してその結果として生じた全損害を賠償する責任を負うとする[220]。そして、このような解釈に基づき、船舶の衝突においては、運送船上の積荷の荷主に対して、運送船の船主および非運送船の船主の共同不法行為責任を肯定してきた[221]。

2）民法学説の見解　関連共同性に関する学説は、激しく対立し、かつ、多岐にわたっているために、そのすべてを正確に捉えることは困難である。また、このことは本稿の主たる目的ではないため、ここでは、代表的な学説をとりあげ、その概要を示すにとどめる。大別すれば、判例のように、共同

217　加藤（一）・前掲書（注51）（注釈民法）323頁〔徳本〕。
218　我妻栄『事務管理・不当利得・不法行為』〔復刻版2刷〕（1989）194頁。
219　大判大正2・4・26民録19輯290頁など（前掲注66を参照）。
220　新美育文「共同不法行為の要件」民法判例百選Ⅱ債権〔6版〕（2009）173頁は、最判昭和32・3・26民集11巻3号543頁および最判平成13・3・13民集55巻2号328頁を引用してこのような判例の動向を示している。
221　大判明治44・11・6、大阪地判大正3・7・31など（前掲注65を参照）。

行為者間には客観的な共同があればよいとする客観的共同説と、共同行為者間に、共通の意思（通謀など）、共通の了解（暗黙の了解も含む）、共通の認識（知って知らぬふりをするなど）などの主観的なつながりが必要であるとする主観的共同説とに分かれる[222]。

(a)客観的共同説　この説は、民法719条1項前段の共同不法行為が成立するには、共同行為者間の主観的なつながりは不要であり、相当因果関係の範囲内において関連共同した行為があれば足りると解するものであり、従来の通説である[223]。このように解する根拠として、沿革的にみて旧民法財産編378条において規定されていた「共謀」の文言が削除されたこと、被害者の救済を十分にすることが民法719条の立法趣旨であることなどをあげる[224]。

なお、この立場にたちつつも、それぞれ独立して不法行為の要件を満たした各人の行為が、それぞれ損害発生との間に因果関係があり、そこに共同性が認められれば、共同の行為という中間項を通すことによって、損害の発生との間に因果関係が認められると解する説もある[225]。この説の特徴は、共同行為者の行為が、直接の加害行為との間に（客観的に）関連共同性を有していれば、それぞれの行為と損害との間に因果関係の存在を擬制することにあると解される[226]。

(b)主観的共同説　民法709条は、行為者の過失のある行為と相当因果関係のある損害についてのみ責任を負わせる。これに対して、客観的共同説では、民法719条によって共同不法行為者がなぜその行為と相当因果関係がない損害についてまでも責任を負わされるのか、必ずしも、この点についての納得のいく説明がなされていない。このような疑問から、共同行為者の行為と相当因果関係にない結果についても責任を負わせるには、単なる客観的共同関係を要件とするだけでは不十分であり、共謀その他の主観的な関連共同性を必要とするとの見解が示されている[227]。

222　我妻栄・有泉亨著、清水誠補訂『〔新版〕コンメンタール民法Ⅳ事務管理・不当利得・不法行為』〔2版〕（1998）234頁。
223　我妻・前掲書（注218）194頁による。
224　加藤（一）・前掲書（注142）（不法行為）208頁。
225　加藤（一）・前掲書（注142）（不法行為）207頁。
226　森島・前掲書（注156）93頁。

このような主観的共同説は古くから唱えられ[228]、次のように主張されていた[229]。共同関係が認められることにより、数人の行為が全体として１個の行為として扱われることから、共同する意思または共同行為の認識が必要である。ただし、この共同は具体的な個々の行為についての共同である必要はなく、社会観念上全体として１個の行為とみられるような数個の行為の全過程の一部に参加することで足りる。さらに、個々の過失ある行為によって他人に損害を加える場合もあるから、過失による共同不法行為も認められる。

また、近時、有力に主張されている主観的共同説は次のようなものである[230]。まず、不法行為における帰責性の根拠を人間の意思に基づく行為に求めることが現代私法理論の基礎であるから、共同不法行為法においても、行為者に連帯責任を負わせるには、何らかの形で行為者の意思が働くこと、すなわち主観的要件が必要であると説く[231]。そして、この主観的要件を、各自が他人の行為を利用し、他方、自己の行為が他人に利用されるのを認容する意思をもつことであると解し、次のような場合には、共同行為者は、民法719条１項前段に基づき、生じた全損害について不真正連帯責任を負い、免責または減責は許されないとする[232]。(i)各自が当該権利侵害を目指して他人の行為を利用し、他方、自己の行為が利用されるのを認容する意思がある場合。(ii)各自当該権利侵害以外の目的を目指して、そのために他人の行為を利用し、他方、自己の行為が他人に利用されるのを認容する場合。(iii)一方は当該権利侵害を目指し、他方は当該権利侵害とは別の目的を目指して各自他人の行為を利用し、他方、自己の行為が他人に利用されるのを認容する意思がある場合。また、加害者が複数のために因果関係の確定が容易でない場合には、何らかの被害者救済策が必要であるから、この場合には719条１項

---

227 森島・前掲書（注156）99頁。
228 たとえば、末弘厳太郎『債権各論』〔５版〕(1920) 1099-1100頁がある。
229 川島武宜「騒擾における共同不法行為関係」判例民事法昭和９年度〔復刊１刷〕(1955) 440-441頁。
230 ここでは、この学説の主唱者であるとされる前田教授の説をとりあげるが、この他、幾代教授（幾代通『不法行為』(1977) 211頁、森島教授（森島・前掲書（注156) 104頁）も基本的にはこの立場に立つ。
231 前田達明『不法行為帰責論』(1978) 291頁。
232 前田・前掲書（注231）293-295頁。

後段で救済する。すなわち、これを適用することによって因果関係が推定され、加害者は因果関係の全部または一部の不存在を立証することによって、免責または減責が可能であるとする[233]。

したがって、この見解によれば、複数の行為者間に主観的関連共同性がなく、かつ、因果関係の存否を確定できる場合には、民法719条1項は適用されないことになる。その結果として、客観的共同説では民法719条の適用が認められる多くの事例が、民法709条の競合として取り扱われ、それぞれの加害者は、原則として自己の行為と相当因果関係にあるすべての損害について責任を負うことになる[234]。

(c) **客観的共同説に対する修正と共同不法行為の類型化**　関連共同性について客観的共同で足りるとすれば、その成立範囲が広がりすぎる危険があることから、近時、従来の客観的共同説について修正を加えるべきであるとの見解が示されている。たとえば、関連共同性について客観的共同で足りるとするのであれば、それがどの程度存するかについては相当厳格に解すべきであるとして、偶然に過失が競合して結果が拡大したような場合には、両者の行為の間に一定の結果をもたらすにたる客観的な事情が存在したか否か、また特別な事情がある場合には、両者がこれを認識することができたか否かを重視すべきであるとの指摘がある[235]。

また、客観的共同説によれば、損害の発生について、ほんのわずかしか寄与しなかった共同不法行為者にとって酷な結果を招くから、基本的にはこの立場に立ちつつも、共同不法行為の効果、すなわち、連帯責任の成立する範囲を限定しようとする説も現れた。これは、いわゆる一部連帯の考え方であり、加害者側において損害の発生につき原因の与え方に大小の差がある以上、各自の与えた原因が共通している限りにおいて、いわば最大公約数的に一部

233　前田・前掲書（注231）296-297頁。
234　森島・前掲書（注156）104頁。森島教授は次のように指摘する。自動車同士の衝突によって乗客または通行人に生じた損害に対する両加害自動車の運転者の責任については、加害者の間に主観的関連共同が認められないので、民法719条1項前段の適用はないし、それぞれの自動車の運転行為と被害者に生じた損害との間に因果関係が存在することは明らかなので、民法719条1項後段の適用もない。結局のところ、それぞれの自動車の運転者の独立の不法行為責任が競合したに過ぎない。
235　戒能・前掲書（注155）439頁。

連帯を認め、残りの部分についてはより多く原因を与えた者の個人的賠償義務となるとするものである[236]。

さらに、近時、従来の通説が、独立した不法行為の競合の場合と共同不法行為の場合を厳密に区別してこなかったことを反省するとともに、民法719条1項前段には民法709条とは異なる存在意義が認められるべきであるとの認識から、民法719条1項前段が適用されるべき共同不法行為と民法709条の不法行為が偶発的に競合したに過ぎない場合とは理論的に明確に区別されるべきであるとの見解が有力に主張されている[237]。

この点、平井教授は、共同不法行為と独立の不法行為を区別し、共同不法行為は、(i)数人が加害行為を行うにあたって意思の関与が存在する場合（意思的共同不法行為[238]）と(ii)意思的関与は存在しないが客観的共同性を有する場合（関連的共同不法行為[239]）の2つの類型に分かれるとの見解を示している[240]。なお、無関係な複数人の不法行為が偶然に同一の損害をひき起こした場合については、これを競合的不法行為と呼ぶ。そして、この場合には、損害が可分であり、加害者が自己の行為の事実的因果関係がその一部にしか及ばないことを立証すればその部分についてだけ責任を負い、その立証がない限り加害者は連帯責任を負うと解する[241]。

能見教授は、共同不法行為を、(i)主観的関連共同不法行為（民法719条1項前段）、(ii)客観的関連共同不法行為（民法719条1項前段）、(iii)加害者不明の場合の共同不法行為（民法719条1項後段）、(iv)幇助・教唆（民法719条2項）の4つに類型化する。これらの類型のうち、(i)の主観的関連共同不法行為が成

---

236 川井健『現代不法行為法研究』(1978) 228-229頁。
237 平井・前掲書（注162）192頁。
238 複数加害者間に共謀、他人と共同して行為をしていることの認識または加害行為についての教唆および幇助が認められれば意思的共同不法行為が成立する（平井・前掲書（注162）193-194頁）。
239 加害行為に場所的および時間的近接性ないし社会観念上の一体性が認められ、その一体的行為と生じた損害との間に事実的因果関係が認められれば関連的共同不法行為が成立する。自動車によるまたはそれ同士の衝突事故はこれにあたるとする（平井・前掲書（注162）195-197頁）。なお、この場合であっても、加害者が、生じた損害について自己の行為が事実的因果関係を有する部分を立証することによる減責は認められないとする（平井・前掲書（注162）196頁）。
240 平井・前掲書（注162）193-197頁。
241 平井・前掲書（注162）212頁。

立するには、相互に相手方の行為を利用する意思（共同の意思）が必要であるが、各行為者に故意ではなく過失しかないような場合であってもよいとする[242]。この場合には、数人の行為者が行った共同の行為とこれによって生じた損害との間の因果関係が擬制されるため、数人の加害者のうちの1人が自己の行為と生じた損害の一部または全部について因果関係が存在しないことを証明してもその者の減責または免責は認められず、他の行為者と連帯して共同行為と相当な関係にある損害を賠償する義務を負う[243]。ただし、過失による主観的関連共同を認めることにより主観的関連共同不法行為の成立する範囲が拡大するおそれがあることから、例外的に寄与度減責を認め、一部連帯となる余地を認める[244]。また、(ii)の客観的関連共同不法行為が成立するには、各行為者間に社会的に1つの行為と見られるような密接な関係が認められればよいとする[245]。そして、この場合には、原則として生じた損害の全額につき各行為者の連帯責任が生じるが、数人の行為者が行った共同の行為とこれによって生じた損害との間の因果関係が推定されるにとどまり、数人の加害者のうちの1人が自己の行為と生じた損害の一部または全部について因果関係が存在しないことを証明すれば、その者の免責または減責が認められ、それぞれの行為者の責任が重なる範囲で連帯責任を負うとする[246]。

　淡路教授は次のような見解を示している[247]。民法719条1項前段は因果関係のみなし規定であり、この規定の適用により、共同行為者に、そのそれぞれの行為と相当因果関係を有する損害を超えた損害賠償責任を負わせる効果が生じる。したがって、自己の行為と生じた損害との間に因果関係が存在し

242　能見善久「共同不法行為責任の基礎的考察（8・完）」法学協会雑誌102巻12号（1985）57-58頁。
243　能見・前掲論文（注242）58頁。
244　能見・前掲論文（注242）59頁。
245　同前。能見教授は、この典型的な例として、2台の自動車の衝突によって第三者が負傷した場合をあげる。
246　能見・前掲論文（注242）60-61頁。なお、能見教授は、寄与度減責は過失の程度・割合によって判断されるべきものであるが、これは、あくまでも、寄与度が小さいために全額責任を負わせるのが適当でない場合に認められる例外的な減額方法であるとする（能見・前掲論文（注242）66-67頁）。また、寄与度減責において考慮すべき事情としては、損害額の大小や責任保険の有無、加害者たる各行為者間にどの程度関連共同性があるかという事情もあげている（能見・前掲書（注242）67頁）。
247　淡路剛久『公害賠償の理論』（1975）127頁。

ないこと、または、相当因果関係の範囲を超えていることを立証しても減責または免責は認められない。また、民法719条1項後段は、各人が共同行為者であることを通じて、各人の行為と損害の発生との間の因果関係を推定する規定であるとし、この規定の適用により、それぞれの共同行為者に、生じた損害の全額賠償責任を負わせる効果が生じる。しかし、自己の行為と生じた損害との間に因果関係が存在しないことを立証すれば、免責が認められると解する[248]。そして、民法719条1項前段の共同不法行為が成立するためには、(i)数人の行為者間に、弱い客観的関連（数人の行為が社会観念上全体として1個の行為とみられる加害行為の全過程の一部に参加していること）を超えた、より緊密な関連共同性、すなわち、数人の間に共謀あるいは共同する意思（強い主観的関連）があること、または、(ii)それがない場合でも、客観的にみて損害発生の原因行為についての強い一体性があること、あるいは、損害発生の結果について強く寄与していることが必要であるとする[249]。なお、民法719条1項後段が適用されるには、数人が共同行為者であることが必要であり、この場合の共同行為者というためには、弱い客観的関連があれば足りるとする[250]。

さらに、最近では、民法719条1項後段の定める「加害者不明の場合」の実質的意味は、加害者が特定され、因果関係が明確になれば、免責・減責が認められる（分割責任となり得る）ところにあるとし、共同という強い意思的結合が存在せず、加害行為が、単に時間的・場所的・性質的に社会的一体性を有しているに過ぎないといった客観的関連共同ないし弱い関連共同が認められる行為については、免責・減責を認めるべきであるとの見解も示されている[251]。

以上のように、共同不法行為の成立要件としての関連共同性の解釈をめぐっては多くの多岐にわたる学説が主張されている。特に、近時、このような新たな見解が主張されている背景には、従来の客観的共同説によれば共同不

---

[248] 淡路・前掲書（注247）127-128頁。
[249] 淡路・前掲書（注247）129-130頁。
[250] 淡路・前掲書（注247）132-133頁。
[251] 近江・前掲書（注60）241-243頁。

法行為の成立範囲が広くなり、場合によっては共同行為者の責任が重くなりすぎるという共通の問題意識が見られる。そして、これらの見解によれば、場合によっては寄与度減責または免責を認めるなど、民法719条1項の適用によって生じる連帯責任の効果を制限すべきであることが明らかとなった。また、このような学説の展開を受け、下級裁判所の裁判例の近時の傾向については次のように指摘されている[252]。関連共同性を、社会通念上全体として1個の行為とみることができる程度の一体性のある弱い関連共同性と、それよりも緊密な一体性が認められる強い関連共同性とに分ける。そして、共同行為と結果との間に因果関係が認められるならば、前者の場合には、各行為者の行為と結果との間の因果関係の存在を推定しつつも、それぞれの寄与度が立証されれば、その限度で各行為者に連帯責任を負わせる。また、後者の場合には各行為者の行為と結果との間の因果関係を擬制して全損害について各行為者に連帯責任を負わせる。このように、共同不法行為の成立またはその効果としての連帯責任が認められる範囲を制限できるとするのが、近時の民法学説および下級審裁判例の傾向であるといえよう。

②**連帯責任の成立を制限することによる公平な損害分担の実現**　双方船員の過失による船舶衝突の場合においては、民法719条1項の共同不法行為が成立するからといって、すべての場合に、衝突船舶の船主が第三者に対して連帯責任を負わなければならないとするのは不公平であり、妥当ではないと考える。この点、すでに明らかにしたように、民法719条1項の規定する共同不法行為に関する近時の民法学説には、従来の判例および通説の立場によれば、(i)民法719条の存在意義が認められないこと、(ii)共同不法行為の成立範囲が広くなりすぎて、加害者にとって酷な結果を招くことなどの問題意識から、共同不法行為の成立する範囲を限定し、あるいは、その効果としての連帯責任の成立を制限するなどの見解がみられる。これに関して種々の新しい見解が提唱されているが、そのおおまかな傾向を示せば、基本的には、民法719条1項前段の存在意義は、複数の行為者間に関連共同性がある場合に、それぞれの行為の因果関係が及ぶ範囲を超えて行為者に責任を認めるところ

252　新美・前掲評釈（注220）173頁。

にあるとする。そして、行為者間に関連共同性が認められる場合には、各行為者は、共同不法行為の結果発生した全損害について責任を負い、原則として、責任の減免は認められないと考えている[253]。これに対して、民法719条1項後段については、これが加害者不明の場合にのみ適用されるのか、それとも損害に対する寄与度が不明な場合にも適用されるのかという点で見解は一致していない。しかし、今日の有力学説は、これを因果関係の推定規定であると解しており、自分の行為と損害発生との間に因果関係がないこと（または寄与度）を立証して、免責または減責を受けることができると考えている[254]。

問題は、双方過失の船舶衝突を、民法719条1項前段が適用される場合と考えるか、民法719条1項後段が適用される場合と考えるかである。近時の代表的な主観的共同説によれば、民法719条1項前段の共同不法行為者とされるには、主観的要件、すなわち、各行為者が他人の行為を利用し、他方、自己の行為が他人に利用されるのを認容する意思をもつことが必要であるとする。そして、ここでいう利用には、先に示したような3つの類型があるとする[255]。したがって、少なくとも、故意によらない双方過失の船舶衝突については、民法719条1項前段は適用されず、民法719条1項後段が適用されることになり、寄与度による減責または免責が認められる場合があることになろう[256]。

また、客観的共同説に立つ見解は多岐にわたる。最近では、共同不法行為を「強い関連共同性」のある共同不法行為と「弱い関連共同性」のある不法行為とに区別し、前者が民法719条1項前段の共同不法行為、後者が同項後段の共同不法行為であるとする説が多数説であるとされる[257]。そして、共同という強い意思的結合が存在せず、加害行為が単に時間的、場所的、性質

---

253 森島・前掲書（注156）118頁。
254 森島・前掲書（注156）121頁。
255 前田・前掲書（注231）293-295頁。
256 前田教授は、前掲（注65）大審院明治44年11月6日判決（民録17輯633頁）をとりあげ、この場合は、独立不法行為の競合であって、719条後段の問題であろうとされる（前田・前掲書（注231）314頁）。
257 新美・前掲評釈（注220）173頁。

的に「社会的一体性」を有するに過ぎない場合は、免責または減責が認められうるとの立場が有力である[258]。また、このような学説の傾向に沿った判決を下す下級審裁判例があらわれているとも指摘されている[259]。したがって、近時のこのような客観的共同説の見解によれば、通常の双方過失による船舶衝突は、弱い関連共同を有する共同不法行為と評価され、場合によっては過失船舶の船主の減責または免責の主張は認められることになろう。

さらに、自動車事故に関してではあるが、次のような見解が示されている。「この効果（事故被害者＝債権者に対する各自独立した損害賠償の全部責任）は、一方の責任負担者側からみると、ほとんど故意の場合が考えられない自動車事故責任の紛争においては、事故により偶然的に関連づけられた負担者の間で、その与り知らぬ被害者側の選択いかんによって、現実の負担額と原因寄与との間の不均衡、社会的解決としての不公平を生ずる恐れがある。……過失相殺や交差責任の相殺などの根拠や機能の現実を検討すると、共同不法行為による債務＝請求権も法的評価として不可分のものではない。ただ損害発生と原因寄与との因果関係の分量的配分の困難さ、そこからくる証明責任の問題を被害者側の負担から外してその軽減をはかるための政策的要求から、原因寄与の合成に準じてこれを不可分とし、各自損害との全部的因果関係の推定もしくは擬制が行われているに過ぎない。したがって、被害者保護の目的・効用を害さない限りは、原因寄与の度合いに応じて損害の負担部分を定めて責任を分配する方が、結果責任ともいうべき自動車事故責任の処理にふさわしく、交通秩序維持の法感情、保険制度の円滑な運用とも関連・対応するものといえよう[260]」。また、一部連帯の考え方（川井教授の見解）に一定の

---

258 この点、淡路教授は、2台の自動車の衝突事故によって、乗客または第三者が死傷した場合について、不法行為の成立要件としての過失が認められる限り、たとえ、それがどんなに小さな過失であっても、全部の賠償義務を負わせるべきであるとする。しかし、その理由として、被害者保護を強調しているのであるから（淡路剛久「共同不法行為に関する諸問題」ジュリスト（臨時増刊特集交通事故）〔新版〕431号（1969）143頁）、先に検討したように、被害者保護の要請がそれほど強くは働かないと考えられる荷主に対しては、船主の減責・免責の主張を許してもよいように思う。
259 新美・前掲評釈（注220）173頁。大阪地判平成3・3・29判時1383号22頁、岡山地判平成6・3・23判時1494号6頁、大阪地判平成7・7・5判時1538号17頁などがある。
260 船本・前掲書（注198）99頁。

評価を示して次のような見解も示されている。「近時提唱せられた・小さい過失割合に応じる部分だけが『共同』不法行為となり、過失割合の小さい者はその部分の責任のみ『連帯』して責任を負えばよい、との説は、連帯責任説と按分責任説との中間を占める結論の妥当性から、実務の解釈論としても受け入れられる余地があろう。被害者保護の点では後退しているが、行為の共同性を客観的共同関係で足りるとする以上、その方が、損害の分担という別の理想によりよくかなうように思われる[261]」。

このように、民法学説においては、共同不法行為が成立する場合であっても、共同不法行為の成立要件の1つである関連共同性をどのように理解するかにかかわらず、加害者による寄与度に基づく減責または免責の主張を認めてもよい場合があるとの見解が有力となっている。さらに、陸上の自動車交通事故の分野においても、当該事故に対する原因力の強弱を全く考慮に入れることなく、共同不法行為により、複数加害者の連帯による全部責任を肯定することに対する不合理さも指摘されている。自動車交通事故の場合でさえ、損害分担の公平さの観点から原因力の強弱を考慮すべきであるとの見解が示されているから、船舶衝突の場合においては、なおさら原因力の強弱を考慮した合理的な損害の分担が行われなければならないと思われる。

すでに検討したとおり、船舶衝突は、陸上の自動車交通事故とは異なり、海上運送自体が海上危険を克服して達成される共同事業としての性格を失っていない。このことから、運送船の船主と荷主には一体化された特殊的関係が認められる。したがって、陸上の自動車交通事故における被害者に比べれば、無過失の荷主を強く保護すべき要請は弱いものと考える。そうすると、前述のような民法学説の見解を参考として、民法719条1項の効果としての連帯責任の成立またはその範囲を制限し、場合によっては、衝突船舶の船主にその寄与度に応じた減責を認め、あるいは一部連帯とするといった柔軟な解釈を行うべきである。そして、このような解釈によって、衝突について極めて程度の軽い過失しかない船舶の船主については全部賠償の連帯責任を負わせることなく、衝突船舶の船主および荷主間における公平な損害の分担を実現すべきであると考える。

---

261 倉田卓次『民事交通訴訟の課題』(1970) 10頁。

（4）航海過失免責によって生じる問題の解決

　学説は、運送船の船主と荷主との間に運送契約上の免責約款または法定の航海過失免責規定が存在する場合について、非運送船の船主によるこれらの援用を認めるための理論を構成することによって、これらが援用できない場合に生じる不都合を回避しようと試みてきた。しかし、すでに指摘したとおり、運送船の荷主に対する関係において、非運送船の船主が運送船の船主と荷主との間の運送契約上の免責約款および法定の航海過失免責規定を援用できるとの結論を導く一貫した理論構成にはいまだ成功していないと思われる。そこで、ここでは、船主と荷主との一体性をもった特殊的関係を認め、この関係を基礎として、衝突船舶の船主と運送船上の積荷の荷主との間に民法719条を適用しつつも、免責約款および法定の航海過失免責規定の援用によることなく、非運送船の船主に対しては、荷主はその過失割合に応じた損害の分担を求めることができるにとどまるとする新たな理論を提案し、その妥当性を検討する。

　まず、この理論を導くための指針を与えてくれた重要な最高裁判例として最高裁判所昭和51年3月25日判決[262]を概観する。

　　〈事実の概要〉X_1は、その運転する普通貨物自動車（原告車）に、その妻X_2を乗車させ進行中、Y_1が運転するY_2会社所有の大型貨物自動車（被告車）に、その側面に衝突され、X_1は肋骨骨折兼右肘部挫創、X_2は頸部外傷、右橈骨骨折、右第三肋骨骨折頸椎損傷等の各損害を被った。そこで、X_1およびX_2は、本件事故は、Y_1の過失に基づくものであると主張し、Y_2会社に対しては、Y_2の車の運行供用者として自動車損害賠償保障法に基づき、その損害の賠償を請求した。

　　第1審判決は、本件事故は、X_1とY_1の過失が競合して生じたものであるとして、それぞれに6対4の過失を認定し、X_1およびX_2の損害について過失相殺し、X_1には6万9572円、X_2には48万1378円の賠償額を認めたが、X_1およびX_2は控訴した。

　　第2審判決は、X_1およびY_1の双方の過失を認定し、その割合を5分5分とみるのが相当であるとし、過失相殺については、X_2に本件事故について過失

---

[262] 民集30巻2号160頁。

があったと認めることができないので、X_2に過失相殺を適用する余地はないとした。そこで、Y_1およびY_2は、X_1とX_2との間には家族生活共同体が構成されており、X_2について過失相殺を認めないのは、常識や人情に反するから、原判決がY_1およびY_2の過失相殺の主張を退けたことは民法1条2項（信義誠実の原則）同3項（権利濫用）および同722条2項（過失相殺）の規定の運用ないし適用を誤った違法なものであると主張し、上告した。

〈判　旨〉最高裁は、被上告人X_2に関する上告人Y_1およびY_2の敗訴部分につき、破棄・差戻しの判決を下したが、その理由の中で次のように述べている。「民法722条2項が不法行為による損害賠償の額を定めるにつき被害者の過失を斟酌することができる旨を定めたのは、不法行為によって発生した損害を加害者と被害者との間において公平に分担させるという公平の理念に基づくものであると考えられるから、右被害者の過失には、被害者本人と身分上、生活関係上、一体をなすとみられるような関係にある者の過失、すなわちいわゆる被害者側の過失をも包含するものと解される。したがつて、夫が妻を同乗させて運転する自動車と第三者が運転する自動車とが、右第三者と夫との双方の過失の競合により衝突したため、傷害を被った妻が右第三者に対し損害賠償を請求する場合の損害額を算定するについては、右夫婦の婚姻関係が既に破綻にひんしているなど特段の事情のない限り、夫の過失を被害者側の過失として斟酌することができるものと解するのを相当とする。このように解するときは、加害者が、いったん被害者である妻に対して全損害を賠償した後、夫にその過失に応じた負担部分を求償するという求償関係をも一挙に解決し、紛争を1回で処理することができるという合理性もある」。

この裁判例は、いわゆる被害者側の過失理論に言及する。判決は、民法722条2項にいう被害者の過失に、「被害者と身分上ないし生活関係上一体をなすと認められる関係にある者の過失」が含まれるとして、被害者側の範囲を画する基準を示した最高裁判所昭和42年6月27日判決[263]を踏襲した。そして、夫婦は、原則として、このような関係にある者であると解して、過失相殺に際して、夫の過失を被害者（妻）側の過失として斟酌した。特に、注目すべきは、判決が、「このように解するときは、加害者が、いったん被害者である妻に対して全損害を賠償した後、夫にその過失に応じた負担部分を

263　民集21巻6号1507頁。

求償するという求償関係をも一挙に解決し、紛争を1回で処理することができるという合理性もある」と述べていることである。すなわち、この判決は、共同不法行為に基づく損害賠償について、被害者側の過失理論を用いることによって、例外的に、共同不法行為者に連帯責任を負わせず、分割責任とすることで求償関係の合理的な解決方法を導いたものと理解できる[264]。

　従来の通説は、船舶の衝突においては、運送船の積荷の荷主に対する関係で運送船および非運送船の両船主に共同不法行為の成立を認め、民法719条を適用して衝突船舶の船主は荷主に対して連帯責任を負うと解する。しかし、この見解では、非運送船の船主による免責約款ないし法定の航海過失免責規定の援用を認めない限り、非運送船の船主からの運送船の船主に対する求償によって、本来運送船の船主が享受するはずの免責の利益が失われるという不合理な結果が生じる。ここでとりあげた最高裁判例の理論をもとに、改めてこの問題を考察すると、これは、この裁判例において問題とされた、密接な関係にある者の間における求償の循環から生じる不合理な問題に相当する

---

[264] 内田教授は、「X_1X_2間の賠償関係はその内部処理に委ねるものとして、Y方の共同不法行為による連帯責任（本件のような自動車衝突のケースでは、加害者間に客観的関連共同は肯定されるから、連帯責任になる）を、その部分だけの分割債務にすることだ、ということができよう。この点から考えると、本件の真の問題は、……むしろ賠償の仕方というレベルでの問題であり、過失相殺の本来の場合ではないとはいえる。……ただ、ある場合には、共同不法行為の加害者間に（共同不法行為の要件を充していても）連帯責任を負わせない方が公平であるという場合があるのであり、本件はその1つの実例を示した、と評価できよう。……このように考えると、本件判決において、より意味のあるのは、むしろ求償関係の合理的解決について述べた部分にあり、その客観的な意味は、X_1X_2の特殊な関係のゆえに（本件の場合夫婦であること）、X_2に全額の賠償をY側からとらせるという共同不法行為における被害者保護の要請ではなく、加害者間の求償関係を1回で処理する（実質的にはX_1の無資力の危険をX_2が負うことを意味する）という要請を優先させた点にある」と指摘する（内田貴「夫の運転する自動車に同乗し、夫と第三者の過失の競合による衝突事故で損害を受けた妻からの、第三者に対する損害賠償請求につき、夫の過失による過失相殺を認めた事例」法学協会雑誌94巻9号（1977）1428頁）。また、この判決が行ったのは、本来の意味での過失相殺ではなく、共同不法行為者の一方と被害者との特殊な関係のゆえに、共同不法行為者の双方が本来負うべき全額についての連帯責任を分割責任にしたということであり、これが被害者側の過失理論の隠れた機能ということができると指摘する（内田貴『民法Ⅱ債権各論』〔3版〕(2011) 441頁）。なお、浅野教授が、本判決と同じ結論を導くのに、分割責任論の導入が、問題の最も簡明な処理であるように思われると指摘していること（浅野直人「被害者側の範囲(1)―夫の過失を妻の過失として斟酌」新交通事故判例百選（1987）133頁）、また、平野教授が、このような場合に過失相殺をするのではなく、控訴審判決のいう「損害の衡平な分担という理念」を貫き、例外的に過失割合に応じた分割債務にすべきであったと思われると指摘していること（平野裕之『民法総合6　不法行為法』〔2版〕(2009) 408頁）も注目される。

ことになろう。さらに、すでに論じたように、運送契約によって運送船の船主と荷主との間には一体化された特殊的関係が認められるところ、海上運送に特有の運送契約上の免責約款および法定の航海過失免責規定の存在によってこの一体性はより強められて緊密性を高めていると考えることができる。すなわち、衝突事故における単なる加害者と被害者との関係を超えて、運送船の船主とその荷主とはより緊密に一体化されていることが認められよう。したがって、この両者の関係は前記最高裁判例の理論における、夫婦のような身分上ないし生活関係上一体をなすと認められる関係に相当するものと考えてよいといえる。

　以上の考察から、夫婦といった身分上の関係とは異なるものの、このような船主と荷主との緊密な一体的特殊関係を根拠として、運送船の船主と荷主はこれと同様の特殊な関係にあることを認め、前記最高裁判例の理論構成を基礎に運送船側の過失を被害者側の過失と構成すべきである。そして、運送船の船主と荷主との間に運送契約上の免責約款および法定の航海過失免責規定が存在する場合には、例外的に民法719条の効果としての連帯責任は生じず、荷主に対する関係において共同不法行為者たる運送船の船主および非運送船の船主は分割責任を負うとの新たな理論をここに提案したい[265]。これ

---

[265] 本文に示したように、最高裁判所は、被害者側の過失理論について、「被害者と身分上ないし生活関係上一体をなすと認められる関係にある者」は民法722条2項の被害者に含まれるとして、被害者側を画する基準を示しているが、学説では、これについて、諸説が唱えられている（その詳細については、福永政彦「夫の運転する自動車に同乗する妻が右自動車と第三者の運転する自動車との衝突により損害を被った場合において夫の過失を被害者側の過失として斟酌した事例」判タ340号（1977）76頁、錦織成史「被害者側の過失」『別冊法学教室民法の基本判例』（1986）187頁を参照）。すなわち、被害者側に含まれる者の判断基準については次のような見解が示されている。①被害者の利益圏ないし勢力圏内にある者を基準とすべきであるとの見解（四宮和夫「被害者が幼児である場合と民法722条2項」民商法雑誌58巻1号（1968）131頁）。②AとBとの過失によりCが損害を受けた場合に、BとCとの社会関係によっては、Bに対し、損害賠償を請求することがかえって不当視され、その損害は、被害者において負担すべきであるとされる場合がある。不公平なのは、この負担をAに転化し、Aに全額の賠償責任を課すことであり、また、それを許すことは、A・B・Cの法律関係をいたずらに複雑にする。そこで、このような場合に限って、Bの過失は、被害者Cの過失のそれに準じることとするとの理解の下で、被害者の被用者、家族その他友好関係に立つ者で加害者の共同不法行為者として責任を追及されない者を基準とすべきである（篠原弘志「過失相殺における被害者側の範囲」ジュリスト381号（1967）106-107頁）。③被害者と財布が共通であるか、または特別な関係があって、この者を加害者と同列に損害賠償の相手方とするよりも、むしろ被害者側の内部関係の問題として処理させる方が加害者と被害者との関係を処理するうえで公平であると考えられるような地位にある者を

により、衝突船舶の船主と荷主との関係に商法797条を適用せずに民法719条を適用しつつも、さらに、非運送船の船主による運送船の船主と荷主との間の免責約款または法定の航海過失免責規定の援用の可否にかかわらず、求償によって生じる問題の合理的かつ妥当な解決が可能になろう。

（5）人身損害を受けた旅客の保護

衝突統一条約4条3項は、「過失アリタル船舶ハ死傷ニ因リテ生シタル損害ニ付テハ第三者ニ連帯シテ義務ヲ負フ但シ第1項ニ従ヒ終局ニ負担スルコトヲ要スル部分ヲ超過シテ支払ヒタル船舶ノ求償ヲ妨ケス」と規定する。このように条約は、人的損害については衝突船舶の船主に連帯責任を認め、かつ、一方船主が被害者に対して全額の賠償をした場合には、その過失の割合を超えて賠償した金額を他方船主に求償できることを定めている[266]。

商法797条が適用されれば、人身損害についても衝突船舶の船主は被害者に対して分割責任を負う。この点、近時、民法719条適用説の立場から、実際上、第三者に商法797条を適用する場合には、逆にその規定の不合理性および不明確さが目立つとして、次のような批判が提示されている[267]。商法797条の「其衝突ニ因リテ生シタル損害」とは衝突船舶の船主、または第三者の損害である。ここでいう第三者の損害は第三者の荷主などの物的損害、および旅客など人的損害の両面を意味すると考えられ、限定しない限り、同

基準とすべきである（山本進一「被害者の範囲」交通判例百選〔2版〕（1975）138頁）。これらの見解に鑑みれば、運送船の船主とその荷主との間の特殊的関係から、十分に運送船主の過失を被害者側の過失と構成しうるものと考える。

[266] 小町谷教授は、物的損害と人的損害を問わず、船主は被害者に対して連帯責任を負わすべきであるとの立場から、このように条約が、物的損害については船主の連帯責任とし、人的損害については連帯責任とすることは論理一貫性を欠くものであると批判する（小町谷・前掲書（注2）（下2）167頁）。なお、沿革的には、1905年当時の草案では、人的損害についても分割責任を認めていたが、アメリカ合衆国とその他若干の国の代表が反対したために削除され、各国法にその解決がゆだねられた。ただし、委員会においては物的損害につき分割主義をとり、人的損害については連帯主義をとる妥協的立法の余地があることが暗示されていた。そして、1909年の会議において、イギリスの代表が人道主義と統一法の利益の2つの理由から、人的損害については連帯主義を認める規定をすべき旨の提案をし、審議の結果、物的損害につき分割主義を認めることに反対していたアメリカ合衆国も妥協することになり、分割主義と連帯主義とを並立させる第4条の成立に至ったとの説明がなされている（小町谷・前掲書（注2）（下2）167頁）。

[267] 楊・前掲論文（注197）139頁。

条により、これらのいずれの損害に対しても衝突船舶の船主は分割責任を負うが、条約および多数の国の法は人的損害について船主に連帯責任を負わせている。人的損害について運送船主と旅客との間に免責約款が存在しない場合には、損害賠償の分担の面からみて合理性があっても、人的損害の補償を確保するため、損害を被った者が自らその責任を免除しない限り、人的損害について分割責任原則を採用することは人道に反するから、人的損害と物的損害を区別しない少数説には合理性が欠ける。

これに対して、商法797条適用説の立場からは、衝突統一条約が、物的損害については分割責任を採用し、人的損害については連帯責任を採用することについて、双方とも分割責任とすべきであるとの視点から、条約の規定は論理的一貫性を欠くとの批判がある[268]。なるほど、物的損害と人的損害を、同様に分割責任にしないことは、論理一貫性を欠くものとはいわざるを得ないが、やはり、人道的な観点から、物的損害と人的損害について異なる取り扱いをすることには合理性が認められると思われる。この点、商法は、海上物品運送と旅客運送について、運送契約上の運送人の責任を別異に扱っている[269]。また、先に提案した新たな理論構成は、物品運送に関して積荷と船舶との一体性が認められることを前提とする。しかし、物品運送の場合とは異なり、旅客運送における旅客は、その性質上、運送人の占有下におかれると構成することはできず、その保管には属さないと解されるから[270]、船舶と旅客との間には一体化の理論は妥当しないものと考える。したがって、このような新たな理論構成によれば、物的損害については衝突船舶の船主の分割責任を認めつつも、人的損害については、民法719条の適用について原則

---

268 戸田＝西島・前掲書（注148）280頁。
269 商法は、運送人は自己または使用人が運送に関して注意を怠らなかったことを証明しない限り、旅客が運送のために被った損害の賠償をしなければならないと定め（商法786条1項、商法590条1項）、免責のための無過失の立証責任を運送人に負わせる。そして、この損害賠償の範囲については、物品運送の場合（商法580条）と異なり、賠償すべき損害は旅客の受けた「一切の損害」である。すなわち、身体・衣服の損害だけでなく、延着によって生じた損害あるいは有形無形の損害を問わず、また、旅客の「受けた損害」に限られず、「失われた利益」、すなわち特別損害にも及ぶと解されている（石井・前掲書（注6）297頁、大判大正2・10・20民録19輯910頁）。しかも、損害賠償額の算定に際しては、被害者およびその家族の状況を斟酌すべきことが要求されている（商法590条2項）。
270 西原・前掲書（注216）333頁。

的な効果の発生を認めて、衝突船舶の船主は連帯責任を負うとの結論を導くことも可能である。また、衝突統一条約が人身損害について連帯責任を認めたことをも理論的に説明できるのではないかと考える。

さらなる検討が必要であるとも思われるが、このような理由から、さしあたり、解釈論としては、物的損害と人的損害については、異なる扱いをし、人身損害の場合には、人道的な見地からも、民法719条1項の原則どおり過失のある衝突船舶の船主の被害者に対する連帯責任を肯定すべきであると思う。

5．おわりに

衝突船舶の船主が第三者に対して負う責任について、少数説としての商法797条適用説は次のように主張する[271]。第三者に対しても過失の割合により損害を分担するのは現代の各国海商法並びに条約の採用する主義であって、この主義は海商法の沿革にも合致する。また、解釈上どちらの見解をもとりうる場合に、条約や諸外国の法制の動向に即した解釈をとる方がむしろ望ましいと考えるべきであるともいう[272]。これに対して、民法719条適用ないし類推適用説は、立法論としてはともかく、条約採択前のわが商法の解釈論の根拠としては、このことを全く理由にあげるべきことではないと反論する[273]。しかし、近時、免責約款および法定の航海過失免責規定の存在によって生じる問題については、衝突船舶の船主と荷主との関係にも商法797条を適用することにより妥当な結論を得ることができ[274]、また、わが国の船舶衝突法が指向する国際条約や諸外国の衝突法に則した解釈を行うのが常道であり、かつ、合理性が認められるという点を強調して[275]、商法797条適用説に賛同する見解が次第に増えつつある。

ところで、衝突統一条約4条2項が衝突船舶の船主の分割責任を定めるに

---

271 森・前掲書（注147）301頁。
272 戸田・前掲書（注143）251頁、戸田＝西島・前掲書（注148）282頁〔戸田〕。
273 鴻・前掲論文（注50）643頁、楊・前掲論文（注197）142頁。
274 清河・前掲論文（注6）444頁。
275 重田晴生ほか『海商法』（1994）247頁。

至った経緯には次のような事情があると説明されている[276]。衝突に関する各国の立法の相違から、被害者としての荷主は、どの国に訴訟が係属したかによって、衝突の相手船舶の船主から損害賠償が受けられるかどうか、賠償を受けられるとしても過失割合に応じた賠償が受けられるのか、あるいは、半額の賠償が受けられるのかが異なり、物的損害の被害者としての荷主の地位が極めて不明確であった。また、このような状況のもとでは、積荷に保険を付した保険者の求償権行使が不安定となり保険料率の決定についての不都合もあった。さらに、第三者に対して船主間の連帯責任を認めれば、実際上船主にとっての負担が重くなりすぎる場合があった[277]。加えて、連帯責任を認める国においても、多くの裁判所は、船主に、衝突の相手方の船主がその荷主に対して運送契約上有する免責約款の援用を認めず、荷主に全額の損害賠償をした相手船舶の船主が求償権を行使した場合には、この免責約款を対抗できないという見解を示すことによって、これが無意味なものとなっていた。このような事情から、条約の同規定については、理論よりも実際上の妥当な結果を導くために1つの技巧的な立法がなされる必要があった[278]。

　本来的には荷主に対する関係では衝突船舶の船主は連帯責任を負うべきであるが、このような衝突統一条約の立法経緯によれば、このことによって生じる不都合を回避するために船主の責任を分割責任にしたにすぎず、確固たる理論に基づいてこのような規定を設けるに至ったわけではない。そうだとするならば、なおさら、わが国の船舶衝突法の解釈を素材として、衝突船舶の船主は荷主に対して連帯責任を負うとしつつも、理論によって、これによって生じる不都合を回避できることを示すべきである。

　そこで、イギリスおよびフランスにおける分割責任を裏づけるための法理論および民法719条に関する裁判例および民法学説の新たな見解に示唆を得つつ導いた、双方船員の過失による船舶衝突における船主と第三者と関係についての新たな理論を要約すると次のとおりである。運送船の荷主に対する関係では、運送船の船主および非運送船の船主の共同不法行為が成立し、民

276　小町谷・前掲書（注2）（下2）159頁。
277　山戸・前掲書（注14）147頁。
278　小町谷・前掲書（注2）（下2）159-160頁、山戸・前掲書（注14）147頁。

法719条1項の適用により、原則としてこの両者に連帯責任を負わせる。しかし、荷主との関係において、衝突した一方船舶の過失の程度が他方船舶よりも著しく軽く、その船主に連帯責任を負わせることが、公平な損害の分担を害する結果を招く場合には、例外的に寄与度減責を認め、あるいは、一部連帯の考えに基づき、連帯責任の成立範囲を制限する。また、運送船の船主とその荷主との間に運送契約上の免責約款が存在する場合および法定の航海過失免責規定が適用される場合には、これらの存在によって生じる不都合を回避するために、運送船の船主とその荷主との間の一体性をもった特殊的関係を根拠として、衝突船の船主は、例外的に荷主に対して分割責任を負う。

このような理論によれば、商法797条を適用しなくても、あるいは、これまで学説が構築してきた複雑な理論によらなくても、民法719条の枠内で、同条を弾力的に解釈することにより、衝突船舶の船主が連帯責任を負うことから生じる不都合および不公平さを回避し、公平かつ妥当な結論を導き出すことができる。それにもかかわらず、無理に商法797条を適用するのであれば、すでに指摘したとおり、すべての無過失の第三者との関係において、常に分割責任となり、本来的に保護の必要な第三者を保護できないおそれが生じる。

双方船舶の過失によって船舶が衝突し、無過失の第三船およびその船舶上の積荷に損害を与えた場合のように、衝突した船舶と法律上も、また、事実上も結びつきを有しない第三者に損害が生じたときには、連帯責任の成立を制限する理由は見出せない。Rodière教授は、このように指摘して、衝突統一条約4条2項は、無過失の第三船ではない過失のある船舶、そして、無過失の船舶上ではなく過失のある船舶上にある物品を対象としていると解する。そして、この場合には、一般原則に戻って、無過失の第三船およびその船舶上の積荷との関係においては、過失のある双方の船舶の船主は連帯責任を負うものと解すべきであるとの見解を示している[279]。運送船と一体となるような関係もなく、また、免責約款が存在するなどの特殊な関係にもない第三者には、被害者保護の観点から、原則どおりの連帯責任を認める必要がある。

---

279 Rodière, *supra* note 40, 57-58.

ただし、この場合でも、たとえば、能見教授の見解のように、損害額の大小、責任保険の有無等の事情を考慮して[280]、過失の程度が極めて軽い一方船舶の船主にも連帯責任を負わせることが衝突船舶の船主間の公平な損害分担を損なう場合には、ごく例外的に寄与度減責を認めることにより公平な損害分担を確保する必要性はあろう。

しかしながら、このような理論を提案せざるをえない理由は、わが国が衝突統一条約を批准しながらも、その内容を国内法にとり入れていないという事情によるものである。運送契約上の免責約款および法定の航海過失免責規定の援用の問題もさることながら、国内法の規定と条約の規定の相違から、積荷の保険料率の決定への影響なども指摘されているのが現実であり、立法論として、この条約の規定に沿って荷主に対する関係における分割責任を採用することに賛同する見解もみられる[281]。しかし、衝突統一条約も、その成立をみたのは、およそ1世紀もの前のことであり、必ずしも現代の多種多様化する船舶衝突による損害および利害関係人を考慮した内容となっているわけではない。したがって、わが国の船舶衝突法における、過失のある衝突船舶の船主間の対第三者責任に関する立法論としては、衝突によって被害を被った第三者について、ある程度の類型化を視野に入れて、船主の責任のあり方を模索すべきではないだろうか。

---

[280] 能見教授の見解（前掲注246）を参照。
[281] 楊・前掲論文（注197）149頁。

第2章　船舶衝突における因果関係の立証に関する一考察
―アメリカ合衆国における特有の法理について―

　第1章においては、船主の負う衝突責任について論じた。そこでみたように、わが国においても、古くから、船舶の衝突によって生じる様々な法律問題が提起され、その解決のための理論が提案されてきた。他方、アメリカ合衆国に目を向けると、周知のとおり、同国は、世界の主要海運国でありながら、衝突統一条約を批准していない。そのため、船舶の衝突によって生じる法律問題を規整する特有の法理を維持し、発達させてきた。特に、船舶の衝突から生じた損害の分担に関しては、1975年の United States v. Reliable Transfer Co. 連邦最高裁判所判決[1]（以下、Reliable Transfer 判決という）が下されるまで、損害平分原則を維持し続け、この原則の適用によって生じる不合理な結果を回避するために、特異な法理を生成してきた。

　本章では、その特異な法理の1つであるペンシルヴェニア・ルール (Pennsylvania Rule) を考察の対象とする。ペンシルヴェニア・ルールは、The Pennsylvania 判決[2]において確立された原則である。この原則は、衝突を生じさせた船舶に法令違反が認められた場合、その船舶がその違反は決して衝突の原因とはなりえなかったことを立証しない限り、その法令違反と衝突との間の因果関係を推定するものである[3]。

　船員の過失によって船舶を衝突させる行為は不法行為である。衝突船舶の船員または船主に、衝突によって生じた損害につき賠償責任を負わせるには、これらの者に過失があるだけでなく、その過失が当該衝突によって生じた損

---

[1] 421 U. S. 397, 1975 AMC 541 (1975).
[2] 86 U. S. 125 (1874) (reprinted 1998 AMC 1506).
[3] John Wheeler Griffin, *The American Law of Collision* 471-472 (1949), Grant Gilmore and Charles L. Black, Jr., *The Law of Admiralty* 494 (2d ed. 1975), Nichlas J. Healy and Joseph C. Sweeney, *The Law of Marine Collision* 46 (1998).

害との間に因果関係を有することが前提となる。不法行為の一般原則によれば、損害賠償を請求する者が、この因果関係の立証責任を負うことになる。しかし、実際には、被告となった相手船舶の船員のいかなる過失が、生じた損害とどの程度の因果関係を有しているかについて、これを立証することは困難な場合があると思われる。また、船舶衝突における過失の認定は高度に技術的な要素を含んでいることから、この認定は裁判官にとっても困難を伴うことが少なくない。したがって、アメリカ合衆国におけるペンシルヴェニア・ルールは、このような立証責任の負担を軽減する法理として有効に機能するとも考えられる。他方、双方過失の船舶衝突における損害の分担は、双方船舶に立場互換性が認められる特殊な当事者間の問題である。また、衝突統一条約の成立によって、比較過失原則による損害の分担が海法の常識となっている。そうすると、原告の利益保護および裁判の迅速な処理を重視し、このような原則を適用して、衝突船舶の船主間における公平な損害分担が実現できるかどうかについては慎重な検討が必要であると思われる。

そこで、第1節では、ペンシルヴェニア・ルールに関するアメリカ合衆国の裁判例および学説を概観しながら、船舶衝突の場合におけるこのルールの妥当性を検討する。そして、特に、船舶衝突法の国際的統一の観点から、このルールは廃止されるべきことを論じる。また、ペンシルヴェニア・ルールは、本来のその適用領域である船舶衝突事件だけでなく、船舶衝突が関係しない事件にも適用されてきている。このような事実を踏まえて、第2節では、アメリカ合衆国海上物品運送法（COGSA）が規定する堪航能力担保義務違反の立証責任スキームと同ルールとの関係について考察する。そして、船舶衝突以外の事案に同ルールが適用された裁判例の分析を通じて、このルールの適用要件を理論的に、より明確化することにより、この適用の有無に関する1つの境界ラインについて論じる。

なお、経済活動の国際化が進展した今日においては、わが国の船舶の船主が、アメリカ合衆国の法廷においてこのような特異な法理の適用を受ける可能性も少なくない。したがって、ペンシルヴェニア・ルールの法的性質およびその適用要件に関する考察を行うことは意義のあることのように思われる。

第1節　アメリカ合衆国における因果関係推定の法理

1．はじめに

　本来、ペンシルヴェニア・ルールは、損害平分原則と共に発達してきたものであり、船舶の衝突を予防するための法令違反と衝突の結果として生じた損害との間の因果関係を推定する原則である。本節においてみるように、この原則は、損害平分原則とともに用いられることにより、事案によっては極めて不公平な結果を生じさせたことから、この適用については批判が絶えないところでもあった。特に、近時、ペンシルヴェニア・ルールの適用が船舶衝突法の国際的統一を阻害している主な要因の1つであることを指摘して、学説、あるいは、下級裁判所の判決までもその廃止をさらに強く唱えている。しかし、このような学説等の批判にさらされながらも、後にみるように、実際には、このルールは合衆国の多くの裁判所によって多くの多様な事件に適用され続けている。

　そこで、本節では、損害平分原則を廃止して比較過失原則を採用するに至った後のペンシルヴェニア・ルールについて、特に、船舶衝突に関する法の国際的統一の観点からこれを考察し、このルールを船舶衝突事件に適用し続けることの妥当性について論じる。

2．ペンシルヴェニア・ルールの確立とその法的性質

（1）ペンシルヴェニア・ルールの確立

　ペンシルヴェニア・ルールは、The Pennsylvania 連邦最高裁判決[4]において確立された法理である。この事件においては、帆船 Mary Troop 号と汽船 Pennsylvania 号が、濃霧の中、ニュージャージー州の Sandy Hook 沖で衝突した。そして、前者が沈没してその乗組員および積荷が死傷・滅失した。

4　86 U. S. 125 (1874) (reprinted 1998 AMC 1506).

そこで、イギリスにおいて同船の荷主によって損害賠償請求訴訟が提起された。しかし、英国枢密院（Privy Council）は、沈没したMary Troop号が、法令により航行中の帆船に要求されている霧笛ではなく、警鐘を打ち鳴らしていたことにつき同船に過失があったことを認定しつつも、この過失は衝突に寄与しておらず、唯一、汽船Pennsylvania号が濃霧の中、過度の速力で航行していたことが衝突の原因であったと判示した。他方、その後の合衆国における船主間の損害賠償請求訴訟では、連邦最高裁判所は、双方船舶の有責性を認め、汽船側の過度な速力と同様に、帆船側の法令違反も衝突に寄与したと判示した。

　この判決において確立されたのが、ペンシルヴェニア・ルールである。連邦最高裁判所は、その判旨において、同ルールについて、次のように述べている。「衝突の当時、一方の船舶に衝突を回避するための法令違反があった場合、衝突の原因が1つでなければ、当該法令違反は衝突の1つの有力な原因であったと推定するのがまさに合理的である。このような場合、法令違反のあった船舶に負わされる立証責任は、単に、当該法令違反は衝突の原因の1つではなかったであろう、あるいは、おそらくその原因ではなかったであろうということを証明することではなく、これが決して衝突の原因とはなり得なかったということを証明することである。このような原則は、法令を遵守させるために必要なのである[5]」。

　この判決が示すように、ペンシルヴェニア・ルールは、船舶の衝突が生じた場合において、その衝突を回避する目的を有する法令に違反した船舶の船主がこの違反が決して衝突の原因とはなり得なかったことの証明に成功しない限り、その船主に、生じた損害についての責任を負担させる原則である。そうすると、この原則は、一見、法令違反のあった船舶の損害賠償責任の有無を判定するため原則のようにみえる。しかし、一般には、このルールの法

5　*Ibid*. at 136; Pennsylvania Rule: When, as in this case, a ship at the time of collision is actual violation of statutory rule intended to prevent collisions, it is no more than a reasonable presumption that the fault, if not the sole cause, was at least a contributory cause of the disaster. In such a case the burden rests upon the ship of showing not merely that her fault might not have been one of the causes, or that it probably was not, but it could not have been. Such a rule is necessary to enforce obedience to the statute.

的性質は、因果関係の存否に関する立証責任転換原則であると解され、その目的は船舶に航行規則を遵守させることにあるとされてきた[6]。

イギリスでは、古くから、立法府または行政府によって制定された特定の成文の法令について、その違反があった場合、この違反は制定法上の過失（statutory fault）とされた。そして、合衆国の連邦裁判所によって形成されてきた法理の下では、この制定法上の過失ある船舶は、これによって生じた責任から逃れるためには、その違反が衝突の原因になっていないことを証明しなければならないとされてきた[7]。これに対して、合衆国におけるこの法理は、法令に基づくものではなく、判例法によって発達してきたものである。すなわち、初期の連邦最高裁判所の裁判例は、ある法を遵守しなかった船舶は、その法令違反の結果として、当該損害が生じたものではないことを立証しなければならないとしてきた。そして、この古典的な法理が、The Pennsylvania 判決において因果関係推定原則として表明されたと解されている[8]。

このように、ペンシルヴェニア・ルールは、法令違反のあった船舶の過失を推定するものではなく、その法令違反（過失）と損害発生という結果との間の因果関係を推定する法理であると解されている[9]。過失による船舶の衝突も不法行為の一態様である。したがって、過失があることのみによって、その過失ある者に、生じた損害についての賠償責任を負わすことはできず、過失ある行為と損害との間の因果関係の存在が認められなければならない。第1章においてみたように、英米法におけるコモン・ローでは寄与過失法理が存在していた。すなわち、通常、陸上における不法行為の場合、ある者の時間的に先行する過失ある行為（第1の過失行為）は、これが単に他者の後

---

[6] Gilmore and Black, *supra* note 3, 494, Robert J. Zapf, *The Growth of the Pennsylvania Rule: A Study of Causation in Maritime Law*, 7 J. Mar. L. and Com, 521. 522 (1976), William Tetley, *The Pennsylvania Rule - An Anachronism? The Pennsylvania Judgment - An Error?*, 13 Mar. L. and Com. 127, 130 (1982), George Rutherglen, *Not With a Bang But a Whimper: Collisions, Comparative Fault, And The Rule of The Pennsylvania*, 67 Tul. L. Rev. 733, 735 (1993).

[7] Griffin, *supra* note 3, 469. なお、この法理は、あまり用いられることはなく、1911年の海事条約法（Marine Convention Act of 1911）によって廃止された（Griffin, *supra* note 3, 470）。

[8] Griffin, *supra* note 3, 470.

[9] Healy and Sweeney, *supra* note 3, 95.

の過失ある行為（第2の過失行為）を誘発する条件を作出したに過ぎなかった場合には、第1の過失ある行為を行った者が責任を負わされるべき決定的な根拠とはならない。また、第2の行為が損害発生に決定的に寄与したとされるときには、その第2の行為によって第1の行為の結果との間の因果関係は切断されると解されていた。しかし、海事不法行為の分野における損害平分原則の適用の下では、裁判所は、このような寄与過失の抗弁によって、第1の行為と生じた損害との間の因果関係の切断を認めようとはしなかったといわれている[10]。

この点、ペンシルヴェニア・ルールが適用されれば、損害を被った者が、加害者の法令違反、および、その被った損害の範囲を立証すれば、加害者は、その法令違反が、決して衝突の原因とはなり得なかったことを立証しない限り、損害賠償責任を負うことになる[11]。すなわち、このルールが適用されれば、まず、因果関係の立証責任が法令違反のあった者に転換される。そして、その法令違反が衝突に寄与した可能性が絶無であるとの証明に成功しなければ損害賠償責任を免れないことになる。これがこの原則が過酷であるといわれる理由である。

（2）ペンシルヴェニア・ルールの法的性質とその適用対象となる法令違反
①ペンシルヴェニア・ルールの法的性質　ペンシルヴェニア・ルールは、長きにわたって、多くの船舶衝突事件に適用されてきた。しかし、実際に、このルールの適用が、どのように作用するかについては不明確であるともいわれている[12]。前述のように、一般には、裁判所は、このルールを因果関係に関する立証責任転換のルールと解している。すなわち、このルールは、衝突の責任に関する原則でも、過失を確立するためのものでもなく、衝突回避のための強行規定に違反した者に因果関係不存在についての立証責任を負わせるものであると解している。また、このルールは、単に立証責任を転換す

10　Gilmore and Black, *supra* note 3, 494.
11　Zapf, *supra* note 6, 521.
12　Michael Ben-Jacob, *Note: The Pennsylvania Rule: Murky Waters Revisited*, 19 Cardozo L. Rev. 1779, 1784 (1998).

る証拠法上の原則であることから、当事者の実体的な権利に影響を及ぼすものではないとも解されている[13]。しかし、学説では、このような判例の見解と同様の見解を示す立場[14]とペンシルヴェニア・ルールは手続法的な性質を有するものではなく、実体法的な性質を有する原則であると解する立場[15]が対立している。

この点、ペンシルヴェニア・ルールの法的性質について言及し、これを単なる手続法的な性質を有するものではなく、これは、実体法的な性質を有するものであるとの見解を示した裁判例がある。第9巡回区控訴裁判所における Ishizaki Kisen Co. v. United States 判決[16]である。この事案の概要は次のとおりである。石崎汽船株式会社所有で、広島県の呉港と愛媛県の松山港を結ぶ航路の旅客運送に従事していた日本船籍の水中翼船のP号(金星号)と、人員および貨物輸送に利用されていたアメリカ合衆国海軍の軍用船であるQ号(J-3793)が広島県呉港において衝突した。P号の船主であるX(原告)は、Y(被告、アメリカ合衆国)に対して、その被った損害の賠償を求めて、アメリカ合衆国において訴えを提起した。また、YもXに対して反訴を提起した。

第1審のカリフォルニア北部地方裁判所は、日本法を準拠法として裁判を行い、本件衝突の発生は、P号およびQ号の双方船舶の過失によるものと判断した。そして、アメリカ合衆国は批准していないものの、日本が批准している衝突統一条約の規定にしたがって、当事者の過失割合について、P号は4分の3、Q号は4分の1であると判定した。

この中間判決を受けて、Xは第9巡回区控訴裁判所に上訴した。この裁判における主要な争点は、P号の過失割合が4分の3とされたことの妥当性であった。国際海上衝突予防規則19条によれば、Q号を右舷にみて航行するP号には避航義務があり、実際にP号はこの義務を怠っていた。しかし、

---

13 Griffin, *supra* note 3, 41, Garry Pitts, *Admiralty's Pennsylvania Rule*, 24 S. Tex. L. J. 541, 584 (1983).
14 Ben-Jacob, *supra* note 12, 1784.
15 Healy and Sweeney, *supra* note 3, 53.
16 501 F. 2d 875, 1975, AMC 287 (9th Cir. 1975).

当時の日本の港則法18条1項はこの原則を変更しており、雑種船（Msicellaneous Vessels）は、それ以外の船舶の航路を避けなければならないと定められていた。したがって、もし、Q号が雑種船に該当すれば、避航義務があったのはP号ではなく、Q号であったことになる。この点、第1審のカリフォルニア北部地方裁判所は、Q号を雑種船と認定しなかった（なお、この点は争点とはなっていない）。主要な争点は、Q号が、日本の港則法施行規則によって雑種船以外の船舶に要求される国際信号旗（international call sign）を掲揚していなかったことが、Q号は雑種船であるとP号の船長が誤信した原因となったか否かの点であった。判決は、この信号旗を掲揚していなかったことが、P号の船長の上記誤信を招いたと認めるべき証拠はなく、このことが衝突の原因であったとは認められないと判示した。

また、この点に関して、原審裁判所は、ペンシルヴェニア・ルールを適用せず、Yの国際信号旗不掲揚という日本の港則法違反が衝突の原因であったことを証明すべき責任はXにあると判示した（Xはこの立証に失敗している）。そこで、上級審では、Xは、本件ではこのYによる港則法違反と本件衝突との因果関係の立証にはペンシルヴェニア・ルールが適用されるべきであると主張したことから、本件にはペンシルヴェニア・ルールが適用されるかどうかについても争点となった。第9巡回区控訴裁判所は、これを判断するに際して、ペンシルヴェニア・ルールの法的性質につき、次のように述べた。

「ペンシルヴェニア・ルールが、単に法令に違反した者に立証責任を転換する原則であれば、これは手続法としての性格を有すると解するのが適切である。しかし、この原則はそれ以外の性格を有している。このルール適用の効果は次のように表現されてきた。『ペンシルヴェニア・ルールの適用から生じる立証責任の転換は、2つの要素を持っている。すなわち、法令違反者は因果関係の推定を打ち破るための立証責任を果たすだけではなく、その法令違反者による弁明は採用されるべきであることを、事実審の裁判官に納得させなければならない。この原則が生み出す、このような責務を果たすために、法令違反者は、その違反は損害の原因とはならなかったということを、何らの疑いも入れない程度にまで示さなければならないのである』。この表

現は、法令違反のあった船舶は、合理的に考えて、その法令違反が衝突の主原因ではなかったことを証明しなければならないと判示している当法廷の裁判例に一致する。そして、この原則が生み出す効果は、衝突についての法令違反があった船舶に対して、本来的には、その船舶に責任があるとは思われない財産的損害の大部分についての責任を負わせるものである[17]」。そして、同判決は、抵触法に関する第2次リステートメント134条を引用して次のように述べた。「抵触法における実体法と手続法に関する現在の通説的見解においては、特定の争点（a particular issue）の決定に影響を及ぼすような原則は、実体法に分類されて」いる。したがって、「ペンシルヴェニア・ルールは、主に裁判の実施に関する手続的原則というより、実体法に近いものであるとの結論に至るのである[18]」。

この裁判例の判決によれば、ペンシルヴェニア・ルールは、法令違反とこれによって生じた損害との間の因果関係の有無を決する原則であるという単なる立証責任を転換するための手続法的な性質を有するものではなく、実質的には、損害賠償責任を負わせるための実体法的な性質を有するものと解される。

②**ペンシルヴェニア・ルールの適用範囲**　The Pennsylvania 判決が述べているように、ペンシルヴェニア・ルールは、法令違反がある場合にのみ適用されることになるが、すべての法令違反がその適用の対象となるわけではない[19]。すなわち、この点について次のような見解が示されている。たとえば、水先人が法令に反する操船を行うか、または、法令が要求している航海に関する行為を行わなかった場合のように、衝突の原因となるような航行規則違反の場合にのみ、ペンシルヴェニア・ルールは適用される[20]。また、同ルールは、船舶の安全な航行に関する法令がその適用対象になる[21]。

ところが、実際には、ペンシルヴェニア・ルールの適用対象となる法令は Inland Navigational Rules、COLREGS、Coast Guard Regulations などに限

17　1975 AMC 287, 292-293.
18　*Ibid.* at 293.
19　Zapf, *supra* note 6, 523.
20　Griffin, *supra* note 3, 579.
21　Gilmore and Black, *supra* note 3, 496.

定されていない[22]。すなわち、連邦法および州法のいずれにかかわらず[23]、明白な義務を定め[24]、かつ、生じた事故の発生を防止することを意図している法令違反の事実に対して[25]、ペンシルヴェニア・ルールは適用されているのが現状である[26]。したがって、現実には、違反の対象となった法令は船舶の航行規則に限らず、生じた事故の発生の予防を目的としており、かつ、これを回避するために明白に定義づけされた義務の履行を強制する強行法的性格を有する法令であれば、同ルールは適用されていることになる[27]。

また、このようなペンシルヴェニア・ルールの実際の運用に伴い、この適用対象となる事件にも変化がみられてきている。すなわち、同ルールは、当初は、船舶衝突事件に限られて適用されていたが、裁判所は、次第に、その適用領域を拡大してきた。そして、現在では、船舶の環礁または浅瀬への座礁はもちろんのこと、橋脚などの海上構造物、海底に埋設されたパイプラインへの船舶の衝突など、船舶間の衝突を含まない事件にも適用されるに至っている[28]。

(3) 損害平分原則とペンシルヴェニア・ルールに対する批判

①損害平分原則（equal division of damage rule）とその廃止

ペンシルヴェニア・ルールを論じる上で、損害平分原則の存在を看過することはできない。第1章第1節において概観したように、損害平分原則とは、船舶の衝突が双方船舶の過失によって生じた場合に、双方の船舶は、各船舶の過失の軽重にかかわらず、当該衝突によって生じた損害を平分して負担しなければ

---

22 Ben-Jacob, *supra* note 12, 1796.
23 *Ibid.* at 1799-1800は、州法違反にペンシルヴェニア・ルールが適用された裁判例は少ないとしつつも（footnote 153）、これが適用された例として The Amiral Cecille, 134 F. 673 (D. Wash. 1905), Collins v. Indiana & Mich. Elec. Co., 516 F. Supp. 304 (S. D. Ind. 1981), Churchill v. F/V Fjord, 857 F. 2d 571 (9th Cir. 1988), Armour v. Gradler, 448 F. Supp. 741 (W. D. Pa. 1978) をあげている。
24 In re Marine Sulphur Queen, 460 F. 2d 89, 1972 AMC 1122 (2d Cir. 1972).
25 Director General of India Supply Mission v. S. S. Maru, 459 F. 2d 1370 (2d Cir. 1972).
26 Zapf, *supra* note 6, 524. なお、法によって要求された一定の船員資格を欠く船員を乗船させたような事案に、ペンシルヴェニア・ルールを適用した判決を疑問とする見解もある（Griffin, *supra* note 3, 579）。
27 Ben-Jacob, *supra* note 12, 1787.
28 Zapf, *supra* note 6, 531-539.

ならないとする原則である。また、第1章第2節において論じたように、わが商法797条は、双方過失の船舶衝突の場合には、比較過失原則に基づく衝突船舶の船主間における損害分担を定め、衝突統一条約もこの原則を採用している。したがって、損害平分原則は、わが国にとってはなじみのない奇異な損害分担原則ではあるが、衝突統一条約が成立するまでは、特に、英米ではこの原則に基づいて損害の分担が行われていた。なお、わが国においては、双方過失の船舶衝突の場合において双方の船舶の船主間で損害が平分されるのは、唯一、衝突船舶の過失の軽重を判定できないときである（商法797条）。また、衝突統一条約も同様に定める（条約4条1項）。

この損害平分原則の適用がアメリカ合衆国連邦最高裁判所において判例法理として明らかにされたのは、1855年の The Catherine v. Noah Dickinson 判決[29]においてである。この判決以来、1975年に至るまで、船舶衝突事件における船主間の損害分担はこの原則によって行われてきた。しかし、この原則の適用に対する批判は、次第に増加し、その廃止が宣言されるまで、多くの学者だけでなく裁判官までもがその不合理さを指摘していた[30]。このような批判を受け、合衆国の連邦最高裁判所は、1975年の Reliable Transfer 判決[31]において、ようやくこの損害平分原則を廃止し、比較過失原則を採用することを宣言するに至った。損害平分原則の廃止については、ここでは詳細には論じないが、この廃止がペンシルヴェニア・ルールに与えた影響についての考察と密接な関連性を有するため、以下、この裁判例の概要を紹介する。

事件の概要は次のとおりである。X（原告、Reliable Transfer 社）の所有するタンカーP号（Mary A. Whalen 号）が、原油を積載し、ニュージャージー州の Constable Hook からニューヨークのアイランド・パークに向けて航行中、ニューヨーク港沖の砂州に座礁した。この座礁は次のような事実に起因して生じた。P号船長は、本船の航行中に、防波堤と砂州に挟まれた狭い水域において、前方を航行中の曳船列を追い越そうとした。しかし、同船長は、これが困難であると判断し、本船を180度旋回して同曳船列の船尾を通過し

---

29 58 U.S. 170 (1855).
30 Gilmore and Black, *supra* note 3, 528-531 (2d. ed. 1975)
31 421 U.S. 397 (1975), 1975 AMC 541.

ようとしたところ、本船の正確な位置を誤認し、さらに前方の岩を回避しようとして操船を誤った。Xは、この事故の当時、湾岸警備隊によって維持・管理されている防波堤南端の点滅燈が点灯しておらず、さらに、強風による高波によって視界が遮られていたことが当該座礁の原因であると主張した。そして、Y（被告、アメリカ合衆国）に対して、座礁によって生じた損害の賠償を求める訴えを提起した。

第1審のニューヨーク東部連邦地方裁判所は、湾岸警備隊の過失（防波堤の点滅燈を適切に維持・管理していなかったこと）よりも、P号船長が、同船に装備された、本船位置の特定のためのあらゆる手段（例えば、見張り、海図、レーダーなど）を駆使することなく、推測によりその位置を特定したことに重大な過失があると判断した。そして、本件座礁は、湾岸警備隊およびP号の双方の過失によって生じたとして、それぞれの過失割合について、湾岸警備隊は25％、P号は75％であると判定した。しかし、判決は、損害平分原則に基づいて各当事者に損害の平分を命じた[32]。損害の分担については、原審の第2巡回区控訴裁判所も第1審判決を支持したが、損害平分原則については、これに対する批判を顕わにした[33]。

本件における連邦最高裁判所は、「およそすべての市民国家はすでに廃止している損害平分原則への合衆国のかたくなな固執により、損害を按分することができ」ず、「我々は、この痕跡器官的な遺品（vestigial relic）を自らの力で放棄できず、ただ、このいかがわしい怠慢（doubtful delinquencies）に目を瞑らざるを得ないのである」とのHand判事による、損害平分原則に対する批判を引用して[34]、本件には損害平分原則を適用しない旨の判決を下した。特に、同判決は、このような結論を導くにあたり、損害平分原則の不合理さを指摘して、次のように述べている。「損害の平分は、各船舶の過失の程度がほぼ同じであり、かつ、帰責性の程度においても、双方の当事者が当然に衝突による損害の分担をなすべきである場合、または、合理的な根拠に基づいて過失の程度を判定しようとしても、これができない場合にのみ満足

---

[32] 421 U. S. 397, 399.
[33] *Ibid.* at 400, 497 F. 2d 1036, 1038.
[34] 421 U. S. 397, 404-405.

な結果をもたらす。しかし、その他の場合には、損害平分原則の適用は明らかに不公平な結果をもたらす。すなわち、たとえば、衝突の原因を有する一方の船舶の過失の程度が比較的軽微で、かつ、その受けた損害が軽微であるのに対して、他方の船舶に衝突を引き起こした程度の重い過失があり、かつ、こちらに大きな損害が生じた場合であっても、前者は他方船舶に生じた損害の半分について賠償をしなければならない[35]」。また、「損害平分原則は、双方の当事者に衝突の原因となっている過失がある場合に、それぞれの過失の軽重を判定することは困難であるとの理由で正当化されるといわれてきた。この見解には、いくぶん説得力が認められる。しかし、あらゆる双方過失による船舶衝突事件において、損害平分原則を正当化することはできない。過失の軽重を判定することが不可能な場合には、過失ある当事者間において損害を平分することが公平な解決策である。当事者の過失の軽重に応じた損害の分配が可能な場合に損害平分原則を適用して損害を平分することは大雑把かつ不公平である[36]」。

なお、同判決は、Gilmore 教授および Black 教授の見解を引用して、アメリカ合衆国のみが損害平分原則を適用し続けることは、大洋を越えての法廷地漁り（transoceanic forum shopping）を助長することも指摘している[37]。

② ペンシルヴェニア・ルール適用に対する制限

1) ペンシルヴェニア・ルールに対する批判　　ここに明らかにしたように、1975年の Reliable Transfer 連邦最高裁判所判決によって比較過失原則の適用が認められるまで、アメリカ合衆国においては、衝突船舶の船主間の損害分担に関して損害平分原則（equal division damage rule）が採用されていた。また、損害平分原則の下では、ペンシルヴェニア・ルールが適用されることによって、ごく軽微な法令違反のあった船舶であっても、その違反が決して衝突の原因となり得なかったという、ほとんど反駁不能な推定を覆すことに成功しない限り、衝突船舶の船主は衝突によって生じた損害の半分を負担しなければならないという著しく不公平な結果がもたらされた[38]。このように、

35　*Ibid*. at 405.
36　*Ibid*. at 407.
37　*Ibid*. at 404. Gilmore and Black, *supra* note 3, 529を引用している。

ペンシルヴェニア・ルールの適用は厳格な因果関係の推定を生み出し、これによって粗雑な結果が生じる（例えば、軽微な法令違反があった船舶でさえも、ペンシルヴェニア・ルールの下での立証責任が果たせなければ、損害額の50％を負担しなければならないことになる）ことから[39]、これに対する批判は次第に増加の傾向をみせた。例えば、ペンシルヴェニア・ルールは、その文言にcould が用いられたことにより、より厳格さが増し、法令違反と結果との間の結びつきが強く推測され、法令違反者が責任を負わなければならなくなると指摘するものがあった[40]。

ペンシルヴェニア・ルールの適用によって生じるこのような不合理な結果を回避するために、船舶衝突事件におけるペンシルヴェニア・ルールの実際の適用については、次第に、合衆国の裁判所は、このルールが定める立証の要件を緩和し、あるいはその適用自体を制限する動きをみせた。このルールの適用によって生じる厳格な立証責任や粗雑な結果をさけるために利用された法理の代表的なものが、major-minor fault rule であるといわれている[41]。

2）major-minor fault rule の適用によるペンシルヴェニア・ルール適用の制限　　この原則は、双方船舶の過失の軽重に差がありすぎる場合には、これを双方過失による船舶衝突とみないで、大きい方の過失（major fault）が認められる一方船舶の過失による船舶衝突とみなす原則である[42]。major-minor fault rule の考え方は、すでに1874年の連邦最高裁判例である The Great Republic に現れており[43]、1893年の The City of New York 判決[44]は、この原則について次のように述べている。「一方の船舶の過失が矛盾なく一

38　Gilmore and Black, *supra* note 3, 495. ただし、Gilmore 教授および Black 教授は、ペンシルヴェニア・ルールは異常な推定原則であると評価している。しかし、その実際の運用については、major-minor fault rule と同様に損害平分原則を緩和する機能を有し、その適用によって損害平分原則の適用から生じる不合理な結果が緩和されるとも説明する。

39　David R. Owen, *The Origins and Development of Marine Collision Law*, 51 Tul. L. Rev. 759, 803.

40　Griffin, *supra* note 3, 472.

41　その他、last clear chance rule, the doctrine of error in extremis なども、ペンシルヴェニア・ルールの厳格さを緩和するために適用されてきたとされる（Tetley, *supra* note 6, William L. Peck, *The Pennsylvania Rule Since Reliable Transfer*, 15 J. Mar. L. and Com. 96 (1984))。

42　Gilmore and Black, *supra* note 3, 492.

43　90 U. S. 20 at 35 (1874).

44　147 U. S. 72 (1893).

貫した証拠によって証明され、その過失が衝突の十分な根拠となる場合には、そのような過失のある船舶は、他船の船舶管理についての疑いを明らかにするだけでは足りない。……他船の行動の妥当性についての疑問は、すべてその他船に有利になるように解釈されなければならない[45]」。

　そこで、この major-minor fault rule とペンシルヴェニア・ルールが競合した場合に、これら両者の関係をどのように考えるかが問題となる[46]。この点、Gilmore 教授および Black 教授は、実際上、ペンシルヴェニア・ルールの適用は、major-minor fault rule の適用と同様の結果をもたらすと述べている[47]。すなわち、両ルールは、いずれも各船舶の過失が著しく異なる場合における船舶間の損害の平分に影響する限りにおいて、損害平分原則の厳格さを緩和するように働くものであると解する。これに対して、この問題を検討した川又教授は、さらに進んで、次のような解釈を示し、程度の軽い過失のある船舶が major-minor fault rule の適用を求めるには、自己の過失と衝突との間の因果関係の不存在を立証しなければならないが、ペンシルヴェニア・ルールが適用された場合と同様の厳格な立証責任を果たす必要はないとする。「それ（major-minor fault rule）は、一応双方に過失ありと認められるべき場合において、大きな過失のあった船舶の側から表現された形はとってはいるけれども、逆に小さな過失のあった船舶についていえば、この法理は、その小さな過失と結果発生の間に因果関係がなかったことを前提としているものといえないであろうか。何故なら、『一貫した証拠によって、一方の船舶の過失のみによって衝突の原因が明らかにされるに足る場合は……』ということは、他方の船舶の軽過失が結果発生に寄与していないことの裏をいったに過ぎないものと考えられるからである。そうだとすればこの法理の適用を求めるためには、やはり自己の軽過失と結果発生との間の因果関係を立証

45　*Ibid*. at 85.
46　川又良也「アメリカ法における双方過失による船舶の衝突―アメリカ海事法研究（１）―」法學論叢69巻５号（1961）29頁は、「major-minor fault rule の適用を求める船舶の側に法令違反の事実があった場合にどのようになるか。換言すれば、重大過失を犯したと主張された船舶が、他船には法令違反の事実があると反駁したらどうなるかという問題が起こる」という形で問題提起する。
47　Gilmore and Black, *supra* note 3, 495.

しなければならないことになる。ただ、その立証すべき内容について、一般にはペンシルヴェニア・ルールの下におけるように、可能性絶無の点まで立証する必要はない……[48]」。

これに対して、合衆国の裁判所は、一方の船舶に衝突に寄与した主要な過失ある行為があり、他方の船舶に軽微な法令違反がある場合においては、ペンシルヴェニア・ルールと major-minor fault rule との競合が生じるが、major-minor fault rule は、ペンシルヴェニア・ルールに優先して適用され、程度の軽い過失を有する船舶には、法令違反がなかったか、あるいは、その法令違反が衝突の原因に寄与しえなかったものと扱っている[49]。これを裏づける裁判例として The Umbria[50] がある。この裁判例は、霧の中、霧中信号を吹鳴していたものの、全速力で航行していた Umbria 号と、霧中信号を聞いていたにもかかわらず、法令によって要求されている可能な限りの機関停止を怠った Iberia 号が、ニューヨーク港近海で衝突した事案に関するものである。判決において連邦最高裁判所は次のように判示している。「これらの法令は、衝突を回避するために制定されているが、特定の事案において、ある規則を遵守することにより、衝突を回避することができないことが明白となった場合には、当該規則を遵守しなかったことは重要なことではない (immaterial)」。そして、本件衝突は、「全体としてみれば、Umbria 号が過度の速力をもって航行していたことによるものであって、Iberia 号の過失（法令違反）は、決して当該衝突の原因とはなり得なかった、すなわち、ペンシルヴェニア・ルールの下での立証責任が果たされた」ことになる。

判決がこのように述べていることから、この裁判例では、major-minor fault rule との文言は使われていないが、これが適用され、その結果として、実質的にはペンシルヴェニア・ルールの適用はなかったものと解されている[51]。また、この最高裁判例に加えて、第 5 巡回区控訴裁判所が major-minor fault rule が適用される場合には、ペンシルヴェニア・ルールは排除

---

[48] 川又・前掲論文（注46）30頁。
[49] Zapf, *supra* note 6, 530.
[50] 166 U. S. 404 (1897).
[51] Zapf, *supra* note 6, 530.

される（superseded）と解していること[52]、第4巡回区控訴裁判所も、これと同様の解釈を行っていることも指摘されている[53]。

　major-minor fault rule は、損害平分原則を緩和するために生成された法理であると説明されている[54]。しかし、以上のような裁判所の実際の運用に鑑みれば、むしろ、これは、ペンシルヴェニア・ルールの適用を回避するために用いられてきたと解するのが妥当であるように思われる。

　なお、Reliable Transfer 連邦最高裁判所判決は、比較過失原則と major-minor fault rule との関係について、「この非常扉（escape valve, すなわち major- minor fault rule のこと）は、単純に、一方の当事者に生じる不公平さを他方の当事者に置き換えるものであり、主に過失のある船舶がすべての責任を負い、軽微な過失のある船舶がすべての責任を免れることを正当化するものではない[55]」と述べている。すなわち、比較過失原則の下では、公平な損害分担の実現のために、もはや major-minor fault rule に頼る必要がないことを暗示しているといえよう。major-minor fault rule の適用によって除外された比較的に程度の軽い過失は、過失の軽重の問題として扱えばよいからである[56]。また、第2巡回区の裁判例にも、major-minor fault rule は比較過失原則の目的に一致しないと判示するものがある[57]。

　これに対して、第9巡回区の裁判例には、比較過失原則の下では、衝突船舶の一方に主たる過失があり、これが唯一の衝突の原因となっていると思われる場合、または、程度の軽い過失のある船舶も衝突の主原因の1つを有していると思われる場合には、major-minor fault rule は程度の軽い過失のある者に責任の一部を負わせるかどうかを判断するために有用であるとの見解

52　Koch-Ellis Marine Contractors Inc. v. Chemical Barge Lines, Inc., 224 F 2d. 115, 1955 AMC 1536 (5th Cir. 1955).
53　Zapf, *supra* note 6, 531は、Webb v. Davis, F. 2d 90 (4th Cir. 1956) をあげている。
54　Jonathan W. Sager, *Apportioning Maritime Collision Damages: Applying the Rule of Reliable Transfer*, 34 Wash. and Lee L. Rev. 1237, 1244 (1977), Jo Desha Lucas, *Admiralty Cases and Materials*, 779 (4th ed. 1996).
55　421 U. S. 387, 406-407.
56　Sager, *supra* note 54, 1246.
57　GETTY OIL COMPANY (Eastern Operations), INC. v. SS PONCE DE LEON, her engines, tackle, etc., SUN LEASING CO., and TRANSAMERICAN TRAILER TRANSPORT, INC., 555 F. 2d 328 (2d Cir. 1977).

を示すものがあると指摘し、次のように述べて、比較過失原則が適用される場合においても major-minor fault rule の適用が認められるとする[58]。比較過失原則の下では、船舶の過失の程度を割り引くために major-minor fault rule を適用すべきではない。しかし、比較的軽微な過失が衝突の原因の1つとなっているかどうかという、衝突の前提条件的な問題についての証拠上の仮説を立てるには、このルールの適用は有用である。

3）合理的な解釈によるペンシルヴェニア・ルールの下での立証責任の軽減

The Pennsylvania 判決において示された文言どおりに、ペンシルヴェニア・ルールを適用することによってもたらされる不合理さに対して、下級裁判所は、次第に、解釈によってこのルールの適用要件またはこのルールが要求する立証の程度を緩和するようになった。すなわち、下級裁判所の裁判例には、ペンシルヴェニア・ルールの適用に際して、衝突の原因となった法令違反と衝突の条件となった法令違反とを区別するもの、あるいは、立証責任の程度を「その法令違反は、合理的にみて衝突の原因とすることができない」という程度に軽減するものなどがみられる[59]。

この点、第2巡回区控訴裁判所は、投錨地を航行していたタグボートのP号（Mabel 号）が、碇泊していた艀である Q 号（Brisol 号）に衝突した事案に関する The Mabel 判決[60]において、ペンシルヴェニア・ルールの適用を制限する見解を示した。内水法（Inland Rule）11条によれば、船舶の前方の碇泊燈と後方の碇泊燈の高低差は15フィート以上なければならないことが要求されていた。しかし、この裁判例における Q 号の停泊燈の高低差はわずかに3フィートしかなかった。このことによって、Q 号の停泊燈が海岸の明かりと一直線に重なってしまい、同船の発見が妨げられていたことを理由に、P 号の船長は、自己には衝突についての責任がないと主張した。第1審判決は、Q 号は法令によって要求されている2つの燈火を掲げており、その高低差が内水法に違反していたことはこの衝突事故に寄与してはいないと述べた。そして、P 号の一方的過失による衝突であることを認定し、Q 号に

58　Sager, *supra* note 54, 1246-1247.
59　Pitts, *supra* note 13, 579.
60　1929 AMC 1688 (2d Cir. 1929).

は衝突の責任はないとの判決を下した。

　第2巡回区控訴裁判所は、第1審判決を支持する判決を下したが、Q号は、その燈火の高低差に関する法令違反が当該衝突の原因とはなり得なかったことを証明しなければならないと述べつつも、本件におけるペンシルヴェニア・ルールの適用に関しては次のように判示した。「Q号が甲板から34フィートの高さの燈火を掲げていれば、P号はその存在を確知することができたかもしれない。また、後方の碇泊燈が甲板よりも7フィートの位置、すなわち、甲板から7フィートのキャビンの上に掲げられていたとしても、内水法11条の要求は同様に満たされたであろう。しかし、この位置に停泊燈が表示されていたとしても、決して海岸の明かりに対して、それを、よりよく視認できたともいえない。海岸の明かりによって22フィートの高さの停泊燈が不明瞭になったとしても、水面から10フィートの高さの燈火が不明瞭になるとは限らないから、そのようにいえるのである。確かに、あらゆる事項に、それが衝突の原因となった可能性は認められるが、合理的な蓋然性を考慮して、ペンシルヴェニア・ルールの適用を制限しなければならない[61]」。そして、同判決は、Q号の法令違反について、ペンシルヴェニア・ルールを適用せず同船の責任を否定した[62]。

　第2巡回区控訴裁判所においては、この判決を契機に、ペンシルヴェニア・ルールによって要求される立証の程度を緩和する動きが進展した。The Aakre判決[63]は、「ペンシルヴェニア・ルールが、本来、どのように述べられていようと、実際には、これは単なる証拠法上の因果関係に関する立証責任の転換に外ならない[64]」と指摘し、原告に対して衝突の主原因（proximate cause）を証明する責任を負わせた。そして、法令違反者に対しては、単に、当該法令違反が衝突の原因に寄与しなかったであろう（might not have contribute to casue the collision）ということを示すに足る証拠の提出を求めた。また、National Bulk Carrier v. United States判決[65]も、同様に、法令違反者

---

[61] 1929 AMC 1688, 1690 (2d Cir. 1929).
[62] Healy and Sweeny, *supra* note 3, 48.
[63] 1941 AMC 1263 (2d Cir. 1941).
[64] *Ibid*. at 1270.
[65] 1950 AMC 1293 (2d Cir. 1950).

の立証責任を軽減し、ペンシルヴェニア・ルールは、法令違反が衝突に寄与しなかったということを証明しなければならない違反者に対して、単に、合理的な可能性の範囲内で証拠を示す責任を転換しているだけであると解釈しているとの指摘がある[66]。さらに、第1巡回区控訴裁判所、第5巡回区控訴裁判所および第9巡回区控訴裁判所も、第2巡回区控訴裁判所が示したのと同様に、ペンシルヴェニア・ルールの下で果たされなければならない立証責任の軽減をはかっていることが確認されている[67]。

3．Reliable Transfer 連邦最高裁判所判決のペンシルヴェニア・ルールへの影響

先に紹介したように、合衆国は、1975年の Reliable Transfer 最高裁判所判決[68]において、損害平分原則を廃止し、比較過失原則を採用することを宣言した。この判決は、ペンシルヴェニア・ルールの効力について何らかの影響を与えたのであろうか。合衆国においては、ペンシルヴェニア・ルールは、この判決により損害平分原則とともに消滅したとする見解がある。しかし、その後も、多くの下級裁判所の裁判例においては、その効力が維持され、こ

66　Zapf, *supra* note 6, 525, 526.
67　Healy and Sweeny, *supra* note 3, 48. Healy 教授および Sweeny 教授は、第1巡回区の裁判例について、Seaboard Tug and Barge, Inc. v. Rederi Ab/DISA 判決（213 F. 2d 772, 1954 AMC 1298 (1st Cir. 1954)）が、次のように判示していることを指摘する。「われわれは、The Pennsylvania 判決において連邦最高裁判所が、法令違反のあるすべての船舶に、その法令違反と衝突との関連が推論に過ぎず、蓋然性もなく、また、法令違反が衝突と無関係であっても、その違反が、どう考えても（by any stretch of imagination）、衝突と因果関係を有し得なかったということを立証すべき責任を負担させるという固定的な原則の確立を意図していたとは思わない。……このような解釈が The Umbria 判決（166 U. S. 404 (1897)）によって支持されている。また、Lie v. San Francisco & Portland S. S. Co. 判決（243 U. S. 291 (1917)）においても、この見解に影響を与えるような文言は見当たらない。The Martello 判決（153 U. S. 64 (1894)）は、その傍論において、被告船舶は、その法令違反が、どう考えても、の衝突の原因とはなり得なかったということを証明する責任があると述べている。しかし、それでも、われわれは、ペンシルヴェニア・ルールの適用に際しては、これを合理的な蓋然性の範囲に限定しようと思うのである」。また、第5巡回区の裁判例としては、China Union Lines, Ltd. V. A. O. Anderson & Co.（364 F. 2d 769, 1966 AMC 1653 (5th Cir. 1966)）をとりあげ、この判決が第1巡回区および第2巡回区の裁判例と同じ見解に立っていることも指摘する。
68　421 U. S. 397 (1975), 1975 AMC 541.

れは、今もなお多くの衝突事件において適用されている。

　Reliable Transfer 判決が、損害平分原則を廃止し、比較過失原則を採用することを宣言したことは明らかである。しかし、同判決によって、ペンシルヴェニア・ルールが、損害平分原則とともに廃止されたかどうかを判断することは容易ではない。同判決は、ペンシルヴェニア・ルールについては、「損害平分原則の潜在的な不公平さは、ペンシルヴェニア・ルールの適用によって顕著になる。ペンシルヴェニア・ルールによって、比較的に軽い法令違反のある一方船舶は、単に、その法令違反は衝突の一因ではなかった、あるいは、おそらくそうではなかったということではなく、決して損害発生の一因とはなり得なかったということを示す重い立証責任を果たさない限り、その船舶に衝突によって生じた損害の半分についての賠償責任を負担するように要求するのである[69]」と言及するにとどまるからである。以下、Reliable Transfer 判決後の下級裁判所が、この点について、どのように理解しているかについて考察する。

（1）下級裁判所の動向

　連邦地方裁判所は、そのほとんどにおいて、Reliable Transfer 判決後もペンシルヴェニア・ルールの効力を認め、船舶衝突事件にこれを適用しているとの指摘がある[70]。また、Reliable Transfer 連邦最高裁判所判決後1983年までの間に、第5巡回区では8回、第2巡回区では4回、第9巡回区では4回、第7巡回区では2回、このルールが適用され[71]、さらに、1984年までの間では、少なくとも、第2、第5、第7および第11巡回区の裁判所は、その効力を維持しているとも指摘されている[72]。このことから、Reliable Transfer 判

69　*Ibid*. at 405-406.
70　Pitts, *supra* note 13, 549. William L. Peck, *supra* note 41, 100.
71　Pitts, *supra* note 13, 547, 548.
72　Peck, *supra* note 41, 100. なお、同論文には、Gypsum Carrier 判決（1979 AMC 1311 (SD Ga. 1979)）において、第11巡回区内のジョージア州連邦地方裁判所が、ペンシルヴェニア・ルールに対して極めて批判的な態度をとりながらも、ペンシルヴェニア・ルールが今もなお存続しているとする第5巡回区内のルイジアナ州東部連邦地方裁判所の判決（Southern Pacific Transportation Co. v. Tug Captain Vick, 1979 AMC 1404 (ED La. 1977)）を引用して、同ルールの適用を認めたことが紹介されている。

決以後、ペンシルヴェニア・ルールの適用に対して批判的な見解を示す判決が存在するにもかかわらず[73]、下級裁判所は、ペンシルヴェニア・ルールは依然として有効であるとして、これを船舶衝突事件に適用し続けていることがわかる。

Reliable Transfer 判決後、初めて、ペンシルヴェニア・ルールの効力が検討されたのは、第9巡回区における California v. Italian Motorship Ilice 判決[74]であるとされる[75]。その後、この判決は、第5巡回区控訴裁判所において、Reliable Transfer 以後、ペンシルヴェニア・ルールを適用した先例として引用されている[76]。また、第2巡回区控訴裁判所も、Reliable Transfer 判決は、ペンシルヴェニア・ルールに対して、何らの影響も与えず、同判決は

73　David R. Owen and M. Hamilton Whitman, Jr., *Fifteen Years Under Reliable Transfer: 1975-1990 Developments in American Maritime Law In Light of the Rule of Comparative Fault*, 22 J. Mar. L. and Com. 445, 452 (1991) には、第5巡回区内のルイジアナ東部地方裁判所が、Southern Pac. Transp. Co. v. Tug Captain Vick 判決（1979 AMC 1404 (ED La. 1977)）において、ペンシルヴェニア・ルールを、不要で、不公平かつ無益なものであり、その廃止が望まれると表現しながら、渋々とその存続を認めていることなどが紹介されている。

74　1976 AMC 1404 (9th Cir. 1976).

75　Peck, *supra* note 41, 97. なお、この判決は、「前述の原則（ペンシルヴェニア・ルールおよび major-minor fault rule）の双方とも、証拠、推定、立証責任に関する原則であって、双方の船舶に過失がある場合に、生じた損害は、その過失の程度にかかわりなく平等に分担されなければならないという損害平分原則とは区別されるべきものである。<u>The Pennsylvania 判決が生み出したこの原則</u>（下線は著者が付した）は、The Pennsylvania 判決、および、この判決に基づくその後の裁判例を覆し、損害平分原則を比較過失原則に置き換えた Reliable Transfer 判決が下されるまで、長きにわたって行われてきた（534 F. 2d 836, 840）」と述べている。このことから、一見、この判決は、ペンシルヴェニア・ルールが Reliable Transfer 最高裁判所判決によって廃止されたと解しているようにも読める。しかし、この判決は、The Pennsylvania 判決に現れた原則を、実体法的な損害平分原則と伝統的にペンシルヴェニア・ルールとして知られる手続法的な証拠、推定、立証責任に関する原則とに区別しているものの、損害平分原則は The Pennsylvania 判決から生じたとの誤認している。そのうえで、この判決自体が、Reliable Transfer 判決は、実体法的な原則のみを排したと述べている。したがって、この判決を根拠として、Reliable Transfer 判決が The Pennsylvania 判決の手続的な部分（ペンシルヴェニア・ルール）も排除したものと解すべきではないと指摘されている（Pitts, *supra* note 13, 549）。また、第9巡回区では、ペンシルヴェニア・ルールが存続しているかどうかは検討されていないが、この裁判例以前の Crown Zellerbach Corp. v. Willamette-Western Corp. (519 F. 2d 1327 (9th Cir. 1975)) がその存続に疑問を投げかけている（Pitts, *supra* note 13, 548）。

76　Crown Zellerbach Corp. v. Willamette-Western Corp. 判決（519 F. 2d 1327 (9th Cir. 1975)）は、Reliable Transfer 判決は、ペンシルヴェニア・ルールを修正または変更するものではなく、損害平分原則を廃止し、新しい比較過失原則を採用したという限りにおいて、The Pennsylvania 判決を覆しただけであると述べている。

損害平分原則だけを廃止し、新しい比較過失原則を確立したに過ぎないとの見解を示している[77]。

(2) 下級裁判所がペンシルヴェニア・ルールを適用し続ける理由

後にみるように、学説はペンシルヴェニア・ルールの適用に対する批判的な見解を示しているにもかかわらず、なぜ下級裁判所は Reliable Transfer 判決以降も、ペンシルヴェニア・ルールを適用し続けるのか。この理由を次のように説明するものがある[78]。(i) Reliable Transfer 判決は、立証に関する推定または責任の問題ではなく、責任がどのように評価されるかの問題についてのみ述べており、連邦最高裁判所は、比較過失原則とペンシルヴェニア・ルールが調和しないことについては、これを全く指摘していないからである。また、(ii)今日では、海上交通の規模が拡大し、船舶の速力が増加するとともに、その大きさも巨大化している。したがって、衝突を予防するための法令を遵守させることが以前よりも重要になっているからである。

Reliable Transfer 判決は、損害平分原則の不公平さが、ペンシルヴェニア・ルールの存在によって助長されると述べるにとどまる。すなわち、すでに確認したとおり、同判決は、このルールの適用によって損害平分原則の潜在的な不公平さが顕著になることを指摘するにとどまる[79]。したがって、この判決から、連邦最高裁判所が、損害平分原則とともにペンシルヴェニア・ルールをも廃止したと解することは困難である。むしろ、連邦最高裁判所は、損害平分原則とペンシルヴェニア・ルールを同時に適用することにより、ごく程度の軽い法令違反があった船舶であっても、ペンシルヴェニア・ルールの下での立証に失敗すれば、損害平分原則の適用によって衝突によって生じた損害の半分についての賠償責任を負担させられるという点で、不公平な結果が生じることを指摘したに止まると解されよう。この点、比較過失原則が採用されれば、双方船舶の過失の程度が考慮され、その結果、ごく程度の軽い法令違反は、ごく衝突と因果関係を有する軽微な過失と評価されうること

---

[77] Tug Ocean Prince Inc., v. United States, 1978 AMC 1786, 1800 (2d Cir. 1978).
[78] Peck, *supra* note 41, 101-102.
[79] 1975 AMC 541, 548.

になる。したがって、たとえ、ペンシルヴェニア・ルールの下での立証に失敗したとしても、その船舶の船主は、わずかな割合における損害の分担しか強いられないことになる。もはや、生じた損害の半分を負担することを強いられることはないのである。下級裁判所の裁判例にも、このことを、ペンシルヴェニア・ルールを適用する理由として述べるものがみられる[80]。

さらに、次のように述べて、裁判所はこのルールを利用する傾向にあると指摘する見解もある[81]。すなわち、Reliable Transfer 判決が下された後も、ペンシルヴェニア・ルールの適用があることを権威ある先例として定着させることにより、同ルールを、弁護士は訴訟の相手方に責任を転嫁するための道具として、裁判官は船舶衝突に至った複雑な事実を分析する手段として、あるいは、控訴裁判所は事実認定が明白に誤っていること示さずに、ペンシルヴェニア・ルールの適用に関する過誤を地方裁判所の判決を差し戻す理由として利用することができる。

4．ペンシルヴェニア・ルールは廃止されるべきか

(1) 学説の対立

ペンシルヴェニア・ルールについては、その確立以来、その適用の妥当性をめぐる見解の対立がある。特に、Reliable Transfer 判決以後は、比較過失原則の下で、ペンシルヴェニア・ルールを存続させるべきかどうかについて激しい議論がみられる。

①**ペンシルヴェニア・ルールの存続に消極的な見解**　まず、ペンシルヴェニア・ルールの存続に消極的な論者の多くは、同ルールは損害平分原則の下で用いられてきた推定原則であることを強調して、比較過失原則の下では、

80　Peck, *supra* note 41, 100は、(i) Delaware 地方裁判所が、現在では、下級裁判所は過失の軽重に応じた責任の分配を行うので、ペンシルヴェニア・ルールの粗雑さは軽減されていると述べていること（Linehan v. United States Lines, Inc. 417 F. Supp. 678, 1979 AMC 1534 (D. Del. 1976))、(ii) Mary Land 地方裁判所が、比較過失原則を採用し、損害平分原則を廃止した連邦最高裁判所の判決は、ペンシルヴェニア・ルールの適用が引き起こす粗雑な結果をいくぶん弱めているものの、同判決自体はペンシルヴェニア・ルールを廃止してはいないと述べている（Hogge v. SS Yorkmar, 434 F. Supp. 715, 1977 AMC 805 (D. Md. 1977)) ことなどを指摘している。
81　Rutherglen, *supra* note 6 740-741.

これは不要な原則であるとの見解でほぼ一致する[82]。近時、次のような論拠に基づいて、このような見解が有力になってきているように思われる。

(i)比較過失原則の下では、過失の軽重の判定について、裁判所はより柔軟に対応することができる。したがって、すべての種類の厳格な推定原則は、証拠収集および事実の組み立て（assembling facts）について、原始的な手法しかなかった古い時代の遺品に過ぎないといえる[83]。

(ii)損害平分原則の下で、下級裁判所は、それぞれ、ペンシルヴェニア・ルールについての異なった独自の解釈を行うことによって、同ルールの下での立証責任の軽減をはかってきた（例えば、すでに確認したような reasonable possibility による制限など）。したがって、現在では、同ルールの適用に関して多様な解釈が存在し、これは取扱いにくいものとなっている。実際、イギリスでは、過失に関する推定原則を廃止しても不都合は生じていない。比較過失原則の下では、過失の軽重の斟酌は裁判所の裁量に委ねられており、国内法および国際法の統一の観点からも、ペンシルヴェニア・ルールは廃止されるべきである[84]。

(iii)そもそも、ペンシルヴェニア・ルールは、1862年英国商船法29条の誤った解釈に基づいて確立されたものである。The Pennsylvania において合衆国最高裁判所は、合衆国の法令は英国のものと同様であると推測したが、実際には、両国の法令は明らかに異なっていた。すなわち、イギリス法は、因果関係が証明された後に適用される過失の推定のみを規定していた。したがって、ペンシルヴェニア・ルールは、その生成過程に問題があったといえる。さらに、この適用について下級裁判所によって様々な解釈がなされていることから、もはやその効力は弱められているといえ、これを存続させる意味はない[85]。

(iv)ペンシルヴェニア・ルールは、この適用によって生じる不公平を避けるために、裁判上その解釈が捻じ曲げられ（judicial rule-bending）、裁判所の誠

---

[82] Pitts, *supra* note 13, 573, Sager, *supra* note 54, 1262, Owen and Whitman, *supra* note 73, 455.
[83] Thomas J. Schoenbaum, *Admiralty and Maritime Law, vol.2*, 130 (5th ed. 2011).
[84] Owen, *supra* note 39, 803, Nicholas J. Healy and Joseph C. Sweeney, *Establishing Fault in Collision Cases*, 23 J. Mar. L. and Com. 348, Lucas, *supra* note 54, 774.
[85] Tetley, *supra* note 6, 145-146.

実性（integrity）を損なうものである[86]。

(v)ペンシルヴェニア・ルールの適用にあたっては、個々の航海に関する法令の重要性の程度を考慮した判決が下されないおそれがある[87]。また、当事者が違反したそれぞれの法令が同じように重要であると判定された場合には、衝突船舶の船主間において損害が平分されるおそれもあり、比較過失原則による公平な損害の分担が阻害される[88]。

(vi)ペンシルヴェニア・ルールは、必ずしも比較過失原則と両立し得ないものではなく、また、それが過失の軽重の判定に関する裁判所の能力および判断の柔軟性を制限しているものではないともいえる。しかし、この適用によって法令違反者は不当な立証責任を負わされることになるから、現在では全く不要のものである[89]。

(vii)比較過失原則に基づいて双方過失の船舶衝突によって生じた損害を分担させる場合には、過失の軽重の判定が重要である。裁判官は衝突の当事者の過失の内容および行為の態様を比較検討しなければならない。しかし、ペンシルヴェニア・ルールが適用されることにより、船舶のとった行動の妥当性は考慮されることなく、法令違反の行為があれば、これは衝突と因果関係を有する過失と推定されることになる。したがって、同ルールの適用は、裁判所による柔軟な過失の軽重の判定を阻害し、明らかに不当である[90]。

---

86 Dennis A. Goschaka, *Goodbye to All That! - The Unlamented Demise of the Divided Damage Rule*, 8 J. Mar. L. & Com. 51, 62 (1976). なお、同論文は、次のように分析している（*Ibid.* at 70）。すなわち、比較過失原則の採用によって、裁判所が、ペンシルヴェニア・ルールの適用に伴って生じる不合理な結果を回避するためにこのルール自体の解釈を捻じ曲げ、裁判所の誠実性を害するようなことはなくなった。このようなペンシルヴェニア・ルールの適用によって生じた問題を解決することが、連邦最高裁判所が比較過失原則を採用するに至った理由の1つである。

87 Rutherglen, *supra* note 6, 740.

88 Sager, *supra* note 54, 1248.

89 Tetley, *supra* note 6, 146.

90 John F. Meadows and George J. Markulis, *Apportioning Fault in Collision Case*, 1 U. S. F. Mar. L. J. 1, 37-39 (1989). なお、このような見解を示すにあたり、同論文は次のように指摘する。比較過失原則の下では、裁判所は、過失の軽重の判定に際しては、過失行為の有責性の点を考慮すればよいから、法令違反という過失は有責性の程度に対して作用するだけである。このような比較過失原則の制度の下では、ペンシルヴェニア・ルールはもはや存在しえない。これに対して、Ben-Jacob, *supra* note 12, 1814は、次のように指摘して、この見解の妥当性に疑問を示している。ペンシルヴェニア・ルールは、過失ある行為の有責性の問題に作用するものではなく、因果関係の存否に作用するものである。比較過失原則の下でも、理論的には、当事者に責任を負担させる

(ⅷ)双方の当事者に法令違反がある場合には、双方に厄介な立証の負担を強いるだけである。すなわち、結局、この負担は当事者間で相殺されるから、どちらの当事者にとっても全く利益となることはない[91]。

(ⅸ)ある法令違反について衝突の蓋然性がない場合でも、法令違反の事実のみをもってペンシルヴェニア・ルールを適用することになる。そして、この場合には、裁判所はペンシルヴェニア・ルールによる立証が果されたと判断するだけなので、同ルールの適用により、裁判所は判決を導くための全く無用な回り道を強いられる。また、ペンシルヴェニア・ルールは、過失に基づく責任の程度を判定する前の、いわば法令違反と衝突との間の事実的因果関係の有無を決する原則であるに過ぎない。そうすると、比較過失原則の下では、衝突責任の軽重を判定することにも作用する「法律上当然の過失」の法理を適用した方が、より合理的である[92]。

②**ペンシルヴェニア・ルールの存続について積極的な学説**　　ペンシルヴェニア・ルールは廃止されるべきであるとのこのような見解に対して、多くの下級裁判所がこれを適用し続けている事実に鑑み、次に示すような理由に基づいて、ペンシルヴェニア・ルールを存続させるべきであるとする見解も根強く示されている。

ペンシルヴェニア・ルールを適用しても、比較過失原則の採用により、極めて程度の軽い法令違反しかないにもかかわらず50％の責任が負わされることはなくなった。したがって、比較過失原則の採用によって、むしろ、ペンシルヴェニア・ルールの効力は維持されるべきである[93]。また、比較過失原則の採用に伴い、ペンシルヴェニア・ルールの適用によって、不公平な結果が生じる可能性はなくなったので、もはや裁判所がその解釈を歪めてしまうことを懸念する必要もない[94]。

　前に、法令違反と衝突との間の因果関係は画されるべきものである。ペンシルヴェニア・ルールは、この因果関係を画することだけに作用する。
91　Rutherglen, *supra* note 6, 738.
92　*Ibid*. at 745.
93　Richard H. Brown, Jr., *General Principles of Liability*, 51 Tul. L. Rev. 821, 836 (1977), Peck, *supra* note 41, 102.
94　Owen and Whitman, *supra* note 73, 453-455.

そして、この見解は、ペンシルヴェニア・ルールを存続させるべき理由として、その本来の目的である、航行規則を徹底して遵守させるべきことを前面に押し出す。すなわち、自己の航行規則違反が衝突を決して生じさせなかった、あるいは、衝突に寄与しなかったということを立証する責任を被告に負担させることにより、航海の安全を促進することができるということを、ペンシルヴェニア・ルールを引き続き適用すべきであるとする理由として強調する[95]。この点、現代におけるペンシルヴェニア・ルールの意義について次のように指摘するものがある[96]。本来、ペンシルヴェニア・ルールを適用すべき理由は、海上航行の安全性を確保することにあるから、プレジャーボートおよび商船の双方で混雑している今日の海上交通の状況に照らせば、ペンシルヴェニア・ルールが確立された当時よりもこの必要性は高まっている。さらに、ペンシルヴェニア・ルールの適用要件が明確化され、かつ、統一的にこれが適用されるのであれば、この適用は、裁判所に船舶衝突事件の解決を単純化するための便宜的なメカニズムを与えることにもなる。また、このような見解に加えて、衝突船舶に衝突を回避するための強行的な行為義務を定める法令違反がある場合において、衝突の主原因（proximate cause）を判断するための他の法令上の立証責任原則が存在しないときに、ペンシルヴェニア・ルールは適用されるべきであるとの見解も示されている[97]。

（2）船舶衝突法の国際的統一の観点からみたペンシルヴェニア・ルール

　このように、ペンシルヴェニア・ルールの存続をめぐって見解が対立しているが、ペンシルヴェニア・ルールを存続させるべきであるとの見解もなお有力に示されている。船舶衝突における法令違反と衝突との因果関係を推定し、被告に因果関係の立証責任を転換することによって、原告となった船主の立証責任を軽減するだけでなく、結果として裁判官の負担をも軽減することになるから、このルールは迅速な衝突責任の確定に資するものともいえよう。しかしながら、このルールの適用には、すでに学説が指摘しているよう

95　Brown, *supra* note 93, 838.
96　Ben-Jacob, *supra* note 12, 1821.
97　*Ibid.* at 1822.

に多くの問題がある。

　また、世界の主要な海運国にあって、このような特異なルールを有し、船舶衝突事件に適用するのはアメリカ合衆国のみである。果たして、船舶衝突法の国際的統一の観点からは、その存続を認めることは妥当であろうか。この点、衝突統一条約6条は、制定法上の推定（statutory presumption）を認めないと規定している。このことを指摘して、ペンシルヴェニア・ルールのように判例法上の推定原則はここに含まれないとして、合衆国がこの条約を批准したとしても、ペンシルヴェニア・ルールには何ら影響は与えないとする見解がある[98]。これに対して、ペンシルヴェニア・ルールに基づく推定は、同条約6条の定める legal presumptions に該当し、同条約では認められない推定に相当することを指摘して、世界の主要海運国において、合衆国だけが、同ルールのような推定原則を存続させることは、船舶衝突法の国際的統一を乱し、また、その存在が、合衆国が同条約を批准しない主な要因の1つにもなっているとの見解も示されている[99]。

　ペンシルヴェニア・ルールを引き続き適用すべきであると主張する立場は、その前提として、仮に合衆国が衝突統一条約を批准したとしても、ペンシルヴェニア・ルールには何等の影響も与えないと考えている。そして、この立場はペンシルヴェニア・ルールを廃止するのではなく、これに現代的な意義を見出し、あるいは、これに新たな解釈を与えることで、その適用を肯定する方向へ導びこうとしている。しかし、ペンシルヴェニア・ルールが、実質的にみて、衝突責任の帰趨に関するものであり、かつ、衝突統一条約が認めない法律上の過失の推定に該当するならば、船舶衝突法の国際的統一の観点からは、ペンシルヴェニア・ルールの適用に消極的な見解が妥当と思われる。

　そこで、ここでは、同ルールは衝突統一条約6条が認めない法律上の過失の推定に該当するかどうかについて検討し、船舶衝突法の国際的統一の観点から、現代におけるペンシルヴェニア・ルールの必要性について論じることにする。

①ペンシルヴェニア・ルールは présomptions légales にあたるか　　衝突

98　Ben-Jacob, *supra* note 12, 1820-1821.
99　Healy and Sweeney, *supra* note 3, 54.

統一条約は、法律上の過失の推定を排除しており、例えば、わが商法もそのような推定規定を設けてはいない。その理由は、次のように説明されている[100]。法律が掲げた特定の事実がある場合にも、船舶の衝突は必ずしもその事実によって生じるものではなく、全くこれと無関係な他の事実によって発生することがある。そして、特定の事実が衝突の原因となったかどうかは、裁判官が、各場合に各種の事情を斟酌して判断すべきものであって、特定の事実があれば、当然に加害者の過失を推定し、直ちに挙証責任を加害者側に転換するのは妥当ではないからである。

イギリスでは、1894年の商船法が制定されるまでは「過失の推定」規定が設けられていたが[101]、衝突統一条約を批准し、その内容を国内法に摂取するにあたり、この推定規定は廃止された[102]。同法418条4項に規定されていた推定原則は、船舶衝突事件において、衝突予防規則違反を審理すべきことが証明された場合には、この衝突予防規則違反のあった船舶は、その衝突予防規則を遵守できなかったことが不可避的だったことを立証しない限り、過失があったものとみなされるという趣旨のものであった。そして、裁判所は、このような立証が果たされない限り、この衝突予防規則違反が当該衝突の原因となっていたかどうかを判定することなく判決を下すことができ、また、衝突予防規則違反のあった船舶は、その推定を覆すには、当該違反が決して当該衝突の原因になり得なかったことを証明しなければならなかった[103]。

合衆国では、衝突統一条約の定める legal presumptions とは、制定法上の推定（statutory presumptions）のことであるとの見解がある[104]。これによれば、ペンシルヴェニア・ルールは、判例法理として生成され、立法機関によって制定されたものではないことから、この条約において認められない推定原則には該当しない。この点、先にみた Ishizaki Kisen Co. v. United States[105]においては、準拠法の選択に際して、ペンシルヴェニア・ルールの

---

100 小町谷操三「船舶の衝突と過失の推定」民商法雑誌23巻4号（1948）200頁。
101 Merchant Shipping Act 1894, section 418 (4).
102 Marsden, *Collisions at Sea* 148 (13th ed. 2003).
103 Aleka Mandaraka-Sheppard, *Modern Maritime Law* 534 (2d ed. 2007).
104 Healy and Sweeney, *supra* note 3, 49 は、Benedict 教授が、同条約の公式仏文の présomptions légales を statutory presumptions と英訳していることを紹介している。

ような立証責任原則が日本に存在するか、あるいは、これが存在すると仮定して、これが衝突統一条約を批准している日本において存在しうるかという問題が検討された。

　第9巡回区控訴裁判所は、この検討に際して、衝突統一条約6条の規定とペンシルヴェニア・ルールとの関係に言及し、ペンシルヴェニア・ルールは、この条約の下では排除されるべき推定原則であることを示した。すなわち、同判決は、Benedict on Admiralty では、présomptions légales を statutory presumption と訳出されていることを引用して、次のように述べている[106]。「このように翻訳すれば、訴訟遂行の便宜のために裁判官が生み出した推定原則は、制定法が定める推定ではないから、（仮に、日本にもペンシルヴェニア・ルールに相当する推定原則があったとすれば、）裁判官が適用する日本版のペンシルヴェニア・ルールは、この条約の下でも存在しうることになる。……われわれは、条約6条は、推定原則が判例法に基づくものか、立法に基づくものかにかかわりなく、ペンシルヴェニア・ルールのような推定原則を認めない趣旨であると解する。このような推定原則は、国によっては、制定法だけでなく判例法として存在することもあるから、このような理解が条約6条の解釈に一致する。例えば、ペンシルヴェニア・ルールは、アメリカ合衆国において、裁判官が生み出した原則である。他方、イギリスでは、1894年の商船法がこれに相当する推定原則を定めていたが、衝突統一条約に署名した直後にこれは廃止された。条約6条が、法律上の推定と本質的に異ならない判例法上の推定原則を除いて、法律上の推定だけを認めないものと解することは、条約による法の統一を犠牲にして、このような推定原則の存在理由を強めることになる。したがって、条約6条はすべての推定原則を排除することを意図するものと解すべきである。なお、一方の船舶に立証責任を負わせる原則には、責任に関する推定原則ではないものもあり、このような原則の適用は、ペンシルヴェニア・ルールの適用とは異なり、衝突の責任に直接的に大きな影響を与えるものではない。この点、ペンシルヴェニア・ルールは、裁判上の手続きを迅速にするために設けられた単なる手続法的原則で

105　1975 AMC 287.
106　*Ibid.* at 295-296.

はなく、より実体法的原則に類似するものである」。

このように、この判決は、衝突統一条約は、その法源が制定法または判例法のいずれであるかにかかわりなく、ペンシルヴェニア・ルールのような推定原則を認めないものと解している。すなわち、推定原則を制定法として規定する国もあれば、判例法として規定する国もあるから、legal presumptions という文言を制定法上の推定と解釈すれば、判例法から生じた推定原則は適用が認められない推定原則にはあたらず、条約の目的である法の国際的統一が果たされないと述べている。船舶衝突法の国際的統一を目的とする衝突統一条約制定の趣旨を踏まえれば、この第9巡回区控訴裁判所の見解は妥当であり、この見解にしたがって、ペンシルヴェニア・ルールは衝突統一条約の下では認められない推定原則であると解すべきであろう。

②衝突責任の分配に際して考慮される fault の意義　この裁判例が示す見解によれば、衝突統一条約6条が許容しない制定法上の推定原則は、制定法上の推定原則に限られずに、判例法上の推定原則も含まれる。しかし、衝突統一条約6条は、制定法上の「過失の推定」を認めないと定めていることから、ここにいう「過失の推定」の内容によっては、ペンシルヴェニア・ルールは同条約が認めない推定原則から除かれる可能性もある。この点、アメリカ合衆国では、次のような見解が示されている[107]。衝突統一条約および Reliable Transfer 判決において用いられている fault が The Pennsylvania 判決において用いられた Fault と同意義、すなわち、これが culpability（有責性）のみを意味するものであると理解すれば、ペンシルヴェニア・ルールは因果関係の推定を生じさせるものに過ぎないから、合衆国が衝突統一条約を批准したとしても、ペンシルヴェニア・ルールの存続にはいかなる影響も与えない。

しかし、このような見解に対して、同条約の定める fault には、causative fault（衝突について原因力を有する過失）、すなわち、culpability のみならず、degree of causation（原因力の程度）も含まれると解せば、ペンシルヴェニ

107　Healy and Sweeney, *supra* note 3, 52-53.

ア・ルールは同条約の下では存続が認められないことになると思われる。すでにみた第9巡回区控訴裁判所の判決が示したように、ペンシルヴェニア・ルールは、実質的にみれば、法令違反を衝突について原因力を有する過失であると推定する原則であると解されるからである。そこで、ここでは、衝突統一条約の規定する過失の意義について、各国におけるこれについての見解を参考にしながら、ペンシルヴェニア・ルールは条約6条の内容に反する過失の推定に相当するか否かについて検討する。

　衝突統一条約の立法に関する1909年の外交会議では、「過失の軽重によって」と定める同条約4条の意義に関して、イギリスから、損失の分配については原因力も考慮されるべきであるとの提案がなされた。また、オランダの代表からは、衝突の責任は、「それぞれの船舶の過失が当該衝突に寄与した程度に基づいて分配される」と規定すべきであるとの改正案が提出され、この提案をドイツおよびイギリスの代表も支持したとされる[108]。このような提案があったにもかかわらず、衝突統一条約はその旨の変更が加えられることなく採択に至ったため、条約の定める「過失」には、衝突への原因力の強弱も含まれるかどうかについて疑義が生じることになった。

　この点、イギリスでは、1911年海事条約法（Maritime Convention Act of 1911）によって採用された比較過失原則の下で考慮されるべきfaultは、生じた滅失または損傷に原因力を有するfault、すなわち、causative faultであると解されている[109]。したがって、船舶衝突におけるcausative faultは、一般的には、船舶等の滅失または損傷を生じさせた衝突またはその他の事故に原因力を有するfaultと定義され、その軽重は、culpabilityとcausative potencyとに分類される2つの要素を考慮して判定されると解されている[110]。

---

[108] Francesco Berlingieri, *Jurisdiction and Choice of Law in Collision Cases and an Overview of the Concept of Fault and its Apportionment*, 51 Tul. L. Rev. 866, 874 (1977). また、同論文には、ドイツの代表が「過失の軽重という文言の解釈に際しては、裁判官は、主観的側面（故意、重過失など）における軽重のみならず、客観的側面、すなわち、それぞれの過失ある行為が招いた結果の軽重をも考慮しなければならない」と述べたことも紹介されている。

[109] The Peter Benoit, 13 Asp. Mar. L. Cas. 203, 206 (H. L. 1915), Haugland v. Karamea, [1922] 1 A. C. 68, 71, 72.

[110] Henry V. Brandon, *Apportionment of Liability in British Courts under the Maritime Convention Act of 1911*, 51 Tul. L. Rev. 1025, 1029 (1977).

この2つの要素のうち、culpability は、衝突の結果として生じた滅失または損傷への寄与度とはかかわりのない、blameworthiness のことを意味する。また、causative potency は、culpability とはかかわりのない、衝突によって生じた滅失または損傷に対する原因力の程度のことを意味するとされる。そして、過失の軽重の判定に際しては、その双方がバランス良く考慮されなければならないと解されている[111]。

したがって、イギリスの裁判所は、fault の culpability の面および causative potency の双方の要素を考慮して、次のように衝突船舶の船主間の過失の軽重を判定する。まず、双方の船舶について衝突に原因力を有する過失が立証されれば、双方の船舶の過失割合は50対50となる（これが基準となる）。つづいて、それぞれの船舶の fault について culpability の程度を考慮し、一方の当事者が、他方の当事者よりも culpability の程度が重いことが立証されれば、fault の割合が50対50からスライドして、例えば、60対40のようになる[112]。

これに対して、比較過失原則を採用することを宣言した Reliable Transfer 判決は、過失の意義について何ら述べていない。しかし、同判決以降、下級裁判所は、当事者間の過失の軽重を判定するためのはかり（measuring stick）として、culpability、egregiousness ないし blameworthiness を考慮しており、責任分配の決定過程における要素として、それぞれの過失が衝突にどの程度の原因力を与えているか（すなわち、因果関係の程度）は重視されない傾向にあるといわれている[113]。このように、裁判所が、fault の程度を判定するための基準として、culpability のみを重視している理由は次のように説明されている[114]。船舶衝突においては、通常は、各衝突船舶の船員に、生じた衝突と関連のあるいくつかの過失ある行為が存在するが、これらを分離して、そのそれぞれが衝突にどの程度寄与したかを判定することは、事実上、困難である。したがって、それぞれの船舶の行動に着目して、それぞれの過

111　*Ibid.* at 1031-1032, Z. Oya Özçayir, *Liability For Oil Pollution and Collision* 108 (1998).
112　Meadows and Markulis, *supra* note 90, 31. なお、最近の裁判例は、最初に危険な状況を作り出した船舶に当該衝突についての主な責任があるとみなす傾向にあると指摘されている（*Ibid.*）。
113　Meadows and Markulis, *supra* note 90, 33.
114　*Ibid.* at 35-36.

失が衝突に対して有する影響力を判定することに意味がある。すなわち、衝突をひき起こした特定のfaultの軽重を判定することは専門家でも困難であるから、一度、双方の船舶が衝突について責任を負うと判断されれば、当事者の相対的なculpabilityに基づいて責任を分配することがより公平である。そして、これにより過失の軽重の判定についての柔軟性も確保でき、合理的である。

　また、イタリアにおいては、faultの軽重の判断に際して、過失ある行為とそれによって生じた結果との間の因果関係の程度を考慮すべきであるという見解と過失の程度を考慮すべきであるという見解の対立があった。しかし、民法1227条は「損害賠償請求者の過失が生じた損害に寄与している場合、損害賠償額は、その過失およびそれから生じた結果の軽重によって減ぜられるものとする」と定めた。さらに、航海法（Code of Navigation）484条が、「双方船舶の過失によって衝突が生じた場合、各船舶は、その過失およびそれによって生じた結果の重大性の程度に応じて責任を負うものとする」と定めたことから、この問題は立法的に解決されたとされる[115]。

　他方、わが国においては、衝突統一条約および商法797条が定める過失の軽重の判定は、次のような理由により、過失の主観的側面および客観的側面の双方が考慮されると解されている[116]。双方過失による船舶の衝突において、それぞれの過失の衝突に対する原因力の程度を正確に判定することは困難である。また、程度の軽い過失を有する船舶が主として衝突の原因を作り、これにより相手船舶に大きな損害を生じさせる場合もあり、この場合に重い責任を負わせるのは必ずしも公平ではない。

　これに対して、次のような見解も示されている[117]。2つ以上の過失が衝突に寄与しているとされる場合、そのいずれかに、より大きい、または、より小さい原因力があると考えるのは困難であるから、過失があるとされる行為の原因力の程度のみを考慮すれば当事者間において損害を平分すべきであるとの結論が導かれやすくなる。損害平分以外の損害分担を行おうとすれば、

115　Berlingieri, *supra* note 108, 875.
116　小町谷操三『船舶衝突法論』〔海商法要義下巻2〕（1949）137-138頁。
117　Berlingieri, *supra* note 108, 878.

主観的側面での過失の軽重（故意、重過失、軽過失）やイギリスにおいて採用されてきている危険な状況をいずれの当事者が最初に作出したかといった事情などを考慮すべきことになる。しかし、これもまた、裁判官の裁量に依存し、裁判所によって判断が異なる。結局のところ、当該事案の事実を考慮して、明らかに損害を平分してそれぞれの船主に負担させるべきではないことが正当化されない限りは、損害は衝突船舶の船主間において平分すべきである。この見解は、一見すると、当事者にとって公平な結果を招くように思われる。しかし、衝突統一条約4条は、「共ニ過失アリタル場合ニ於ケル各船舶ノ責任ノ割合ハ其ノ各ノ過失ノ軽重ニ依ル若シ情況ニ依リ其ノ割合ヲ定ムルコト能ハサルトキ又ハ過失カ同等ナリト認ムヘキトキハ責任ハ平等トス」と定めている。このように衝突統一条約は、当事者の過失の軽重に基づく損害の分配を原則とし、損害の平分は例外的な扱いに位置づけているから、このような解釈は、その文理解釈上、成り立たない。したがって、やはり、過失の軽重は主観的側面および客観的側面の両面から判断すべきであると考える。

③ペンシルヴェニア・ルールの実質　　ペンシルヴェニア・ルールは、形式的には、法令違反という事実と衝突との因果関係を推定する原則であるが、この推定を覆すことができなければ、この推定の下にある者は衝突によって生じた損害賠償責任を負わなければならない。したがって、すでにみた裁判例が示しているように、このルールは単なる手続法的な性質を有するものではなく、実質的にみれば、実体法的な性質を有するルールであると解すべきである。そうすると、この適用から生じる推定により、実質的には法令違反が衝突について原因力を有する過失として推定されることになる。そして、ここで指摘したように、衝突統一条約が、衝突責任の分配における過失の軽重の判定に際して、過失の主観的側面だけではなく、客観的側面を考慮すべきこと、すなわち、その過失が、衝突について、原因力の有無を含めてどの程度寄与したかということを考慮すべきことを要求していると解される以上、ペンシルヴェニア・ルールは、実質的には、条約6条に反する衝突の責任に関する過失の推定原則にあたると解すべきである。

5．おわりに

衝突統一条約は、船舶の衝突により生じた損害は、比較過失原則に基づいて分配されるべきことを規定し、世界の主要な海運国はこの原則にしたがった損害の分担を行っている。アメリカ合衆国も1975年の連邦最高裁判所判決によって、従来の損害平分原則の廃止を宣言し、比較過失原則を採用するに至った。ペンシルヴェニア・ルールの不合理さは、それが損害平分原則と共に用いられることによって生じるとの見解があるところ、果たして、ペンシルヴェニア・ルールは比較過失原則と調和し、かつ、船舶衝突法の国際的統一も阻害していないといえるだろうか。

イギリスでは、すべての法律上の過失推定原則を廃止したが、原告が、ある特定の事実によって被告側の過失が推認されることを立証すれば、これを過失の一応の証拠（prima facie evidence of negligence）として、被告側に立証責任を転換し、原告の立証責任の軽減をはかっている[118]。これに対して、アメリカ合衆国では、比較過失原則が採用された後も、ペンシルヴェニア・ルールの適用に固執している。そして、過失の軽重の判定には衝突についての船員の行為の有責性のみが考慮されるとの見解の下で、被告側の法令違反が立証されれば、ペンシルヴェニア・ルールの適用により、当然に、その法令違反と衝突との因果関係が推定されるとしている。もっとも、下級裁判所は、ペンシルヴェニア・ルールの実際の適用においては、立証の程度を軽減するなどの運用を行っている。しかし、法令違反があれば原則としてペンシルヴェニア・ルールが適用され、その法令違反と衝突との因果関係の有無に関する立証責任を当然に被告側に転換する。

確かに、ペンシルヴェニア・ルールは、一方の当事者に法令違反があるが、その違反が衝突の原因となったことを示す証拠がほとんど存在しない場合には有用なルールであろう。しかし、本来、比較過失原則の下では、それぞれの事案における事実に基づいて、当事者の過失の軽重に応じた責任の分配がなされるべきである。それにもかかわらず、ペンシルヴェニア・ルールが適

---

[118] Marsden, *supra* note 102, 122.

用されれば、それによる柔軟性のない因果関係の推定のために、すなわち、責任の程度ではなく法令違反と衝突との間に、因果関係が「ある」か「ない」かだけが判定されるために、公平かつ効果的な責任の分配が損なわれるおそれがある[119]。

また、近年、むしろ、衝突予防法規遵守の徹底を図るというペンシルヴェニア・ルールが本来的に有する目的を強調して、統一的な基準の下で、ペンシルヴェニア・ルールを適用することにより、その適用から生じる不合理さを回避すべきであるとの見解がある[120]。なるほど、衝突予防法規は、船舶運航の実務を基礎とし、衝突を予防するために最も適当であると認められたものであるから、これに違反した場合、衝突の危険が増加しているといえ、その違反によって衝突が生じたと推定することは決して不合理なものではない[121]。そうすると、法令違反があれば、法令違反と衝突との間の因果関係の有無についての立証責任を被告に転換することには一定の意義が認められる。しかし、法令違反があったからといって、船舶の衝突は必ずしもその事実によって生じるものではなく、全くこれとは無関係な他の事実によって発生することもある。その法令違反が衝突の原因となったかどうかは、裁判官が各場合に各種の事情を斟酌して判定すべきであって、法令違反があれば、当然に、その法令違反のあった者について、その法令違反と衝突との因果関係を推定し、直ちに立証責任を加害者側に転換するのは妥当ではない[122]。このことは、衝突予防法規そのものが、衝突を回避するための臨機の措置として、衝突予防法規にしたがわないでよい場合があることを認めていることからも明らかである[123]。したがって、法令違反が認められれば、当然に、

---

119 Rutherglen, *supra* note 6, 746.
120 Ben-Jacob, *supra* note 12, 1822.
121 小町谷操三「船舶の衝突と過失の推定」民商法雑誌23巻4号（1948）203頁。
122 小町谷・前掲論文（注121）200頁。
123 1972年国際衝突予防規則2条(b)項は、「この規則の規定の解釈及び履行にあたっては、運行上の危険及び衝突の危険に対して十分な注意を払わなければならず、かつ、切迫した危険のある特殊な状況（船舶の性能に基づくものを含む。）に十分な注意を払わなければならない。この特殊な状況の場合においては、切迫した危険を避けるため、この規定によらないことができる」と定めている（訳文は、新谷文雄・佐藤修臣共訳『1981年改訂版 1972年国際海上衝突予防規則の解説』による）。なお、わが国の海上衝突予防法38条もこれと同様の内容を定めている。

その法令違反と衝突との間の因果関係を推定することにより、公平かつ妥当な衝突責任の分配ができるかどうかは疑問である。さらに、仮に、アメリカ合衆国が衝突統一条約を批准するか、同条約に準じた法解釈を行ったとしても、この条約はすべての推定原則を排除しているわけではないから、事実上過失を推定することは可能である。また、衝突予防法規違反が問題となった場合には、裁判官の自由裁量によって、反証がなされるまで、一応、その違反があった加害船舶（被告船舶）に過失があること、すなわち、その過失が衝突と因果関係を有することを推定することも可能である[124]。このように事実上過失を推定することは、一見、ペンシルヴェニア・ルールと同様の効果を及ぼすようにもみえる。しかし、これは裁判官による自由裁量に基づいて行われる推定である。衝突予防法規違反について、当然にこの推定がなされるわけではなく、事案ごとに、裁判官が必要に応じて、事実上の過失を推定すればよい。これを利用することで、立証の困難さから原告および裁判所を救済することが可能である。もっとも、ペンシルヴェニア・ルールを適用せず、他の立証に関する原則を適用していれば、裁判所が、より簡便に、かつ、正確な判決を下せなかったであろうという裁判例はほとんど存在しないことも指摘されている[125]。さらに、比較過失原則に基づいて、過失の軽重を判定する場合には、過失の主観的側面および客観的側面の双方を考慮することにより、柔軟な衝突責任の分配を行うことができる。もはや程度の軽い法令違反しかない者であっても、損害の半分の負担を強いられることはないから、被告の法令違反をもって、直ちに、その法令違反によって衝突が生じたものと推定する必要はない。

　そうすると、比較過失原則採用後も、ペンシルヴェニア・ルールを存続させるべきであるとする根拠としては、唯一、その本来の目的である船舶に法令の遵守を促すことだけが残される。しかし、ペンシルヴェニア・ルールが存在するからといって、船舶に対する法令遵守が促されるといえるかどうかは疑問であり[126]、比較過失原則との調和や船舶衝突法の国際的統一を犠牲

---

[124] 小町谷・前掲論文（注121）215頁。
[125] Rutherglen, *supra* note 6, 744.
[126] *Ibid*. at 741.

にしてまで、船舶による法令遵守をペンシルヴェニア・ルールに頼るというのはやや行き過ぎであるように思われる。

第2節　ペンシルヴェニア・ルール適用要件に関する一考察

1. はじめに

The Pennsylvania 判決[127]において確立されたペンシルヴェニア・ルールは、本来、船舶衝突事件において、法令違反のあった船舶は、その違反が決して衝突の原因とはなりえなかったということを立証しない限り、法令違反と衝突との間の因果関係を肯定し、衝突によって生じた損害賠償責任を免れないとする立証責任原則である[128]。前節（1節）においてみたように、この原則はアメリカ合衆国における特異な法理であり、これまでに、この適用によって生じる多岐にわたる問題が提起され、また、その存在意義をめぐる論争が繰り広げられてきた。近時の学説の趨勢は、ペンシルヴェニア・ルールの適用を回避すべきであるとの見解に傾きつつある。しかし、合衆国の裁判所は、ペンシルヴェニア・ルールの適用に疑問を抱きつつも、依然として、これを船舶衝突事件に適用し続けており、さらには、船舶衝突事件以外にもこれ適用を拡張してきている[129]。

ペンシルヴェニア・ルールが適用されるには、一般に、(i)相当の証拠によって強行的な義務を課す制定法または規則違反が証明されること、(ii)その制定法または規則が海上安全または航海に関するものであること、(iii)その制定法または規則に違反した行為によって生じた損害がその制定法または規則がその発生の防止を意図していたものであることの要件が満たされなければならないと解されている[130]。しかし、実際の裁判例においては、ペンシルヴ

127　86 U. S. 125 (1874) (reprinted 1998 AMC 1506).
128　Griffin, *supra* note 3, 471-472 (1949), Gilmore and Black, *supra* note 3, 494 (2nd ed. 1975), Healy and Sweeney, *supra* note 3, 46 (1998).
129　詳細については本章第1節を参照。
130　Schoenbaum, *supra* note 83, 125.

ェニア・ルールは、海上の安全を確保するための多様な制定法および規則に違反がある場合に適用されており[131]、いかなる場合に同ルールが適用され、あるいは、適用されないのかについては、必ずしも明確にはなっていない。

例えば、後にみるように、第5巡回区連邦控訴裁判所では、共同海損費用の分担請求に関する事案ではあるが、アメリカ合衆国海上物品運送法（Carriage of Goods by Sea Act, 以下、本節では、COGSA という）が適用される場合において、船舶の不堪航が船主の法令違反の行為に起因するときに、その法令違反の行為と生じた積荷損害との間の因果関係の立証について、ペンシルヴェニア・ルールが適用されるか否かが問題とされた裁判例がある。この裁判例では、Load Line Act（満載喫水線法）に違反して積荷を過積載し、船舶の操船が困難となった。このことによって船舶が堪航能力を欠き座礁して、離礁のための費用が生じている。ペンシルヴェニア・ルールは、法令違反とこれによって生じた結果（損害）との間の因果関係（因果関係の不存在）に関する立証責任を当該法令違反者に転換する法理である。そして、先に示したその一般的な適用要件によれば、このような場合には、船舶の不堪航の原因となった Load Line Act 違反と船舶の不堪航の事実が立証されることにより、ペンシルヴェニア・ルールが同法違反と生じた損害との間の因果関係の存否の立証に適用される余地がある。ペンシルヴェニア・ルールが適用されれば、このような事例では、Load Line Act 違反と生じた費用（損害）との因果関係の不存在を立証しない限り、船主は荷主に対して共同海損の分担を請求できないことになる。この点、前記第5巡回区控訴裁判所の判決は、COGSA が適用される場合にはペンシルヴェニア・ルールは適用されないとするが、その十分な理論的根拠は示していない。

そこで、本節では、この判決への疑問を契機として、いくつかの関連する裁判例の検討を通して、ペンシルヴェニア・ルールが適用される要件を改めて考察し、COGSA が適用される場合には、このルールが適用されないとする第5巡回区裁判例の見解を導くための理論構成を試みる。

---

131 *Ibid.*

2．COGSA の下での立証責任原則

(1) 船舶の不堪航に関する立証責任の分配

ペンシルヴェニア・ルールの適用要件に関する考察に入る前に、COGSA が定める堪航能力担保義務に関する規定、そして、第5巡回区の裁判例をもとに、船舶の不堪航に関する立証責任の所在について概観する。COGSA はその3条1項(a)号において、運送人は、発航前および発航時に、船舶に堪航能力を備えることにつき相当の注意を尽くさなければならないと定める[132]。さらに、同4条1項は、「運送人および船舶は、船舶の航海に堪えない状態から生じる滅失または損傷については責任を負わない。但し、3条1項にしたがって、運送人が、船舶を航海に堪える状態におき、船員を乗り組ませ、船舶の艤装および需品の補給を適切に行い、並びに船倉、冷蔵室その他運送品を積み込む場所に運送品を積み付け、運送および保存に適する状態におくことにつき、注意を怠ったことによって生じた場合はこの限りではない。滅失または損傷が航海に堪えない状態から生じたときは、相当の注意を尽くしたことの証明責任は、本条に基づき、その免責を主張する運送人その他の者が負う」と規定する[133]。

このように、COGSA 4条1項の規定は、堪航能力担保義務違反によって生じた損害に対する運送人の責任について、積荷の滅失または損傷が船舶の不堪航により生じたときには、「運送人が相当の注意を尽くしたことを証明しない限り責任を負う」とするにとどまる。船舶が不堪航にあったこと、および不堪航と積荷損害の間との因果関係の存否についての立証責任はどの当事者が負うのか、すなわち、その立証責任の所在についてはその文言上明らかにされていない。したがって、この場合の立証責任の所在が問題となる。

これについては、各国においても必ずしも見解が一致しているわけではない[134]。なお、わが国においても、この場合の立証責任の分配につき、商法738条、国際海上物品運送法5条2項の解釈をめぐって、諸説が唱えられて

---

[132] 46 U. S. C. app. § 1303(1).
[133] 46 U. S. C. app. § 1304(1).
[134] 原茂太一『堪航能力担保義務論』(1983) 303頁。

いる[135]。アメリカ合衆国の裁判例においても、この場合の立証責任の分配について、必ずしも見解が統一されているわけではないようである[136]。すなわち、アメリカ合衆国の裁判例は、荷主が、荷送人が運送品を良好な状態で引き渡したにもかかわらず、荷受人が損傷を受けた状態で当該運送品の引き渡しを受けたことを証明した場合には（prima facie case の証明があった場合には）、運送人の免責のために、次の2つの立証のルートを認めている[137]。(i)運送人が免責事由についての証拠を提出したことに対して、荷主が船舶の堪航能力に関する主張立証を行い、これに成功したときには、運送人が船舶の堪航性について相当の注意を尽くしたことの立証に成功すれば、運送人は免責される。(ii)運送人が、損害が船舶の不堪航から生じたのではないこと、または、船舶の堪航性につき相当の注意を行ったことのいずれかを証明すれば運送人は免責される。そして、実際の訴訟においては、(i)のルートが一般的であるとされる。[138]

なお、学説には、荷送人側が、船舶が不堪航の状態にあり、かつ、生じた損害が当該不堪航に基因することを証明するまでは、運送人は、相当の注意を尽くしたことの立証責任を負わないと解するものがある[139]。これに対し

---

135 原茂・前掲書（注134）305頁。
136 Thomas J. Schoenbaum, *Admiralty and Maritimelaw*, vol. 1 892 (5th ed. 2011). Schoenbaum 教授は次のように述べる。COGSA の適用がある場合に、荷送人が一応有利な事件（prima facie case）であること、および、船舶が不堪航の状態にあったことの証拠を示したときには、その不堪航と生じた損害との間の因果関係の不存在または運送人が相当の注意を尽くしたことのいずれかを証明する責任が運送人に移る。そして、運送人がそのいずれも立証できなかったときには責任を負う。同教授はこのように述べつつも、裁判例は、この問題についての統一的な見解を示していないと指摘する。この点、原茂教授は、次のように解している。合衆国の「判例を総合すると、免責のための証明責任は運送人にあり、堪航義務との関係では、運送人は船舶が発航にあたって堪航状態にあったこと、または堪航状態にするために相当の注意を尽くしたことの証明は、運送人がしなければならない。米国では、運送人の責任を免れさせるすべての状況・事実は運送人のみが知っていて、荷主は通常これを知らないから、荷主に不堪航の事実、損害と不堪航との因果関係を証明させるのは酷であるという考慮がある（戸田修三＝中村眞澄編『注解国際海上物品運送法』（1997）140頁〔原茂太一〕）。しかし、ここに示すように、実際の裁判例においては、運送人が免責されるための2つのルートが認められているようである。
137 武知政芳「国際海上物品運送における堪航能力義務についての証明責任の分配」愛媛法学会誌20巻3・4合併号（1994）40-41頁。
138 第5巡回区において、(i)の立証のルートが採用された裁判例としては、California Hawaiian Suger Co. Columbia S. S Co., Inc.（後掲【裁判例4】）がある。また、(ii)のルートが選択された裁判例としては、Cooper et al. v. Pinedo. The Zesta, 212 F. 2d 137 (5th Cir. 1954) がある。

て、条文上、立証責任の所在が明らかにされていないこと、および、運送人が証拠への近接性を有することなどを理由に、いずれの場合においても不堪航に関する立証責任は運送人にあるとする見解も有力である[140]。

(2) 第5巡回区控訴裁判所の裁判例

第5巡回区内の裁判例には、共同海損の分担請求訴訟に関して、COGSAの下での船舶不堪航についての立証責任の所在を問題とするものがある。アメリカ合衆国では、New Jason Clause[141]が船荷証券に挿入されているときには、運送人は、COGSAの規定に基づいて[142]、共同海損費用が、航海過失免責等の法定免責事由により生じたことを主張し、これが認められれば、荷送人に対してその分担を請求することができる。しかし、COGSAは運送人に対して堪航能力担保義務を負わせているので、運送人のこのような主張に対して、荷送人は運送人たる船主の堪航能力担保義務違反を主張して、共同海損の分担を拒絶することができる。ただし、この場合、船主に船舶の不堪航によって生じた損害についての責任を負わせるには、船舶の不堪航が、生じた損害と因果関係を有しなければならない。したがって、共同海損の分担請求訴訟においても、この因果関係の立証責任の所在が問題となる。この点、英国共同海損精算人協会のN. G. Hudson議長は、共同海損の分担請求訴訟に関して、New Jason Clauseに基づきCOGSAが適用される場合の立証責

---

139 John F. Wilson, *Carriage of Goods by Sea* 189-190 (3rd ed. 1998).
140 William Tetley, *Marine Cargo Claims* 889-891 (4th ed. 2008).
141 合衆国においては、一般原則として、当事者の過失によって危険が惹起された場合、共同海損は成立せず、過失ある当事者からの共同海損分担請求権は、認められないと解されている (Gilmore and Black, *supra* note 3, 266)。しかし、ハーター法成立以降、一般に、その規定する運送人の免責事由は、共同海損にも援用でき、運送人たる船主は共同海損の分担を請求することができると考えられていた。ところが、1896年のIrrawady判決 (171 U. S. 187 (1896)) において、連邦最高裁判所はハーター法によって定められた航海過失免責は法律上当然には共同海損には適用されないとの結論に至った。そこで、実務上は、ハーター法に基づく免責事由を共同海損に適用すべく特約を運送契約に挿入することとなった。当初、この特約は、ハーター法の免責款禁止規定に抵触するから無効であるとの判断が下級裁判所においてなされたが、その後のJason判決においてその有効性が確認され、現在では、運送契約に、いわゆるNew Jason Clauseを挿入することで、COGSAに基づき運送人の免責が認められる場合は、船主からの共同海損分担請求を肯定するに至っている (Leslie J. Buglass, *Marine Insurance and General Average in the United States, An Average Adjuster's Viewpoint*, 314 (3rd. ed. 1991))。
142 46 U. S. C. app. §§ 1300-1315.

任原則について次のように述べている。「船舶の不堪航を根拠に共同海損分担請求を拒絶する荷主は、船舶が堪航能力を備えていなかったこと、および、当該不堪航が共同海損行為と因果関係を有することを立証しなければならない。そして、これらの立証を果たせば、船舶に堪航能力を備えることにつき、相当の注意を尽くしたことを立証する責任は運送人に転換される[143]」。

つづいて、この問題についての第5巡回区控訴裁判所の見解を確認するために、次の2つの裁判例をとりあげる。共同海損の場合、運送人たる船主は、みずから積極的にCOGSA 4条2項が定める航海過失免責等の免責事由を主張および立証して、荷主に対してその分担を求めることになる。したがって、先に確認した合衆国の裁判例によれば、船舶の不堪航とこれによって生じた損害との間の因果関係の不存在を立証する責任は、その分担を拒絶する荷主側が負う。ここにみるように、第5巡回区においては、発航当時に船舶が不堪航の状態にあったことを推定する原則（不堪航推定の原則[144]）が確立されているが、この適用がない限り、本船が発航の当時に、不堪航の状態にあったことの立証責任は、共同海損の分担請求を拒絶する荷主側にあるとされる（【裁判例1】）。また、船舶が不堪航の状態にあったことと生じた共同海損との間に因果関係があることの立証責任についても、共同海損の分担請求を拒絶する荷主側にあるとされる（【裁判例2】）。

【裁判例1】 Atlantic Richfield Co. v. United States[145]

〈事実の概要〉X（原告、被上訴人）は、Y（被告、上訴人）との間で、小麦1,700,000ブッシェルを本船でテキサス州のコープス・クリスティからバングラデシュに運送する契約を締結した。本船は航海の途中で推進装置の羽に破損が生じたため、航海の途中でその修繕を余儀なくされた。そこで、Xは、この修繕について共同海損が生じたことを理由に、Yに対してその修繕のために支出した費用の分担を請求した。原審がXの請求を認容したためYは上

---

143 Buglass, *supra* note 141, 315.
144 この推定原則は、船舶が平穏な航海を行っていたにもかかわらず、発航後間もなくして、座礁、衝突または悪天候といった事象によるものと説明できないような船舶内への浸水または機械的故障が生じた場合には、当該船舶は発航の当時に不堪航の状態にあったと推定する原則である (Ionion Steamship Co. v. United Distillers, 236 F. 2d 78 at 80 (5th Cir. 1956))。
145 640 F. 2d 759 (5th Cir. 1981).

訴した。

Yは次のように主張した[146]。(i)本船は発航の当時、不堪航の状態にあったことから、XはYに対して共同海損法理に基づいて推進装置の修繕に要した費用を請求することはできない。この破損の原因は不明であるから、本船は発航の当時に不堪航の状態にあったと推定されるべきである。仮に、このような推定がなされなくても、本件の事故に関する事実によれば、本船が船積港を出港した時点で不堪航の状態にあったことを示している。(ii)Xは発航の前に、本船を航海に堪えうる状態にすることについて相当の注意を尽くしたことを立証する責任を果たしていない。

〈判　旨〉判決は、本船が不堪航の状態にあったことの立証責任の所在について、次のように述べた。まず、本船が発航の当時に不堪航の状態にあったことを推定すべきか否かについては、Yは、このように推定すべきであるとの適切な主張を欠いたことを理由としてこれを否定した原審の判断を支持した[147]。

また、推進装置の破損について、(i)そのプロペラの欠陥が明らかになった時点で、本船は推進装置を全速で回転させることができなくなったこと、(ii)この事故の発生前には、本船は何の問題もなく2週間全速力で航行していたことから、推進装置のプロペラが航海の開始時点で損傷を受けていたとは考えにくいと述べた。そして、これらのことから、原審において、仮に、Yが適切にこのように推定すべきことを求め、原審裁判所がこれを拒絶したとしても、この判断には何ら誤りはなかったであろうと判示した。なお、本船が発航当時に不堪航の状態にあったことの立証責任はYにあるとした。

【裁判例2】 Deutsche Shell Tanker Gesellschaft mbH v. Placid Refining Company[148]

〈事実の概要〉X（原告、上訴人）所有の本船（タンカー）がY（被告、被上訴人）の積荷である原油を積載してミシシッピー川を航行中、同船の10cmレーダー装置の画像が消失し、次いで、3cmレーダー装置の画像表示も弱くなった。さらに、航行を継続するなか、本船はスコールに見舞われ、これにより3cmのレーダー装置も故障した。そこで、本船船長はこれら2基のレー

146　*Ibid.* at 760.
147　ただし、本判決における反対意見では、本件においては不堪航を推定すべきであったとの見解が見られる（640 F. 2d 759 at 764）。
148　993 F. 2d 466 (5th Cir. 1993).

ダー装置を接続したところ、3 cm の表示装置に画像を表示することができた。しかし、水先人は、レーダー装置が故障すれば、有効に機能するレーダーがないまま本船が夜間の航路筋にとり残されること、そして、湾岸警備隊規則（Coast Guard Regulation）によると 2 基の機能するレーダーの設置が要求されていることにかんがみ、本船を停船・停泊させることを命じた。ところが、ミシシッピー川は急流を伴った満潮時にあったため、錨によって船舶を支えられず当該タンカーは 2 マイル下流に流されて座礁した。本船は 1 週間のサルベージ作業によって離礁し、積荷を Y の精製所において引き渡した。

そこで、X は、X と Y との間の運送契約における共同海損条項を根拠に、当該船舶の離礁に際して生じた費用の分担を荷主に求めた。しかし、Y は、本船が座礁した当時、積荷を所有しておらず、また、本件座礁の主原因は、X が当該レーダーを適切に機能するように維持していなかったことにあると主張して X の請求を拒絶した。

原審[149]は、本件では、共同の危険がなかったことにより共同海損が生じたとはいえないこと、X が本船の 3 cm レーダーを機能するように維持することについて相当の注意を尽くしていなかったことが本件座礁の主原因であったことを認定して、X の請求を認めなかったため、X は上訴した。なお、Y も積荷の所有権の所在に関する争点について反訴を提起した。この反訴において、Y は、本件座礁の当時、Y は本船上の積荷である原油を所有していたと認定した原審の判断は誤りであること、および、X は、有効な 2 基のレーダーの設置を義務づける湾岸警備隊規則に違反しているので、ペンシルヴェニア・ルールの下での責任を負うべきであると主張した。

〈判　旨〉判決は、運送契約に New Jason Clause が存在する場合に、共同海損分担請求が認められるための立証責任のスキームについて、次のように述べた。「共同海損分担請求においては、次の 3 つの段階の立証が要求される。船主は、初めに共同海損が生じたこと、および、行為の当時、船主とは異なるの荷主が存在したことを立証しなければならない。船主がこの立証に成功した場合、荷主は、航海開始時点において当該船舶が不堪航の状態にあり、当該不堪航が共同海損行為の主原因であるということを立証すれば、その分担責任を免れることができる。なお、荷主が、本船が不堪航にあったことを立証した場合、船主は、航海開始時点において船舶に堪航能力を備えることにつき、相当の注意を尽くしたことを証明すれば、共同海損の分担を請求することができる[150]」。

149　767 F. Supp. 762 (E. D. La. 1991).

（3）ペンシルヴェニア・ルールの適用可能性

前掲【裁判例1】および【裁判例2】によれば、New Jason Clause により COGSA が適用される場合に、共同海損の分担を請求された荷主が、これを拒絶するには、原則として、船舶の不堪航および不堪航と共同海損との因果関係の不存在を立証しなければならない。この点、ペンシルヴェニア・ルールは船舶衝突事件以外の事案にも適用されてきている現状にある。そうすると、この場合の不堪航の立証に関して、ある法令違反が船舶の不堪航の状態を生じさせた可能性があれば、この法令違反と生じた共同海損との間の因果関係の存否についての立証に、ペンシルヴェニア・ルールが適用されるか否かという問題が提起される。すなわち、荷主が船舶の不堪航を主張した場合には、運送人（船主）が堪航能力担保義務につき相当の注意を尽くしたことを立証する前に、同ルールに基づき船舶の不堪航の原因となった可能性のある法令違反と共同海損との間の因果関係の不存在の立証を果たさなければならないかという問題が生じる。実際、前掲【裁判例2】においても、本船は2基の有効なレーダーの備え付けを命じる湾岸警備隊規則に違反しているので、ペンシルヴェニア・ルールの下での立証を果たさなければならないとの荷主による主張がみられる。

①第5巡回区の裁判例　　ここで、次の2つの第5巡回区の裁判例をとりあげ、COGSA の規定が適用される場合のペンシルヴェニア・ルールの適用有無についての裁判所の見解を概観する。ここにみるように、ルイジアナ東部連邦地方裁判所も、また、第5巡回区控訴裁判所も、COGSA の立証責任スキームが適用される場合には、ペンシルヴェニア・ルールの適用はないと判示する。しかし、その理論的根拠を明示しているわけではない。

【裁判例3】Usinas Siderugicas de Minas Geras, SA-Usiminas *Et Al.* v. Scindia Steam Navigation Co. LTD.[151]

〈事実の概要〉X（原告、上訴人）所有の貨物を船積みしたY（被告、被上訴人）所有の船舶が他のバージと衝突した。その直後に座礁して操舵装置が破損し

150　993 F. 2d 466, 467.
151　1997 AMC 2762 (5th Cir. 1997).

たため、本船は荷揚げを余儀なくされた。そこで、Y は当該座礁により共同海損が生じたと主張して、本船の積荷の荷主である X に対して共同海損の分担を請求した。これに対して、X は、本船の不堪航および見張りが不十分であったことを根拠として、その貨物の受けた損害の賠償を求めて訴えを提起した[152]。

原審のルイジアナ東部連邦地方裁判所は、次のような理由により、X の請求を棄却した[153]。座礁の原因は、本船の水先人と旋回作業を補助したタグボートの船長との間の意思の疎通がうまくいかなかったことにある。これは、COGSA 4 条 2 項(a)号が定める運送人の免責事由たる航海上の過失にあたる。そして、Y は航海開始前に、本船に堪航能力を備えさせるために相当の注意を尽くした。そこで、X は、本件では、Y にはペンシルヴェニア・ルールに基づく立証責任原則が適用されるべきであること、また、事故の当時は未だ本船の航海は開始されておらず、航海の開始に先立って、船員等の過失により生じた損害は、運送人が船舶に堪航能力を備えることにつき相当の注意を欠いていたことによって生じたものと認定すべきであって、Y には共同海損の分担を受ける権利はないことなどを理由に[154]、原審の判断には誤りがあると主張して上訴した。

〈判　旨〉ペンシルヴェニア・ルール適用の有無について、判決は、次のように述べる。「ペンシルヴェニア・ルールが適用されれば、制定法違反があった船舶は、その違反は生じた損害の原因ではないこと、また、それはその原因とはなりえなかったことを立証すべき責任を負う。しかし、当裁判所は COGSA が明確に立証責任のスキームを定めている場合には、同ルールの適用を否定する。ペンシルヴェニア・ルールは、海事事件において因果関係についての立証責任のスキームを定めるが、California Hawaiian Sugar Co. v. Columbia S. S. Co., Inc.（後掲【裁判例 4】）において、ルイジアナ東部地方裁判所は、COGSA が立証責任のスキームを定める場合には、ペンシルヴェニ

---

[152] なお、この事案においては、本船は訴外者によって傭船され、さらに、原告に再傭船されていた。そして、傭船契約書には、次のような New Jason Clause が含まれており、再傭船契約にもこれが摂取されていた。「航海開始前または開始後に、如何なる原因から生じたかを問わず、また不注意によると否とを問わず、事故、危険、損害または災害が発生した場合は、これらまたはこれらの結果に対して運送人が法令、契約その他により責めを負わないときは、物品、荷送人、荷受人または荷主は、運送人とともに、共同海損の性質を有する犠牲、損失または費用の支払いにつき、共同海損を分担し、かつ、物品に関して支払われた救助料および特別費用を支払わなければならない」。
[153] 1997 AMC 2762, 2764.
[154] *Ibid.* at 2765.

ア・ルールを適用しないと判示している。当裁判所はこの判決を支持し、本件においては、この判決にしたがい、COGSA が規定する立証責任のスキームに基づいて立証責任を当事者間において分配する[155]」。

【裁判例4】 California and Hawaiian Sugar Co. v. Columbia S. S. Co., Inc. [156]
〈事実の概要〉X（原告）が、運送人Y（被告）との間で、Xの貨物を運送するために本件船舶についての傭船契約を締結した。Xは運送人に当該運送品を引渡し、外観上良好な状態で本船に船積みされ、当該運送品につき船荷証券が発行された[157]。ところが、本船は目的地へ向かう途中で座礁し、自力での浮上を試みたが失敗したため、タグによるサルベージ作業により本船は離礁した。Xは、この離礁作業の過程において、その積荷に滅失および損傷が生じたと主張し、Yおよび本船に対してその損害賠償を求めて本件訴えを提起した。これに対して、Yはこの積荷の滅失および損傷に対する責任を否定し、共同海損が生じたことを理由に、Xに対して、本船の離礁に要した費用の分担を求めて反訴を提起した。

Xは、本船は、湾岸警備隊規則により備え付けが義務づけられている海図を備えていなかったことにより、堪航能力を備えておらず、本件座礁はこれにより生じたものであると主張した。これに対して、Yは、当該座礁は、COGSA 4条2項(a)号が定める船長による航海上または船舶管理上の過失により生じたものであり、かつ、本船は不堪航の状態ではなかったと主張し、予備的に、原告の主張する本船の不堪航と本件座礁との間にいかなる因果関係も存在しないことをも主張した。さらに、Xは、立証責任に関して、当該船舶に海図を備えなかったこと、そして、これを利用できなかったことが、湾岸警備規則[158]に違反するという理由により、Yはペンシルヴェニア・ルールに基づく立証責任を負担すべきことを主張した。

〈判　旨〉判決は、ペンシルヴェニア・ルールの適用について次のように述べ、COGSA が立証責任原則を定めている場合には、ペンシルヴェニア・ルール

155　*Ibid.* at 2766.
156　391 F. Supp. 894 (E. D. La. 1972).
157　本件傭船契約書には、U. S. A. 至上約款（U. S. A. Paramount Clause）が含まれており、その下では、COGSA の規定が傭船契約に摂取され、これにしたがって船荷証券が発行された。また、当該傭船契約には、荷送人としてのXに、船主であるYが責任を負わない事故または損害によって生じた共同海損の性質をもつ費用とともに、サルベージ費用を支払うべきことを義務づける旨の New Jason Clause が含まれていた。
158　46 C. F. R. 97. 05-5.

第2節　ペンシルヴェニア・ルール適用要件に関する一考察　151

は適用されず、運送人が航海過失免責を主張した場合、船舶が不堪航であったことの証明、および、当該不堪航により座礁を生じたことを立証する責任はXにあるとした。「他の裁判所は衝突事件以外にペンシルヴェニア・ルールを適用しているようであるが、第5巡回区は、Garner v. Cities Service Tankers Corp（後掲【裁判例6】）において、ペンシルヴェニア・ルールの適用を否定しており、いまだ、これを船舶衝突事件以外に適用していない。また、第2巡回区連邦控訴裁判所が、本件とほぼ同様の法律問題を含むDirector General of India Supply Mission vs. S. S. Maru（後掲【裁判例5】）において、COGSAが立証責任原則を定める場合には、ペンシルヴェニア・ルールは適用されないと判断したことに同意する[159]」。

②**検　討**　前掲【裁判例3】では、荷主によって、船主の具体的な法令違反の主張はなされていないが、(ⅰ)適切な見張りを欠いていたこと、(ⅱ)専用のレーダー監視装置を備えていなかったこと、(ⅲ)船主が、船長に対して、旋回作業について水先人と打合せをしていなかったことの3つの事実に基づき、本船は堪航能力を備えておらず、そのために座礁が生じたとの主張がなされている[160]。また、前掲【裁判例4】においては、湾岸警備隊規則が備え付けを義務づけている設備（海図）を欠いたことにより当該船舶は不堪航の状態にあり、これが座礁の原因であったとの主張がなされている[161]。前掲【裁判例3】では、原告が、いかなる法令違反の事実についてペンシルヴェニア・ルールを適用すべきであると主張しているのかについては定かではないが（COGSAに基づく堪航能力担保義務違反そのものを法令違反ととらえている可能性もある）、前掲【裁判例4】については、具体的な法令違反の事実が示されているので、明らかにペンシルヴェニア・ルールの適用の余地が認められる。

しかし、【裁判例3】の判決の根拠として引用された【裁判例4】は、第5巡回区においては、船舶衝突事件以外の領域にはペンシルヴェニア・ルールが適用されていないこと、および、第2巡回区控訴裁判所の裁判例をあげ、

159　391 F. Supp. 894, 898.
160　1997 AMC 2762, 2770.
161　391 F. Supp. 894, 898.

この判決が COGSA に基づいて立証責任原則が定められる場合には、ペンシルヴェニア・ルールは適用されていないこと示すにとどまる。したがって、これらの裁判例からは、COGSA が適用される場合には、ペンシルヴェニア・ルールが適用されないとする理論的根拠は明らかにならない[162]。そこで、この理論的根拠を明らかにするためには、さらに、ルイジアナ東部連邦地方裁判所がその判断の根拠として引用した第 2 巡回区連邦控訴裁判所の事案を検討する必要がある。

（4）ペンシルヴェニア・ルールを適用しないとする判例理論
①第 2 巡回区の裁判例　そこで、前掲【裁判例 4】において、ルイジアナ東部連邦地方裁判所が、その判断の根拠とした第 2 巡回区控訴裁判所の裁判例を検討する。

> 【裁判例 5】 Director General of India Supply Mission vs. S. S. Maru[163]
> 〈事実の概要〉X（原告、上訴人）および Y は、X 所有の貨物（米）を Y（被告、被上訴人）所有の本船で運送するために傭船契約を締結した。本船は、出航後しばらくして座礁した。本船船長は自力での脱出を試みたが成功しなかったため、サルベージ業者との間で海難救助契約を締結し、1 週間の救助作業の結果、ようやく本船は離礁し、Y は目的地で運送品を引渡した。
> 　X は、積荷損害、海難救助費用を生じさせた座礁は、本船の過積載および座礁した海域の古い海図を用いていたことを原因とする本船の不堪航から生じたものであるとして、積荷の引渡時における不足および汚損についての損害賠償、および、第三者である海難救助者に対して支払った救助費用の分担額の返還を求めて訴えを提起した。これに対して、Y は、本件座礁は、COGSA 4 条 2 項(a)号により免責される船長の航海過失より生じたものであることを主張した。原審のニューヨーク南部連邦地方裁判所は、X の主張を認めず、また、反訴を提起した Y は、X から共同海損の分担金を得ることができるとの判決を下したので、X が上訴した。

162　Claiborne W. Brown, *NOTES The Fifth Circuit Alters the Analysis for General Average Events in New Jason Clause Case and Restricts the Application of The Pennsylvania Rule: Usinas Siderugicas de Minas Geras, SA-Usiminas v. Scindia Steam Navigation Co.*, 22 Tul. Mar. L. J. 659, 668 (1998).
163　459 F. 2d 1370 (2d Cir. 1972).

〈判　旨〉判決は、まず、当該座礁およびその結果として生じた損害が、船長の航海過失によるものであることを立証する責任はYにあるとし、これについては、Yが、この立証責任を果たしたと認定した第1審判決を支持した。しかし、およそ20年前の不正確な海図を用いていたことから、本船は不堪航の状態にあったとするXの主張、および、原審がこのようなXの主張を認めたことについては、さらに審理しなければならないとした。そして、Firestone Synthetic Fibers Co. v. M/S Black Heron 判決[164]を引用して、本件のように、運送人が、航海過失免責を受ける可能性があると判断される場合には、このような船舶の不堪航により損害を生じさせたことの立証責任はXに転換されるとの見解を示した。判決は、これについての立証は尽くされていないが、原審が認定したように、船長はこの海図を使用せず、専ら目視により航行していたのであるから、古い海図を備えていたことは本件座礁の原因とはなり得なかったとし、その原因は、もっぱら船長の航海過失によるものであったと認定した[165]。

また、判決は次のように述べる。本船が、Load Line Act（満載喫水線法）の定める制限に違反して過積載であったことが本船を不堪航の状態にした。このことが本船の操船を困難にし、離礁のために、費用の高額になる専門のサルベージ作業を要する事態を招いたとのXの主張について、過積載のため操船が困難になったことは、船長の証言によれば説得力のあるものではない。さらに、原審が、Yが、本船の過積載は座礁の原因ではなかったことを立証しなければならないと判示したことについて、船舶が堪航能力を備えておらず、かつ、これにより損害が生じたことを立証する責任はXにある。

そして、Xが、本船はその過積載についてLoad Line Actに違反していたことから、本件には、ペンシルヴェニア・ルールを適用すべきことを主張したことについて、次のように判示した。まず、「原審判決は、本件における座礁の唯一の原因は、本船船長の航海過失に基因することを認定しつつ、ペンシルヴェニア・ルールを適用して、過積載は本件座礁と何らの関係もなかったと判示している。この認定に異論はないとしても、当裁判所は、その立証につき、ペンシルヴェニア・ルールが適用されるとすることには同意できない。現在、ペンシルヴェニア・ルールの適用は、船舶衝突事件に限定されてはいないが、当裁判所は、これを本件に適用しようとは考えない。ペンシルヴェニア・ルールは、極端かつ異常な推定原則であるといわれており[166]、

164　1964 AMC 42 (2d Cir 1963).
165　459 F. 2d 1370, 1372-1373.

The Pennsylvania 判決において連邦最高裁判所が明確にしているように、その適用は、実際に生じた惨事を回避することを目的とした法令違反に限定されている[167]」と述べ、ペンシルヴェニア・ルールの適用範囲を示した。そして、Load Line Act の目的は、適切な乾舷（freeboard）を維持させ、甲板上の船員または積荷に対する危険を回避することにあり、浅瀬における座礁を回避することが主たる目的ではないとし[168]、「法令の目的およびその法令が回避しようとしている危険に関わりなく、安全に関するすべての法令のあらゆる違反に対して、ペンシルヴェニア・ルールを適用することは、COGSA の立証責任のスキームを骨抜きにしてしまう[169]」と結論づけた。

②この判決が示した法理論の検討　このように、この判決では、COGSA の適用がある場合にペンシルヴェニア・ルールが適用されないことの理論的根拠が示されている。すなわち、この判決は、その不遵守が船舶の不堪航の原因となった Load Line Act の目的は、海洋において十分な乾舷を有せず操船が困難になることによって生じる船員および積荷に対する危険を防止することであり、共同海損の原因となった船舶の座礁を防止することがその主たる目的ではないから、ペンシルヴェニア・ルールを適用することはできないと述べている。そして、判決は、喫水の深い船舶は、浅瀬では座礁する可能性があるとしつつも、浅瀬での座礁は、主として操船の過誤によって生じることを指摘する。また、過積載によって船舶が座礁した場合に、ペンシルヴェニア・ルールを適用した先例がなく、座礁事件に関する先例は、船舶に濃霧の中では適度な速度で航行すべきことを要求する法令違反があった場合にペンシルヴェニア・ルールを適用していることも指摘する。そして、このような法令は主として座礁を回避することをその目的としているとの見解を示している[170]。

166　459 F. 2d. 1370, 1375. Gilmore and Black, *supra* note 3, 494を引用してこのように述べる。
167　*Ibid*.
168　十分な乾舷を有していないことにより、浅瀬では座礁の危険が増加するが、座礁の主要な原因は航海過失によるものである。大時化の海洋においては、不十分な乾舷による操船の困難さによって、明らかに、船員および積荷に対する危険が生じ、航海技術によっては、それを回避することはできないと述べている（*Ibid. at 1376*）。
169　459 F. 2d 1370, 1376.
170　*Ibid*.

第 2 節　ペンシルヴェニア・ルール適用要件に関する一考察　155

　このように、この判決は、ペンシルヴェニア・ルールの適用を認めるには、違反のあった法令が、発生の回避を目的としている結果が生じる必要があるとの要件に照らして、Load Line Act の主たる目的は船舶の座礁を回避することではないことを理由に、この場合にはペンシルヴェニア・ルールは適用されないとした。このような判決のスキームは、一般に認識されているペンシルヴェニア・ルールの適用要件に沿ったものである[171]。しかし、この判決がいうように、Load Line Act の主たる目的は、船舶の座礁を回避することではないにしても、過積載によって船舶が操船の自由を奪われることによって船舶が座礁し、その結果として、船員および積荷に危険が及ぶことがありうる。したがって、Load Line Act は、二次的には、座礁の回避もその目的としているといいうるのではないか。また、一般に、ペンシルニヴェア・ルールは、ある制定法または規則が防止を意図した損害が生じれば適用があるとされており[172]、同ルールの適用は、これらの法令が主として回避することを目的としている危険が引き起こされたことによって損害が生じた場合に限定されてはいない。そうすると、この判決の理論には若干の疑問がある。さらに、船舶の不堪航を招くおそれのある海上安全または船舶の航行に関する法令違反は Load Line Act 違反に限ったことではない。他の法令違反が船舶の不堪航を生じさせた場合に、この判決と同じような理論でペンシルヴェニア・ルールの適用を回避できるかについては甚だ疑問である。したがって、このような理論構成を、COGSA の定める運送人の堪航能力担保義務違反に関する立証については、ペンシルヴェニア・ルールが適用されないとする理論構成として一般化することは困難であると思われる。

　なお、本判決では、本件の審理を担当した Mulligan 判事が、次のように述べていることも注目される。「われわれは、ペンシルヴェニア・ルールそれ自体の文言から、本件には、それが適用されないと判示したが、もはや、この異常な原則は支持されないものである。COGSA の立証責任原則が適用される場合には、ペンシルヴェニア・ルールを適用する理由はない。COGSA における立証責任原則は、この困難な分野において、熟考のうえ定

171　Schoenbaum, *supra* note 83, 125.
172　*Ibid.*

められた法令上の原則を明示している。海上安全に関する法令に違反があった場合には、その法令違反が要求している制裁がいかなるものであれ、その制裁は行われるべきであるが、その違反に対して極端な立証責任原則を課すことは不合理かつ不公平なことである。附合契約の結果、船舶所有者が当然に有する不公平な交渉力は、COGSA によって、その大半は除去されている。それゆえに、COGSA が適用される場合には、ペンシルヴェニア・ルールによる懲罰的な特別の裁判上の制裁はもはや必要ではないのである[173]」との見解である。

　なるほど、この Mulligan 判事の見解は次のように理解できる。COGSA によって、運送人と荷送人の間に、運送契約から生じる不公平は、ある程度除去されているのにもかかわらず、両者の関係に、運送人（船主）に対する懲罰的な意味合いを持つペンシルヴェニア・ルールを適用することで、必要以上に運送人に立証の負担を強いることになる。そうすると、かえって積荷利害関係人との間で不平等が生じてしまう。したがって、第 5 巡回区控訴裁判所が、「法令の目的およびその法令が回避しようとしている危険にかかわりなく、すべての安全に関する法令のすべての違反について、ペンシルヴェニア・ルールを適用することは、COGSA の立証責任のスキームを骨抜きにしてしまう」ことになるという結論に至ったのでではないかと考えられる。しかし、このような理由づけも法理論としてはいくぶん説得力に欠けるように思われる。この見解は、ペンシルヴェニア・ルールが異常な推定原則であることを強調し、この適用を回避したいという強い意思を示しているに過ぎないと思われるからである。

3．船舶衝突事案以外へのペンシルヴェニア・ルール適用事例の考察から導かれる理論構成

（1）第 5 巡回区連邦控訴裁判所における裁判例
　このように、少なくとも、第 5 巡回区連邦控訴裁判所および第 2 巡回区連

173　459 F. 2d 1370, 1375, footnote 6.

邦控訴裁判所は、COGSA の適用下では、ペンシルヴェニア・ルールは適用されないとの見解を明らかにしている。しかし、先に述べたように、この見解を支える理論は、いくぶん不明確あるいは説得力に欠けると指摘できる。そこで、第5巡回区連邦控訴裁判所が、ペンシルヴェニア・ルールが船舶衝突事件以外に適用されるとの見解を示すに至った、その転換期の裁判例を考察する。そして、これを手がかりに、COGSA が適用される場合には、ペンシルヴェニア・ルールが適用されないとする理論の再検討を試みようと考える。

【裁判例6】 Garner v. Cities Service Tankers Corp[174]
〈事実の概要〉この事案では、Y（被告、被上訴人）の造船所において X（原告、上訴人）所有の船舶に対する年に1度の定期修繕が行われている間に船舶内の給湯タンクの破裂による水蒸気爆発が生じ、これにより造船所の作業員1名が死亡、2名が負傷した。そこで、この事故の遺族Aは、アラバマ州連邦地方裁判所において、また、負傷したBおよびCはアラバマ州裁判所において、Xに対し損害賠償を求めて訴えを提起した。XはCによる訴えを連邦地方裁判所に移送させ、Yに対する求償のために第三者引込訴訟を提起した。そして、Xはこの事故の被害者との間で賠償金の支払いについて和解を成立させた。そこで、Xは、Bによって提起された訴訟における被告引込訴状の内容をCとの和解によって支払った賠償金の補償を求めるための訴えを含むように修正したため、2つの連邦地方裁判所における3つの補償請求のための訴えはすべて併合された。原審のアラバマ連邦地方裁判所は、Yが陸上から圧力125PSIの蒸気を圧力70PSIの本船船内の暖房システムに送り込んだ事実を認定した。しかし、陸上から送り込まれた蒸気はストレーナーを通って250PSIの水蒸気を10PSIまで減圧する減圧弁を通過するが、この減圧弁に欠陥があり、125PSIの蒸気を減圧することができなかったと判断した。また、過剰な圧力の蒸気を逃がすための弁、および、過剰な温度に達した際に蒸気の供給を停止させる装置等にも欠陥があったと認定した。

原審において、Xは、本件爆発事故の原因は船内の暖房装置を稼働させるために、過剰な圧力の蒸気がYによって陸上から船内に供給されたことにあると主張した。これに対して、Yは、圧力調整弁の欠陥によって、タンク内

---

174 1972 AMC 1980 (5th Cir. 1972).

の圧力と陸上の水圧は同じであったはずであるから、本件水蒸気爆発の原因となったタンクの破裂は、陸上の市水の圧力上昇に起因すると主張した。

原審のアラバマ南部連邦地方裁判所は、圧力調整弁等を点検して欠陥を修繕しなかったことにつき、Xが船舶の適切な維持管理を行わなかったと結論づけた。すなわち、同判決は、Xが、Yが本船に過剰な圧力の蒸気を送り込んだ行為がWarranty of Workmanlike Performance（WWLP）の不履行に該当すること、および、XにはYに対する求償を阻むような有責性はなかったことについての立証を行わなかったことを理由として、YがXに対してその被った損失を補償すべきであるとのXの主張を認めなかった。そこで、Xが上訴した。

控訴審において、Xは、本件にはペンシルヴェニア・ルールが適用されるべきであり、Yは、過剰な圧力のかかった蒸気が本船に供給されたことが事故の原因とはなりえなかったことを証明できない限り責任を負うべきことを主張した。

〈判　旨〉判決は、ペンシルヴェニア・ルールは、その生成された海事不法行為の領域から離れて、Warranty of Workmanlike Performance（WWLP）の不履行について契約上の補償を認めるか否かの問題に適用されるべきではないと判示し、本件上訴を棄却した。その理由は次のとおりである[175]。(i)他の巡回区では、船舶の衝突に関しない海事事件にペンシルヴェニア・ルールが適用された裁判例が存在するが、第5巡回区においては、船舶の衝突に関しない事案にペンシルヴェニア・ルールを適用した裁判例は存在しない。(ii)ペンシルヴェニア・ルールは、不法行為の領域に適用され、かつ、当事者間で生じた損害についての責任が分配可能な訴えに適用されてきた。したがって、本件のように、契約上のWarranty of Workmanlike Performance（WWLP）の不履行を理由とする、通常は損害賠償金の分割または按分が認められない全額の補償を求める訴えには、ペンシルヴェニア・ルールは適用されない。

【裁判例7】Reyes vs. Vantage Steamship Co.[176]

〈事実の概要〉この事案では、Y（被告、被上訴人）が所有する船舶の船員Aが飲酒したうえで、停泊中の本船の欄干を乗り越えて海面に飛び込み、本船

175　1972 AMC 1980, 1985, footnote 6.
176　609 F. 2d 140 (5th Cir. 1980). この事案は、1977年に第5巡回区連邦控訴裁判所が、原審判決について破棄・差戻しの判断を下した（558 F. 2d 238）後に行われた再弁論（rehearing）に対する判決である。

第 2 節 ペンシルヴェニア・ルール適用要件に関する一考察 159

からおよそ300フィート先の停泊浮標に向かって泳ぎだしたが、その途中で溺死した。そこで、Aの遺族Xは、本件死亡事故についてはYに責任があるとして、Jones Actに基づいて、Yに対してAの死亡によって生じた損害の賠償を求めて訴えを提起した。原審は、Aの死亡原因は、A自身の単独の過失にあり、その他の船員にはいかなる責任もないと判示したので、Xが上訴した。

なお、再弁論前の判決において、第5巡回区控訴裁判所は、原審が湾岸警備隊規則によって本船に設置が義務づけられていた索発射機を備えていなかったことについて評価せず、Yの過失を認めなかった点について原審判決には誤りがあると指摘した。そして、このことはYの法律上当然の過失（negligence per se）にあたるとしたが、このこととAの死亡との間の因果関係の存否については、Xは、Yが本船に索発射機を備えつけなかったことが、わずかな程度でも本件死亡事故に原因を与えたことを示せばよいとした。

〈判　旨〉再弁論後の判決も、Yの負う救助義務と関連を有する湾岸警備隊規則によって設置が義務づけられている索発射機を欠いていたことが、Yの過失にあたるとした。そして、原審を担当したテキサス南部連邦地方裁判所に審理を差し戻すにあたり、第5巡回区控訴裁判所は、Yが湾岸警備隊規則によって本船に設置が義務づけられていた索発射機を備え付けていなかったこととAの死亡との間の因果関係の有無について、原審裁判所は次の3つ観点からこれを判定しなければならないとした[177]。(i)当該索発射機が備えられるべき位置に備えられていたと仮定した場合に、まず、海面に飛び込んだ船員が危険な状態に陥る前に、他の船員が索発射機に向かい、それを持ち、適切に発射する時間的余裕があったかどうか。(ii)Aを救助するのに索発射機を救助に用いることが合理的であったかどうか。(iii)索発射機によってAを救助することができたかどうか。

そして、「本件では、因果関係の存否を判定するための要素は、多くの曖昧あるいは仮定的事実によることは明らかである。すなわち、その判定は、(i)実際には、Aを救助するために利用することができたであろうと思われる装置を備えていなかったこと、および、(ii)実際には、本船船員はAの救助を試みなかったことによって困難を極めることになる。これらの不作為は唯一Yの過失といえる。しかし、当裁判所は、そのような困難な因果関係の存否に関する立証責任を、死亡したAの未亡人に負わせることはできない。したがって、差戻審においては、原審裁判所は、当該索発射機を備えていなかったこととAの死亡との間には因果関係があると推定すべきであり、Yにこの推

---
[177] *Ibid.* at 144

定を覆すための立証責任を負わせるべきである[178]」。さらに、このような立証責任を転換すべきであるとの見解を補強するために、第2巡回区では、ペンシルヴェニア・ルールが、船員が船舶から落水した事案に適用され、救命ボートの備え付けを義務づける法令違反が落水した船員の死亡の原因となっている証拠がないにもかかわらず、死亡した船員に有利になるように立証責任を転換した裁判例があることを指摘する[179]。

【裁判例8】Candies Towing Co. v. M/V B & C Eserman[180]
〈事実の概要〉X_1（原告、上訴人）所有の鉄製のバージP号が、悪天候の中、Y（被告、被上訴人）所有のタグボートQ号に曳航されている間に沈没し、P号とこれに積載していた貨物（液体のモラッセ）が滅失した。そこで、X_1および滅失した貨物の荷主であるX_2は、これによって生じた損害の賠償を求めて、Yに対して訴えを提起した。なお、本件沈没事故の発生前に、本件タグは積荷を積載した被曳船であるP号を環礁に座礁させていたが、(i)その後の2度にわたる検査において異常は発見されなかったこと、(ii)Q号は、測深器、水路図、潮流時表、灯台のリストなどの航行補助具を有せず、必要な数の見張りも有していなかったこと、(iii)Q号の船長は、外洋航行のための免許を有せず、また、水先案内人として適切な資格を有していなかったこと、および、目的地への最初の航海であったことが事実として認定されている。

原審のルイジアナ東部連邦地方裁判所は、Q号は、船舶航行上それに課された義務には違反しておらず、船長は悪天候にも拘わらず目的地に向け適切に航海したと認定した。また、X_1およびX_2は、船員資格に関するいかなる明白な法令違反の事実も、その資格の有無がP号の沈没に関係していたであろうということも証明していないと指摘した。さらに、前掲【裁判例6】を引用して、本件にはペンシルヴェニア・ルールは適用されないと判示した。X_1およびX_2は、その損害賠償請求が認められなかったため上訴した。
〈判　旨〉判決は、ペンシルヴェニア・ルールについて、「原審裁判所は、ペンシルヴェニア・ルールは船舶衝突事件に限って適用されると判示したことについて誤りがある[181]」と指摘した。そして、原審が本件にはペンシルヴェニア・ルールは適用されないと判示した根拠として示した前掲【裁判例6】

178　*Ibid.*
179　*Ibid.*
180　673 F. 2d 91 (5th Cir. 1982).
181　*Ibid.* at 93-94.

を引用して、次のように述べた。「……われわれ（第5巡回区）は、ペンシルヴェニア・ルールは船舶衝突事件だけに適用されるとは判示しなかったし、これまでもそのように判示してこなかった。むしろ、われわれ（第5巡回区）は、ただ、このルールの起源である不法行為の領域を離れて、契約上の補償またはWWLP違反の場面にまで拡張して同ルールを適用することを否定したにすぎない。すなわち、ペンシルヴェニア・ルールは、その本来の適用領域から離れ、契約上の補償を求める訴訟においては適用されることはない。Garner判決（前掲【裁判例6】）は、ペンシルヴェニア・ルールが、本件のような船舶衝突事件以外の不法行為訴訟において適用されないと述べているわけではないし、われわれはそのように解釈しない[182]」。さらに、同判決は、前掲【裁判例7】において船舶の衝突しない事件にペンシルヴェニア・ルールが適用されたことを示して、同ルールが船舶衝突以外の事件にも適用される根拠とするとともに、United States v. Reliable Transfer判決[183]はこのような解釈に影響を与えないことも指摘している[184]。

（2）判例理論の検討

【裁判例6】は、ペンシルヴェニア・ルールは、これが生み出された海事不法行為の領域外に適用されるべきではないとする。そして、その理由として、この判決の当時は第5巡回区においては、船舶衝突事件以外にペンシルヴェニア・ルールを適用した裁判例がないこと、および、同ルールは、不法行為および当事者間において損害の分配が可能な事案に適用されてきたことを示す。本件では、原告は、被告の契約上の義務違反についてペンシルヴェニア・ルールの適用を主張している。しかし、そもそもペンシルヴェニア・ルールは、海上の安全および船舶航行の安全を確保するための法令違反とその結果として生じた損害との間の因果関係の存否に関する立証に適用されてきたルールである。したがって、この裁判例の事実では、ペンシルヴェニア・ルール適用の前提を欠き、このルールの適用を認めなかったこの裁判例の判決は、この点に照らしても、正当であるといえる。このような場合には、ペンシルヴェニア・ルールではなく、契約法理に基づく立証責任原則が適用

---

182 *Ibid.* at 94.
183 United States v. Reliable Transfer, 421 U. S. 397 (1975).
184 673 F. 2d 91, 94.

されることになろう。
　その後、間もなくして登場した【裁判例7】では、再び、船舶衝突事件以外へのペンシルヴェニア・ルールの適用が争点となった。この判決は、溺死した船員の遺族に対して、湾岸警備隊規則に違反して船舶が索発射機を備えていなかったこととこの船員の死亡との間の因果関係の存否についての困難な立証責任を負担させることは公平を害するとして、この立証責任を被告側に転換している。そして、この転換に際して、ペンシルヴェニア・ルールが船舶衝突事件以外にも適用されてきていることを述べ、このような立証責任転換の論理を正当化する。
　そして、【裁判例8】では、船舶衝突事件以外の事件にもペンシルヴェニア・ルールが適用されると判示した。この判決は、前掲【裁判例6】は、第5巡回区においてはペンシルヴェニア・ルールが船舶衝突事件以外に適用された裁判例を見いだすことができないと指摘しただけで、ペンシルヴェニア・ルールを船舶衝突事件以外に適用することを否定するものではないと解する。さらに、この判決は前掲【裁判例7】を第5巡回区がペンシルヴェニア・ルールを適用した裁判例であるとして引用する。しかし、その判旨をみる限り、この裁判例を、明らかにペンシルヴェニア・ルールが船舶衝突事件以外に適用されることを認めたものとして扱うには若干の疑問がある。すなわち、この判決は、原審裁判所に対して、湾岸警備隊規則により設置が義務づけられていた索発射機を本船が備えていなかったことと船員の溺死との間の因果関係の存否についての立証責任を被告（被上訴人）に転換することを求める根拠として、人命救助に関しては被害者の有利になるように因果関係を推定すべきであるとの判例法理が確立されていることを指摘する。そのうえで、他の巡回区ではペンシルヴェニア・ルールが船舶衝突事件以外にも適用されていることを指摘するにとどまるように読めるからである[185]。
　いずれにせよ、前掲【裁判例8】によって、第5巡回区においても、ペンシルヴェニア・ルールが船舶衝突事件以外の事件にも適用されることが確定的となった。この判決をみると、このような見解に至った根拠には、第2巡

185　609 F. 2d 140, 144-145.

回区連邦控訴裁判所の In re Seaboard Shipping 判決[186]が、かなりの影響を与えているように思われる。この裁判例は、悪天候の中、タグボートに曳航されていた艀から船員が落水し死亡した事案に関するものである。第2巡回区連邦控訴裁判所は、無線機が故障していたこと、救命ボートが使用に堪えられず、ゴムボートも適切に設置されていなかったことから、当該艀は不堪航の状態にあったと認定して、艀の船主の免責を認めなかった。この点、艀の船主は、その瑕疵または船主の過失によって船員の死亡が引き起こされたという証拠はないし、これに関する立証にはペンシルヴェニア・ルールは適用されないと主張した。しかし、判決は、法令に違反して運送されていた灯油ランプによってタグの船内で火災が生じた事案において、ペンシルヴェニア・ルールが適用された最高裁判例[187]、Load Line Act（満載喫水法）違反が認められた事案において、ペンシルヴェニア・ルールが適用された第5巡回区の裁判例[188]などがあることを指摘した。そして、本件では、救命ボートの不備および過積載について法令違反があることから、ペンシルヴェニア・ルールの下での立証責任を果たさない限り、艀の船主は免責されないと判示した[189]。

　このように、この判決も、連邦最高裁判所および他の巡回区における裁判例を根拠としてペンシルヴェニア・ルールの適用を肯定するにとどまり、同ルールが、船舶衝突事件以外に適用される理論的な根拠を示してはいない。そこで、この2巡回区連邦控訴裁判所が引用した裁判例のうち、これについての理論的根拠を示したとみられる第9巡回区控訴裁判所における The Denali 判決[190]をみることにする。この裁判例は、見張りに関する法令に違反したことに起因して船舶が座礁したことに関するものである。判決は、ペンシルヴェニア・ルールの適用に際し、同裁判所の先例を引用して、このルールについて次のように述べている。「法令の不遵守によって、現実に、そ

---

[186]　449 F. 2d 132 (2d Cir. 1971).
[187]　Kernan v. American Dredging Co. 355 U. S. 426 (1958).
[188]　Smith Voyager (Petition Long), 1971 AMC 1147 (2d Cir. 1971).
[189]　449 F. 2d 132, 136.
[190]　1939 AMC 930 (9th Cir. 1939). なお、本件の再審（1940 AMC 877 (9th Cir. 1940)）においても、ペンシルヴェニア・ルールが適用されることが認定されている。

の法令の違反者は罰せられるのである。しかしながら、その懲罰は、その違反者が、法令違反との関連性にかかわりなく、いかなる事故についても責任を負うべきであるとする内容のものではない。このルール（ペンシルヴェニア・ルール）は、当該法令違反は、おそらく、その事故の原因ではなかったということではなく、決してなり得なかったということを立証する責任を負わせることによって、その法令違反者を罰するものである。法令違反者にとって、この立証責任を果たすことは、不可能でないにしても、通常は、かなり困難である。このことから、（ペンシルヴェニア・ルールを適用することには）法令違反者に対して懲罰を与えるという意味合いがある[191]」。

　この判決は、ペンシルヴェニア・ルールを船舶衝突事件以外にも適用する目的は、立証責任の観点で航海の安全に関する法令違反者に対する制裁を加えることによって法令を遵守させることにあるとする。そうすると、ペンシルヴェニア・ルール適用目的は、法令遵守による船舶衝突の回避から、海上の航行の安全を確保するための法令違反者への懲罰的目的を強調することへとシフトしてきているといえる。そして、これがペンシルヴェニア・ルールを船舶衝突事件以外に適用する根拠であるということになる。また、このことは、前掲【裁判例5】において示されたMulligan判事の見解によっても裏づけられよう。

　しかしながら、このような懲罰目的が強調されているとはいえ、ペンシルヴェニア・ルールが適用されるには、その前提として、海上の安全および航海の安全を確保するための法令違反がなければならない。また、前掲【裁判例6】は、ペンシルヴェニア・ルールは「不法行為の問題に適用され、かつ、損害の分配が可能である請求」に適用されることを判示した。したがって、この裁判例は、ペンシルヴェニア・ルールの適用領域が拡がっていくことへの歯止めとして作用するものと評価できる。

（3）ペンシルヴェニア・ルールの適用要件を考慮した理論構成

　United States v. Reliable Transfer 連邦最高裁判所判決[192]は損害平分原則

191　*Ibid.* at 938.
192　421 U. S. 397, 1975 AMC 541 (1975).

を廃止して、比較過失原則を採用すると判示したにとどまり、ペンシルヴェニア・ルールの廃止については明言しなかった。そのために、アメリカ合衆国の下級裁判所は、ペンシルヴェニア・ルールを船舶衝突事案以外の様々な事案へも適用してきている。また、ペンシルヴェニア・ルール適用の目的として、法令違反者への懲罰的目的が強調されてきていることから、この傾向には拍車がかかりつつあるようにもみえる。しかしながら、第5巡回区の裁判例をみる限りにおいては、このルールの適用の有無を画するための理論的な基準は確立されていない。このような状況の下で、COGSA の適用がある場合、特に、運送人たる船主が海上の安全および船舶の航行に関する法令に違反したことによって船舶の不堪航が生じ、これによって積荷に損害が生じた場合のペンシルニヴェア・ルールの適用の有無についての問題が提起された。そして、第5巡回区の裁判例は一貫して、この場合にはペンシルヴェニア・ルールの適用はないとする。

　前節（第1節）においてみたように、アメリカ合衆国では、ペンシルヴェニア・ルールへの敵意を表明し、その廃止を求める見解が学説の趨勢となりつつある。しかし、これに対する敵意のみで、COGSA の適用がある場合には、ペンシルヴェニア・ルールは適用されないとすることは法理論としては妥当とはいえない。この点、前掲【裁判例5】における Mulligan 判事の見解は、COGSA の立証責任原則が適用される場合には、ペンシルヴェニア・ルールは適用されないことについて1つの理由を示している。しかし、この見解もそれほど理論的とは思われないことはすでに指摘した。そこで、先に検討の素材とした第5巡回区におけるいくつかの裁判例に現われたペンシルヴェニア・ルールの適用要件に基づいて、この場合にペンシルヴェニア・ルールが適用されないとする法理論の再構成を試みようと思う。

　ペンシルヴェニア・ルールの適用にあたっては、まず、当事者の双方またはそのいずれかに法令違反があり、かつ、その法令の趣旨ないし目的を考慮したうえで、違反によりその法令が回避しようとした結果が生じたことを要する。そこで、COGSA の下で運送人が堪航能力担保義務に違反して積荷に損害を与えた場合について改めて考察してみる。運送人たる船主等が、船舶航行の安全性を担保させるような法令に違反して堪航能力を備えさえないま

ま（例えば、法令によって備え付けが義務づけられている設備を欠いたまま）船舶を発航させ、その航海の途中で、これに起因して船舶が衝突または座礁して積荷損害が生じたとする。この場合、法令違反による船舶の不堪航の結果として積荷等に損害が生じたことになる。したがって、法令違反の事実が存在するから、この間の因果関係の存否の立証についてペンシルヴェニア・ルールが適用される可能性が認められる。あるいは、COGSAが運送人に対して堪航能力担保義務を課した趣旨ないし目的は、この義務の機能的側面を考慮すれば、海上交通の安全に奉仕することであるから[193]、場合によってはCOGSAの規定違反そのものがペンシルヴェニア・ルール適用の前提となる法令違反にあたると解することもできよう。

　すでに確認したように、ペンシルヴェニア・ルールが適用される領域は拡がりを見せており、このルールの適用は船舶衝突事案に限られるものではないとするのが近時の裁判例にあらわれた見解である。しかし、ペンシルヴェニア・ルールが適用されるには、海上の安全および船舶航行の安全を確保するための法令違反の事実が認められることが前提である。さらに、第5巡回区の裁判例は、契約上の義務違反によって損害が生じた場合にはこのルールは適用されないとの歯止めをかけている。したがって、運送人たる船主が海上の安全および船舶航行の安全を確保するための法令に違反したことに起因して船舶の不堪航が生じた場合には、この違反が船舶の不堪航を招いたことを船主の過失ととらえ、これによって損害が生じたとして、荷主が船主に対して、いわば不法行為責任を追及するような理論構成をしない限り、ペンシルヴェニア・ルールの適用は認められることになる。

　この点、運送人が負う堪航能力担保義務については、次のような見解が示されている。Gilmore教授およびBlack教授は、堪航能力担保義務は、海法の一般原則においては、運送人が荷送人に対して船舶が堪航能力を備えていることを荷送人に対して保証する義務であるとする[194]。また、Schoenbaum教授は、コモン・ローでは、発航の当時運送人によって堪航能力を備えた船舶を供給することは、すべての海上運送契約に当然に含まれている（黙示の

193　原茂・前掲書（注134）25頁、田中誠二『海商法詳論』〔増補3版〕（1985）265頁。
194　Gilmore and Black, *supra* note 3, 150-151.

契約)のであるとの見解を示している[195]。さらに、イギリスの Scrutton on Charter Parities によれば、コモン・ローにおいては、明確な規定がなくとも、運送人たる船主は、海上運送契約を締結することによって、船舶に堪航能力を備えることを引き受けるとされる[196]。

いずれにせよ、運送人は、荷送人に対して、COGSA の規定に基づいて船舶に堪航能力を備えさせるべき運送契約上の義務を負っているといえる。したがって、この義務に違反して積荷に損害が生じた場合に運送人が負う責任は、基本的には運送契約の不履行による損害賠償責任である[197]。また、船舶航行の安全性を担保させるための法令を遵守して船舶に堪航能力を備えさせることはこの義務の内容である。そして、このような法令に違反したことによって不堪航の状態が生じれば、この法令違反は運送人たる船主の堪航能力担保義務違反そのものを構成すると解される。そうすると、これまでにみた第 5 巡回区の裁判例は契約上の義務違反から損害が生じた場合には、ペンシルヴェニア・ルールは適用されないことを示しているから、法令違反によって船舶の不堪航が生じた場合には、これとこれによって生じた損害との間の因果関係の存否の立証にはペンシルヴェニア・ルールは適用されないとの結論を導くことができよう。なお、すでにみたように、前掲【裁判例 5】は、Load Line Act の主たる目的は船舶の座礁を回避することではないことを理由として、ペンシルヴェニア・ルールの適用を否定した。ここに示した理論構成によれば、違反が認められた法令が、いかなる法令であっても、これが海上の安全または船舶航行の安全を確保することを目的としている限り、一貫してペンシルヴェニア・ルールの適用を否定することができると思われる。

---

195 Schoenbaum, *supra* note 136, 890.
196 Scrutton *on Charter-Parties and Bills of Lading* 94 (20th ed. 1996). なお、原茂教授もヨーロッパにおける堪航能力担保義務の契約起源性を理由に、この義務は契約当事者間の私益に関する義務であるとし、わが国の商法738条が定める運送人の責任は過失責任であると説く(原茂・前掲書(注134)110頁)。
197 中村眞澄＝箱井崇史『海商法』〔2 版〕(2013) 216頁は、わが国の国際海上物品運送法の場合についてこのように述べる。

4．おわりに

すでに指摘したように、法令違反と生じた損害との間の因果関係の立証責任を被告に転換することをある種の懲罰ととらえ、現在では、海上の安全を確保するための法令に違反した者に対するペンシルニヴェア・ルールの懲罰的な性質が強調されてきている。そして、このような事情を背景にして、ペンシルヴェニア・ルールは船舶衝突以外の事案にも適用されてきていることから、同ルールの適用要件を明確化し、この適用の有無を画する基準を理論的に確立することは、裁判に関係する当事者にとって極めて重要である。

本節（2節）では、主に、アメリカ合衆国の第5巡回区において現れた共同海損に関する裁判例に着想を得て、COGSAの規定に基づき荷主が船舶の不堪航を立証した場合における、その不堪航と損害との間の因果関係の立証につき、ペンシルヴェニア・ルールが適用されるかどうかの問題について考察した。この場合の立証には、ペンシルヴェニア・ルールは適用されないとの見解が第5巡回区においては確立されているといってもよい。しかし、その理論的根拠が明確に示されているわけでなく、裁判例の多くは、基本的には、COGSAに基づく立証責任原則が確立されていることを繰返しているに過ぎない。他方、前掲【裁判例5】におけるMulligan判事の見解は、COGSAの下での堪航能力に関する立証に、ペンシルヴェニア・ルールが適用されることになれば、船主の立証の負担が増し、荷主の果たすべき立証責任について不公平が生じるという、1つの根拠を示したものとして評価できる。しかしながら、この見解も、COGSAとの関係ではペンシルヴェニア・ルールは適用されないことについての十分に理論的な根拠を示したものとはいえない。

そこで、本節において示したような理論構成によれば、COGSAが適用される場合においては、船舶の不堪航とこれによって生じた損害との間の因果関係の存否に関する立証にはペンシルヴェニア・ルールは適用されないとの結論をより理論的に導くことができよう。すなわち、COGSAの規定する堪航能力担保義務を遵守することは運送人たる船主が荷主に対して負う運送契約上の義務である。そして、船舶の不堪航を生じさせた法令違反の行為は、

それ自体が運送人たる船主による堪航能力担保義務違反の内容である。ペンシルヴェニア・ルールは、契約上の義務違反によって損害が生じた場合には適用されないことが判例法理として確立されているから、この場合には、ペンシルヴェニア・ルールではなく、COGSA の定める立証責任のスキームが適用される。

なお、次のような理由に基づいて、COGSA が定める立証責任スキームの適用とペンシルヴェニア・ルールの適用との間には明白な抵触はないから、この場合にもペンシルヴェニア・ルールを適用して、法令違反の事実と生じた損害との間の因果関係の立証を運送人に負担させるべきであるとの見解も示されている[198]。(ⅰ) Atlantic Richfield（前掲【裁判例1】）において適用が問題とされた「不堪航推定」の原則とペンシルヴェニア・ルールとは、その性質上、一定要件の下で立証責任を転換する法理であるから両者に差異はみられない。したがって、一方では、不堪航に関する推定原則を承認しつつ、他方では、ペンシルヴェニア・ルールを排除することには矛盾がある。(ⅱ) COGSA の適用は、基本的には、積荷損害の場合に特化されているのであるから、共同海損についての立証責任原則は COGSA によって規定されるのではない。いわば、例外的に COGSA が、特定の事項の責任免除を決定するという範囲においてのみ共同海損の分担請求に関する訴訟に適用されてきたという事情に鑑みれば、理論的には、ペンシルヴェニア・ルールは排除されないはずである。(ⅲ)ペンシルヴェニア・ルールは単に安全確保に関する法令違反に特定の損害発生の推定的原因を与えるものに過ぎず、COGSA の効力に対してはいかなる影響も及ぼさないのであるから、ペンシルヴェニア・ルールの適用によって COGSA の原則が損なわれるということは明白とはいえない。(ⅳ) COGSA が適用される訴訟、および、New Jason clause が存在することにより COGSA が適用される共同海損分担請求訴訟の双方とも当事者間での損害の分配を行うためのものである。共同海損の基本的な原理は、船主と積荷利害関係人との間における損害の分配であるから、ペンシルヴェニア・ルールは当事者間で損害の分配が可能な領域に適用されるという

---

198 Brown, *supra* note 162, 669-670.

先例に合致する。

　さらに、ペンシルヴェニア・ルールの適用を主張するわけではないが、運送人たる船主が証拠への近接性を有することなどから、船舶が不堪航の状態にあったことに関する立証責任を荷主に負担させるべきではないとの有力な見解も存在する[199]。わが国においても、堪航能力担保義務に関する立証責任の分配については議論がなされていることから[200]、この問題はさらに検討が必要な課題である。しかし、前節（1節）において論じたように、ペンシルヴェニア・ルール自体廃止されるべきであるから、一般に、ペンシルヴェニア・ルールのような立証責任原則を適用することによって因果関係の存否に関する立証責任を転換することは避けるべきであろう。

199　Tetley, *supra* note 140, 889-891.
200　わが国の論争については原茂・前掲書（注134）305頁を参照。

第3章　船舶衝突により生じた損害賠償請求権の消滅時効、衝突責任の準拠法

第1節　船舶衝突により生じた損害賠償請求権の消滅時効の起算点

1．はじめに

　わが商法は、船舶衝突に関しては、生じた損害の分担を定める797条および衝突により生じた債権の消滅時効を定める798条の2か条を置くのみである。商法の規定が適用される場合には、船舶衝突により生じた損害賠償請求権は1年の消滅時効にかかる（商法798条1項）。ところが、商法798条1項は、その起算点を明示していない。したがって、これはどの時点かという問題が生じる。この点につき、以下、概観するように、かつての判例は、これを「衝突時」であると解していた。また、学説もその多くは、理論構成は異なるものの、これを「衝突時」と解することで一致していた。しかし、最近になって、このような従来の判例および学説とは見解を異にする最高裁判例が現れた。この判決は、商法798条1項が定める船舶の衝突によって生じた損害賠償請求権の消滅時効は、民法724条により、被害者が損害および加害者を知った時から進行するものと解すべきであると判示する。このような解釈は、従来の判例および学説の多数説の見解とは大きく乖離する。
　そこで、本節では、この問題についてのこれまでの裁判例および学説を整理するとともに、商法798条1項の立法趣旨の考察をとおして、この最高裁判例の理論の正当性を検討する。そして、現代の船舶衝突においては、商法798条1項が定める消滅時効の起算点は、同条の法意から、画一的に「衝突時」であると解すべきことの妥当性を論じる。

2．商法798条1項の定める時効の起算点に関する判例および学説

(1) 判　例

　商法798条1項が定める船舶の衝突によって生じた債権の消滅時効の起算点はどの時点か。この問題に関する本判決以前の裁判例は少なく、大正時代の裁判例がわずかに存在するだけである。ここにみるように、この時期の裁判例はいずれも時効の起算点を衝突時と解することで一致していた（あるいは、そのような解釈を前提としていた）。ただし、その根拠については、民法166条1項をあげるものもあるが、明確でないものもある。

　これに対して、近時現れた最高裁判例（【裁判例4】）は、被害者保護を理由として、船舶衝突によって生じた損害賠償請求権の消滅時効の起算点は民法724条によって定まるとする。

> 【裁判例1】山口地判大正7・5・3 [1]
> 〈事実の概要〉X（控訴人）所有の船舶（運送を営む訴外Aに賃貸され運送の用に供されていた）が、Y（被控訴人）所有のトロール船と、トロール船側の過失により衝突した事案である（本件衝突は大正4年11月12日に発生）。Xは、商法798条1項は、船舶の衝突によって生じた損害賠償請求権の起算点について何ら定めてはいないから、民法724条により、本件衝突によって生じた債権の消滅時効の起算点は加害者を知った時と解すべきであると主張した。そして、X（およびXに対する債権譲渡人たるB）が、トロール船側の過失による船舶衝突の事実およびその加害者を知ったのは、本件船舶衝突事件に関し、海員審判所の審決があった以降のこと、すなわち、Xが訴外Aより債権譲渡を受け、本件と同一の事実に基づきYに対し、損害賠償請求訴訟を提起しその判決を受けた大正6年7月3日である。したがって、Xは、未だ1年を経過しない間に本件訴訟を提起したので、本件の損害賠償請求権は時効によって消滅していない旨を主張した。
> 　これに対して、Yは、加害者を知ったときより時効期間を計算すべきものとしても、Xに対する債権譲渡人が加害者を知ったときは、本件船舶衝突の時、また、控訴人が加害者を知った時は大正5年5月31日であって、本件訴訟提起前に、すでに時効が完成していると主張した。

---

[1] 新聞1449号21頁。

〈判　旨〉「前示（商法）第651條第1項（現798条1項）に於ては同第1項に於て等しく時效期間を定めたる共同海損に因りて生じたる債權に付ては其起算點を計算終了の時と定めたるに拘はらず船舶衝突に因り生じたる債權に付ては何等規定せざるのみならず民法不法行爲に因り生じたる債權の消滅時效に關する第724條に於ても明かに時效期間の起算點を定めたるに拘はらず等しく不法行爲たる船舶衝突に因りて生じたる債權に付ては特に時效期間を定めながら其起算點を定めざりし點より觀れば船舶衝突に因る債權の消滅時效は衝突なる事實發生の時を以て時效期間の起算點と爲すべき法意なることは毫末の疑を存せず或は右の如く解するときは被害者に於て未だ加害者を知らず從て權利を行使すること能はざるに拘はらず空しく時效期間を經過するが如き事態を生じ頗る不條理なる結果に陷るの觀なきにあらざるも民法166條に於て一般消滅時效の起算點とせる權利を行使し得る時とは權利行使に法律上の障碍なき時の謂にして權利者の加害者不知の如き事實上の障碍なき時を指稱するものにあらざれば此點に於ても前段の解釋を左右するの理由と爲すに足らず然れば本件船舶衝突のありたる大正4年11月12日以降1年を經過したる時に於て本訴請求權は業に時效に因り消滅したるものなれば其以降に於て提起したる本訴請求の失當なること論を俟たず」

【裁判例2】大阪地判大正10・10・12[2]

〈事実の概要〉Y（被告）は運送業者であって、大正8年5月19日に、X（原告）の貨物の運送委託を受け、これをY所有の船舶に船積した。運送の途中、大正8年5月23日午前3時に、同船舶は訴外A所有の船舶と衝突し、当該貨物はY所有の船舶とともに沈没した。そこで、Xは、当該貨物の不着はYおよびその使用人の過失に起因し、これはYの運送契約の不履行であることを主張し、その被った損害の賠償を求めて本件訴えを提起した。

　Xの請求に対して、Yは本件損害賠償請求権は時効により消滅している旨を主張したが、Xは、Yは時効の完成前である大正9年3月中に、XがYに対して損害賠償の請求をした際、この損害賠償債務を承認し、また、XはYに対して、大正9年5月22日にこの損害賠償債務の履行を催告したことをもって時効は中断したと、また、仮にそうでないとしても、Yは大正9年5月29日に時効の利益を放棄した旨を主張した。さらに、Xは、本件における時効の起算点は、本件貨物が荷受人に到達すべきであった大正8年5月30日から起算すべきであると主張した。

---

[2] 評論10巻（商法）576頁。

これに対して、Yは、その船舶の沈没により貨物が滅失したこと、および、大正9年5月22日に催告があったことは認めたが、当該貨物の沈没によってYに運送契約不履行の責任があり、XがYに対してその損害賠償請求債権を有するとしても、Xは本件衝突の日から1年以内にYにその請求をしていないことから、商法第651条（現798条）1項により、当該債権は大正9年5月22日に時効の完成により消滅したと主張した。また、仮にXがYに対して当該衝突後1年以内に催告をしたものであるとしても、本件訴えは、大正9年12月21日提起されたものであるから、民法153条により当該催告は時効の中断の効力を生じないと主張した。なお、Xが主張している債務の承認の事実および時効の利益放棄の事実については否認した。

〈判　旨〉「右衝突ニヨリ原告ニ生シタル損害賠償請求ノ債権ハ商法第751條〔ママ〕（現798条）ノ適用ヲ受ケ大正9年5月22日ニ於テ同條所定ノ時効完成セルモノヲルコト疑ヲ容レス原告ハ本件債権ノ消滅時効ノ起算點ハ荷物ノ荷受人ニ到達スヘカリシ日大正8年5月30日ヨリ起算スヘキモノナル旨主張スルモ『商法第651條ハ其損害カ財産上ノモノナルニ於テハ廣ク船舶ノ衝突ニヨリ生シタル債権ニ關スル時効ヲ定メタルモノナルヲ以テ事件ニ於テ商法第619条第328条ノ時効ニヨルヘキモノトスルハ失當ナリ依テ本件債権ノ時効ノ起算點ハ右衝突ノ時ニ在リトナス』ヲ正當トス」

【裁判例3】大判大正6・11・8 [3]

〈事実の概要〉Y（被告、上告人）所有の船舶が衝突したことにより、当該船舶に船積みされた貨物が滅失したため、その荷主X（原告、被上告人）がその被った損害の賠償を求めた事案である。この事案では、船舶の衝突によって当該貨物が滅失したのは大正元年8月11日であり、訴状提出は大正2年8月11日であったことから、Yは、当該損害賠償請求権は時効によりすでに消滅したと主張した。原審がこの主張を退けたため、これを不服としてYが上告した。Yは、その上告理由において、船舶衝突による損害賠償請求権の消滅時効は衝突が生じた日（大正元年8月11日）を算入して起算されるべきことを主張した。

〈判　旨〉「按スルニ消滅時効ハ權利ヲ行使スルコトヲ得ル時ヨリ進行スヘキハ民法第166條ノ規定スル所ナレトモ其時効期間ノ計算ヲ爲スニ付キ其期間カ日週月又ハ年ヲ以定メタルモノナルトキハ期間ノ初日ヲ算入セサルハ民法第140條ノ明文上毫モ疑ヲ容レサル所ナリトス然レハ即チ期間ノ初日ヲ算入スヘ

---

[3] 民録8巻1762頁。

第1節　船舶衝突により生じた損害賠償請求権の消滅時効の起算点　175

キコトヲ前提トスル本論旨ハ其理由ナシ」

【裁判例4】最判平成17・11・21[4]
〈事実の概要〉平成11年6月5日午後9時ごろ、北海道東方沖（北緯42度18分、東経146度07分付近）の公海上で、X（原告・控訴人・被上告人）所有の日本船籍の漁船P丸（総トン数9.89トン）とY（被告・被控訴人・上告人）所有のリベリア船籍貨物船Q号（総トン数17,142トン）が衝突し、P丸船体に損害が生じた。

第1審[5]において、XがYに対してその被った損害の賠償（871万3500円、および、これに対する平成14年5月2日から支払済まで年5分の割合での金員の支払）を求めたのに対して、Yは、その損害賠償義務があったとしても、同債務は商法798条1項により時効消滅したと主張した。判決は、本件船舶衝突により生じた債権の消滅時効については、商法798条1項が適用されるとしつつも、同条が時効の起算点を定めていないことから民法166条を適用した。そして、「現実に権利行使が期待できないにもかかわらず消滅時効期間が進行すると解するのは明らかに不都合である」との理由を述べ、同条が定める権利を行使することができる時を、「単にその権利行使につき法律上の障害がないというだけではなく、さらに当該権利の性質上、その権利行使が現実に期待できるものであることをも必要とする趣旨」であると解した。この見解に基づき当該事案における消滅時効の起算点は、衝突時（平成11年6月5日）ではなく、本件事故の衝突相手船が被告船舶ではないかと疑うにたるだけの情報が得られた時期である平成12年10月中旬ごろであるとし、Xの損賠賠償請求権は時効消滅したと判示して、その請求を棄却した。Xはこれを不服として控訴した。

原審[6]は、本件事故による損害賠償請求権の消滅時効には、「商法798条1項が適用されるところ、商法798条1項に定める時効期間の起算点について、船舶衝突によって生じた債権につき適用される商法798条1項は、不法行為の消滅時効についての規定である民法724条の特則となる規定であり、商法798条1項には時効期間のみ規定されていることからして、商法798条1項に定める消滅時効の起算点については、不法行為に基づく損害賠償請求権の消滅時効に関する一般規定である民法724条が適用されるものと解するのが相当である」として、Xの有する損賠賠償請求権の消滅時効の起算点は平成12年10月中

4　民集59巻9号2558頁。
5　東京地判平成15・6・30金商1242号45頁。
6　東京高判平成16・5・27金商1242号36頁。

旬ごろであると認定した。そして、平成13年8月1日に、XがYに対して送付した法的手続きに着手する旨の文書を、本件事故による賠償金支払の「催告（民法153条）」とみて、これをもって時効が中断した（本訴提起は平成13年11月29日であることから、催告のときから6か月以内に訴えの提起があった）として、Xの損害賠償請求を一部認容した。これに対して、Yが上告したものである。
〈判　旨〉「民法724条は、不法行為に基づく法律関係が、未知の当事者間に、予期しない事情に基づいて発生することがあることにかんがみ、被害者による損害賠償請求権の行使を念頭に置いて、債権一般について消滅時効の起算点を規定する同法166条1項の特則を設けたものであり、同法724条が、消滅時効の起算点を『損害及び加害者を知った時』と規定したのは、不法行為の被害者が損害及び加害者を現実に認識していない場合があることから、被害者が加害者に対して損害賠償請求に及ぶことを期待し得ない間に消滅時効が進行し、その請求権が消滅することのないようにするためであると解される。船舶の衝突によって損害を被った被害者が不法行為による損害賠償請求権を行使する場合においても、同条の趣旨はそのまま当てはまる。商法798条1項は、船舶の衝突によって生じた債権は1年を経過したときは、時効によって消滅すると規定しているが、消滅時効の起算点については何ら規定するものではなく、消滅時効の期間について民法724条の特則を設けたにすぎないものというべきである。したがって、船舶の衝突によって生じた損害賠償請求権の消滅時効は、民法724条により、被害者が損害及び加害者を知った時から進行するものと解すべきである」。

(2) 学　説

この問題をめぐって、学説は、船舶の衝突によって、生じた債権の消滅時効の起算点は衝突時であると解する説と民法724条を適用し、これは「損害及び相手方を知った時」であると解する説が対立する。

①**衝突時説**　　この説は商法798条1項の規定する消滅時効の起算点は「衝突時」と解する説である[7]。多くの海法学者はこの衝突時説を主張し、これ

7　松波仁一郎『松波私論日本海商法』（1917）977頁、寺尾元彦『商法原理第5巻　海商法』〔第1冊〕（1924）531頁、島田国丸『船舶衝突論』（1925）212頁、長幸正利『商法體系海商編改訂版』（1934）301頁、竹井廉『海商法』（1938）351頁、石井照久『海商法論』（1945）310頁、小町谷操三『船舶衝突法論』〔海商法要義下巻2〕（1949）248頁、森清『海商法原論』（1954）305頁、藤崎道好『海商法概論』（1975）148頁、西島弥太郎『新版海商法』（1978）169頁、田中誠二『海商法詳論』〔増補5版〕（1985）525頁、長谷川雄一『基本商法講義〔海商法〕』〔第2版

が多数説であるとされる[8]。しかし、このように解すべき理由を明確にしていないものもみられ、また、時効の起算点を「衝突時」とする理論的根拠についても、見解の対立がみられる。

まず、商法798条1項の法意に根拠を求める見解がある。すなわち、商法798条1項は、特別に船舶衝突により生じた債権の時効の起算点を定めてはいないが、同条の法意から、当然に、これは「衝突時」であるとする[9]。なお、最近でも、この見解によるものがみられる[10]。

これに対して、時効の起算点を衝突時とする根拠を、民法166条1項に求める見解がある。この説は、時効の起算点については、特別の規定がないから、時効の一般原則である民法166条1項を準用すべきであるとする[11]。すなわち、商法が特に時効の起算点を定めなかったのは、むしろ時効の一般原則にしたがわせる趣旨であったと解するのが妥当であるとする。そして、衝突が生じれば、その時から損害賠償請求権を行使することができる客観的要件が具備されるから、衝突時を標準として時効が進行をはじめると説く[12]。また、民法166条1項の定める「権利を行使することができる時」と「衝突時」は、必ずしも一致しないのではないかという問題については、実際上、「権利行使する時」を、「権利成立の時」または「衝突の時」と区別するのは、その実益が少ないから、「衝突の時」という確定時をもって権利行使する時と解すべきであるとする。すなわち、権利を行使しうる時期は、客観的にこれを定めるべきであり、債権者自身に存する事実上の理由、即ち、不知、不可抗力、疾病、その他の事由によって、この時期が左右されるべきものではないからであると説く[13]。

(1997) 233頁、清河雅孝「船舶の衝突」江頭憲治郎＝落合誠一編著『海法大系』(2003) 454頁、松本烝治「船舶衝突によりて生じた債権と時効起算点」法学新報28巻4号 (1918) 78頁。
8　松波港三郎「船舶衝突」『総合判例研究叢書商法 (1)』(1956) 97頁。
9　竹井・前掲書 (注7) 350頁、長谷川・前掲書 (注7) 233頁。
10　野口夕子「船舶の衝突によって生じた損害賠償請求権の消滅時効の起算点」判例評論 No.579 (2007) 2211頁、相原隆「船舶衝突による損害賠償請求権の消滅時効の起算点」海事法研究会誌196号 (2007) 25頁。
11　寺尾・前掲書 (注7) 531頁、島田・前掲書 (注7) 212頁、小町谷・前掲書 (注7) 248頁、藤崎・前掲 (注7) 148頁。
12　島田・前掲書 (注7) 212頁、小町谷・前掲書 (注7) 248頁。
13　島田・同前。

この点、近時、時効の起算点は民法166条1項によるとしつつも、結論として、時効の起算点を衝突時とみない見解も示されている。すなわち、この見解は同条にいう「権利を行使することができる時」の解釈について、判例が事実上の障害もある程度考慮してきていることを指摘して、衝突債権の時効の起算点は少なくとも衝突に典型的な事実上の権利行使の障害が止むときであるとする[14]。また、「権利を行使することができる時」を衝突時としながら、客観的な事情から合理的な債権者においてただちに債権発生を知り得ないと認められる場合には、これを知りうべき日、相手船不知の場合には、これを客観的に確知しうる時を起算点と解してもよいのではないかとの見解もある[15]。

②民法724条適用説　衝突時説に対して、商法798条1項の時効の起算点は民法724条によって定めるべきであるとの見解がある。この見解は、商法に規定がない以上、民法724条の適用により被害者が損害（損害発生の事実）および加害者の双方を知ったときから進行すると解すべきであるとする[16]。すなわち、商法には消滅時効の起算点について特別の規定がなく、衝突時を起算点とする法律上の根拠もないから不法行為の一般原則にしたがうべきであるとする[17]。また、前掲最高裁判例（【裁判例4】）の判決がいうように、被害者が損害および加害者を知らないうちに時効が進行することによって生じる不公平ないし不合理を避けることも、民法724条によるべき根拠になろう。

なお、衝突時説の立場からも、現行法の解釈については、衝突時説が妥当であるが、民法の不法行為の消滅時効との立法上の統一性を確保するため、立法論としては、船舶衝突債権についてもその消滅時効の起算点は債権者が加害者および損害を知った時とすべきであると説く立場もある[18]。

14　柴崎暁「船舶衝突による損害賠償請求権の消滅時効の起算点」私法判例リマークス34号（2007）57頁。
15　増田史子「船舶衝突から生じた損害賠償請求権の消滅時効」商事法務1865号（2009）120頁。
16　村田治美『大系海商法』〔2訂再版〕（2005）269頁。
17　小町谷教授の旧説。小町谷操三『商法講義巻3海商』（1944）242頁。
18　島田・前掲書（注7）213頁。

3．学説および最高裁判例の検討

(1) 商法798条１項の立法趣旨および民法724条適用説の問題点

①**商法798条１項の立法趣旨**　従来の判例は、「衝突時」を時効期間の起算点と解してきたが、近時、最高裁判所は（【裁判例４】）はこのような解釈を変更して、その起算点は民法724条により定まるとした。これは、従来の判例の見解に反するだけでなく、学界の多数説の見解にも真っ向から対立するものである。果たして、いずれの見解が妥当であるのか。商法798条１項の立法理由を明らかにしつつ、これについて検討する。

従来、海商法学説は、船舶衝突により生じた債権の短期消滅時効は海上危険の特異性を理由とすると説明してきた。この点、フランスのValinは、1681年フランス海事王令に関する注釈書において、海事王令第Ⅰ編第12章第８条の定める訴訟不受理事由について次のように説明している。「海上での事故は頻繁に生じるので、他船の衝突を受けた船舶が、かなり短い期間に他の損害を被り、後に生じた損害を以前の衝突の当然の結果または直接の影響のようにみせるために、当初の衝突の原因を隠すようなことがおこりうる。このような何の公平さもない困った事態を避けるために、衝突に関する訴えを短い期間に制限するのである[19]」。さらに、Lyon-Caen教授およびRenault教授は、Valinのこの説明を引用しつつ、「仮に、商法典に海上衝突により生じる訴えの持続期間に関するいかなる規定も存在しなければ、30年間の消滅時効〔フランス民法2262条〕にしたがわせることになろう。あまりにも長い消滅時効期間を認めることは、この問題において、実際上の重大な不都合を提示することになる。すなわち、海上の事故から生じる損害はしばしば繰り返される。ある衝突後に損害を加えられたと主張する者が迅速に行動しなければ、その損害が当該衝突により生じたものか、あるいは、後の事故により生じたものかが不明確になってしまう。衝突の真の原因を解明することが重要であり、長い期間が経過するほど、この原因を判定することが困難になってしまう」と述べている[20]。

19　René-Josué Valin, *Nouveau Commentaire sur l'Ordonnance de la Marine, Du Mois d'Août 1681, tome 1*, 303 (1760).

わが国の海法学者も、フランスの学者によるこれらの見解にしたがって、商法798条1項の立法理由を説明してきた。たとえば、山戸教授は、「海運界ノ取引ノ實際ト衝突事故ノ特殊性ニ基クモノト解スヘク卽チ3年或イハ10年ノ長期ノ時效ヲ認ムルトキハ實際上多大ノ不便不都合ナル結果ヲ生スヘキヲ以テナリ」と述べ、前記 Valin の説明を引用しつつ、次のような不都合を指摘している[21]。(ⅰ)損害を受けた者による詐欺的な損害賠償請求が行われるおそれがある。(ⅱ)衝突から長い年月が経過することにより、衝突による法律関係を証明するための証拠が失われることが多い。(ⅲ)損害を受けた者に迅速に損害賠償請求権を行使させなければ、債務者その他の利害関係人が長期間不安定な地位に置かれることになる。

また、小町谷教授も、フランスの海法学者や山戸教授の説明を踏まえて、次のように説明する。「商法が特に1年の短期消滅時効を設けたのは、海上危険の特異性に基づくものである。換言すれば、海上では、頻繁に事故が發生するから、衝突があったのち極めて短時日の間に、更に先の衝突と無關係な他の事故によって、その船舶及び船舶上の物又は人が、損害をうける場合が非常に多い。故に被害者をして、速やかに先に發生した損害賠償請求権を行使せしめないと、被害者が後の事故による損害をも、先の衝突によって生じた損害であると主張してその賠償を求める危険がある。加ふるに衝突の原因に關する證據の保存は、極めて困難であるから、衝突の原因を明かにするためにも、被害者をして、速やかに損害賠償の請求をなさしめる必要がある[22]」。なお、その他の学者も同様の見解を示すものが多い[23]。

しかし、近時、現代においては短期間のうちに衝突による損害を被る場合が多いとはいえないから、むしろ、海運実務において権利関係の早期確定が

20　Lyon-Caen et Renault, *Tarité de Droit Commercial, tome 4*, 159 (1912).
21　山戸嘉一『船舶衝突論』(1931) 280頁。
22　小町谷・前掲書 (注7) 241頁。
23　たとえば、竹井教授は、「(商法が衝突による損害賠償債権の消滅時効を1年とした理由は) 共同海損と共に事実証拠の重視すべき関係からなるべく短期にその権利行使を行わしめんがため」と述べる (竹井・前掲書 (注7) 350-351頁、長谷川・前掲書 (注7) 233頁も同旨)。また、石井教授は、「これは (1年の消滅時効が定められたのは) 海上危険の特異性すなわち海上損害が起りやすく、衝突の原因に関する証拠保全も困難であることを考慮した特例である」と述べている (石井照久『海商法』(1964) 339頁)。

要請されるべきことを短期消滅時効が定められた理由として強調すべきであるとの指摘がなされている[24]。なるほど、わが国における海上運送の重要性に鑑み、現代においては、船舶衝突より生じた債権を短期消滅時効にかからしめる理由は、船舶衝突から生じる権利関係の早期確定のために画一的な処理を行い、なるべく早期に、利害関係を有する当事者を、船舶衝突をめぐる法律関係から離脱させることであると解するのが妥当であろう。そうだとすると、当事者間で、時効の起算点について争いが生じるようでは、早期の権利関係の確定はなしえないから、当事者双方にとって公平、かつ、明確な時点が起算点とならなければならない。

②民法724条適用説の問題点　現代においても、船舶衝突事故そのものが極端に減少したわけではない。むしろ、今日では、造船技術や船舶設備の向上や航海技術の発達の一方で、老朽船舶の頻繁利用も加わり、船舶事故はかえって増加しているとも指摘されている[25]。船舶の巨大化による大量かつ多種多様な貨物輸送の現状から、ひとたび船舶の衝突が生じれば、甚大な被害が発生し、当該衝突事故の利害関係人も多数にのぼることが想定される。商法798条1項の時効の起算点につき、これが民法724条により定まるとすれば、複数の利害関係人が同一の船舶衝突から生じた債権を有する場合には、それぞれ「損害及び加害者を知った時」を異にすることが十分ありうる。そうすると、債権ごとに時効の起算点が異なることになり、権利関係の早期確定のための法律関係の画一的処理に不都合を来すことになる。このことは、フランスにおいても古くから指摘されており、Lyon-Caen 教授および Renault 教授は、フランス旧商法436条についてではあるが、「時効の起算点を衝突の日とすることによって（つまり画一的に処理することによって）、無数の争訟を避けることができる[26]」と説明している。また、わが国の海法学者も、各債権者が損害の発生と加害者とを知る時期に差異が生じ、法が海上事故の特異性に鑑み、衝突によって生じた債務を速やかに解決しようとした目的が達

24　相原・前掲判批（注10）23頁。
25　中元啓司「船舶衝突による損害賠償請求権の消滅時効」北海学園大学法学部40周年記念論文集『変容する世界と法律・政治・文化』（2007）220頁。
26　Lyon-Caen et Renault, *supra* note 20, 136.

成できないおそれがあると指摘していた[27]。さらに、不法行為の時から20年の除斥期間にかかるまで長期にわたって債権が存続することになるとの指摘もあった[28]。すなわち、これらの見解は、短期間内に画一的処理ができないために、船舶衝突から生じた損害賠償の権利関係の早期確定が困難になることを問題としていた。

(2) 最高裁判例の検討
①商法798条1項の趣旨　　前掲【裁判例4】の判決は次のように論じている。「民法724条は、……被害者による損害賠償請求権の行使を念頭に置いて、債権一般について消滅時効の起算点を規定する同法166条1項の規定の特則を設けたものであり、同法724条が、消滅時効の起算点を『損害及び加害者を知った時』と規定したのは、不法行為の被害者が損害及び加害者を現実に認識していない場合があることから、被害者が加害者に対して損害賠償請求に及ぶことを期待し得ない間に消滅時効が進行し、その請求権が消滅することがないようにするためである。船舶の衝突によって損害を被った被害者が不法行為による損害賠償請求権を行使する場合においても、同条の趣旨はそのまま当てはまる」。つまり、民法724条は、民法166条1項が定める債権一般の消滅時効の起算点に対して、被害者保護の要請に応えるために設けられた規定であり、被害者保護の要請は、船舶衝突についてもそのまま当てはまるという。

この論旨から察するに、最高裁判所（原審の東京高等裁判所も同様）は、船舶衝突当事者間の権利関係の早期確定のための画一的な処理を犠牲にしてまでも、被害者たる被控訴人（漁船）側を強く保護する必要性があると認め、このような解釈に至ったと思われる。

本件は、認定された事実によると、総トン数十トン程度の小型の漁船と総トン数17,000トンを越える大型の貨物船とが衝突した事案である。そして、貨物船は衝突の認識がなくそのまま航行し、また、衝突による損害はほぼ一方的に漁船側に生じた。なるほど、小型船と大型船との衝突という本件の事

27　小町谷・前掲書（注7）248頁。
28　松波（港）・前掲書（注8）97頁。

実を面前に、被害者保護を重視して、このような見解に至ったのであろう。

　しかし、一般に、船舶衝突の場合、当事者のいずれも加害者になりうるし、また、被害者にもなりうる。双方船舶に損害が生じた場合には、どちらが加害者で、どちらが被害者かということは、一概には明かとはいえない。このように、船舶衝突は、立場互換性のある特殊な当事者に関わるものであり[29]、他の不法行為訴訟とは異なって、被害者保護の要請は強くは働かないものと考える。加えて、このような立場互換性を考えれば、被告とされた者が反訴を提起した場合にどのような結果を招くのかという問題も生じるのではなかろうか。民法724条を根拠として、時効の起算点は、被害船舶が「損害及び加害者を知った時」であるとすれば、同一の衝突において生じた損害賠償請求権であるにもかかわらず、衝突船舶双方が有する損害賠償請求権の消滅時効の起算点が異なる場合が生じる。そうすると、船舶衝突によって生じた法律関係の画一的処理という観点から、不都合が生じるのではなかろうか。

　また、わが国の船員法13条は、船舶が衝突した場合における処置として、原則として、「船長は、船舶が衝突したときは、互いに人命及び船舶の救助に必要な手段を尽し、且つ船舶の名称、所有者、船籍港、発航港及び到着港を告げなければならない」と定めている。そうすると、通常は、衝突の認識さえあれば、お互いに衝突の時点で相手方を確知できると思われる。相手方を長期にわたって認識できない場合は稀であろう。しかし、本件では、一方の船舶は衝突の認識がなくそのまま航行している。これは極めてまれなケースであるといえるが、このような場合に、果たして短期間に船舶の相手方を知ることはそれほど困難なことであろうか。

　この点、本件の上告理由によれば、「通常、船舶衝突事故が発生すると、捜査機関である海上保安部が現場に急行し、或いは、本件の如く、航空機を用いた衝突船の追跡活動を行い、最寄りの港において、双方の船舶の現場検証、関係者の事情聴取、衝突時に一方の船に付着した他方の船の塗料片の採取、鑑定を通じて、衝突相手船の特定が行われるのが実際である。また、海難審判理事所も事故原因の調査に乗り出すのである。さらに衝突した船舶の

---

[29] 箱井崇史「船舶の衝突から生じた損害賠償請求権の消滅時効」ジュリスト1313号（2006）118頁。

所属する船主責任保険組合や船舶保険会社（我が国の漁船にあっては、漁船保険組合）等が衝突相手船の特定、損害状況、及び、事故原因の調査に乗り出すのが通常である。このような、公的及び私的機関は、衝突直後から、あらゆる証拠の収集活動を行うことが予定されているのである。衝突当事者である一方船主等の被害者は、上記の情報、資料を適宜、取得、利用することで、自己の請求の相手方の特定、当該請求の証拠の収集を行うことが可能である。かかる調査を行うのにある程度の時間がかかることは否定しないが、それも半月や1ヶ月といった程度の期間の単位であり、1年の消滅時効期間では対処できないほどの長時日な調査が必要とは到底考えられない」と述べられている[30]。

また、本件について、「P丸側の訴訟遂行がいかにも鈍く感じられる（つまり、もっと迅速機敏な措置をとる必要があったように思われる。Q号の船主が被告であることを、海事分野で広く普及し、日本でも入手及び閲覧が可能なロイズ・レジスターのレジスター・オブ・シッピングによって容易に知ることができたのではないか）」との指摘もある[31]。つまり、本件のような、特異な場合であっても、当事者（本件ではP丸）の努力如何によっては、かなり早い段階で、衝突相手の船舶を特定できた可能性が高いことが示されている。

それにもかかわらず、本件最高裁判決（【裁判例4】）は、その事案自体の特殊性に目を奪われ、民法724条における被害者保護の要請が、そのまま船舶衝突にも当てはまると断言した。これにより、船舶衝突事件においても、被害者保護の要請が一般化することになる。しかし、船舶衝突事件においては、被害者保護よりも、法律関係の画一的な処理の実現のために明確な時効期間の起算点を定め、権利関係を早期確定することが当事者の利益であると考えるべきである。商法798条1項が適用される場合にも、被害者保護が強く求められると解するのは妥当ではない。

そもそも、被害者保護の問題は本来的に時効期間の問題であるから、起算点を明確にすべきこととは切り離して考えるべきである[32]。したがって、衝

---

30 民集59巻9号2574-2575頁。
31 中元・前掲論文（注25）214頁。
32 相原・前掲判批（注10）23頁。

突の相手船舶特定のためのあらゆる努力を尽くしてもそれが功を奏することなく、相手方を特定できないまま１年間を経過してしまうような事案が増加するような傾向にあれば、時効期間そのものの当否を検討するほかないと考える。

②商法798条１項は消滅時効期間についての民法724条の特則か　つづけて同判決は、「商法798条１項は、船舶衝突によって生じた債権は１年を経過したときは時効によって消滅すると規定しているが、消滅時効の起算点については何ら規定するものではなく、消滅時効期間について民法724条の特則を設けたに過ぎないものというべきである」と論じる。すなわち、商法798条１項は、民法724条の特則であると述べ、船舶衝突によって生じた債権の時効の起算点は、商法798条１項（特則）に対する一般規定である民法724条によって定まるという。しかし、その理由としては、商法798条１項に、時効の起算点に関する定めがないことをあげるのみである。

　まず、先に論じたように、民法724条の趣旨が、商法798条１項にも、そのまま当てはまるものとは認められないから、この見解を採用することはできない。また、すでに多くの海法学者が指摘していることではあるが、商法798条においては、その２項で、わざわざ共同海損について「計算終了の時」を時効の起算点とし、起算点についての特則を定めている。したがって、衝突について、あえて規定を設けなかったということは、いうまでもなく時効の起算点は衝突時であることを意味すると解するのが、その文理解釈上妥当ではなかろうか。この点、松本教授は、フランス法およびドイツ法をその解釈材料とし、「損害及び加害者を知った時」が起算点であるとすれば、民法724条と同様に、除斥期間が存在するはずであるが、それが存在しないということは、商法798条１項と民法724条は、明らかに法意を異にすると指摘する[33]。すなわち、商法798条１項の定める時効の起算点は、民法724条によって定まるものではないとしている。

　また、同判決のような見解を採用した場合、条約および諸外国の趨勢に対して、わが国はきわめて特異な解釈をとることにもなる。衝突統一条約７条

---

[33] 松本・前掲論文（注７）80頁。

1項は、「損害賠償ノ請求権ハ事故アリタル日ヨリ2年ヲ以テ時効ニ罹ル」と規定し、その起算点は明確に衝突時であることを示している。フランスにおいても、1967年7月7日の法律4編1章7条は、「損害賠償の訴権は、事故（衝突）より2年によって時効にかかる」と定め、明確に、時効の起算点は衝突の日であるとしている。この点について、Lyon-Caen 教授および Renault 教授は、1年の期間は衝突の日から進行し、当事者が事故を認識した日から進行するのではないと説明している[34]。また、Ripert 教授も、この2年間の期間は衝突の日から進行すると指摘している[35]。さらに、イギリスにおいても、船舶衝突より生じた損害賠償請求の出訴期限は、損傷または滅失が生じた日から2年間と定められている[36]。なお、アメリカ合衆国は衝突統一条約を批准していない。しかし、同国では、原告が自己の権利を主張することを不合理に遅延し、これにより被告または第三者に不利益を生じさせたときは原告の訴えを棄却するという Laches 法理が存在する。したがって、衝突時から起算して権利不行使期間の合理性および長期間経過後の権利行使による被告または第三者への不利益が問題にされるだけである[37]。

　この点、この問題は、日本法の解釈論として扱われるべきであり、商法の解釈にあたって条約を参酌すべきではないとの主張がある[38]。しかし、民法724条を適用して、時効の起算点を「損害及び加害者を知った時」とすれば、条約が適用される場合には衝突時がその起算点となり、他方、商法が準拠法として選択された場合には「損害及び加害者を知った時」がその起算点となるという不合理な差異が生じてしまう。このように、条約が適用される場合と、わが国の商法が適用される場合に時効の起算点が異なることには何らの合理的な理由を見出すことはできず、受け入れられるものではない。加えて、このような解釈を採ること自体、衝突統一条約の存在を無視して、この条約そのものの正当性を疑うことにもなりかねない[39]。また、昭和10年商法海商

34　Lyon-Caen et Renault, *supra* note 20, 136.
35　Georges Ripert, *Droit Maritime, tome 3*, 82 (1953).
36　Merchant Shipping Act 1995, §190, Marsden, *Collisions at Sea* 455 (13th ed. 2003).
37　William Tetley, *International Maritime and Admiralty Law* 261-262 (2002), Thomas J. Schoenbaum, *Admiralty and Maritime Law, vol.1*, 359 (5th ed. 2011).
38　柴崎・前掲判批（注14）56頁。

編改正要項（第255）は、衝突統一条約にしたがって商法改正を要望しているが、近時の最高裁判所の判断（【裁判例4】）は、この流れに逆行するものともいわざるを得ない。

　以上のような理由から、商法798条1項は民法724条の特則であると解し、船舶衝突により生じた債権の消滅時効の起算点を「損害及び相手方を知った時」とすることはできない。

（3）時効の起算点を「衝突時」とする場合の理論構成

　このように、最高裁判例（【裁判例4】）のように、船舶衝突により生じた債権の消滅時効の起算点は、民法724条によって定まるとすることは妥当ではなく、これは「衝突時」であると解すべきである。すでにみたように、時効の起算点を「衝突時」と解する学説には、その根拠を民法166条1項に求めるものがある。しかし、これによれば、「権利を行使することができる時」の法意をどのように理解するかにより、民法724条適用説による場合と同様に、時効の起算点が画一的に定まらないという問題が生じる。この点、民法学の通説では、民法166条1項にいう「権利を行使することができる時」とは、権利行使につき法律上の障害がないことのみを指し、権利者が権利の内容やその行使すべき相手を知らないなどの権利者自身の主観的な事由は「権利を行使できる時」の判断には影響しないと解されている[40]。また、商法798条1項の消滅時効の起算点は民法166条1項により定まるとする、従来の学説もこれと同様に解している[41]。

　これに対して、最近の裁判例では、民法166条1項の解釈に際して、事実上の障害もある程度考慮されているとの指摘がある[42]。前掲最高裁判例（【裁判例4】）の第1審判決もこのような流れを汲むものであるといえる。すなわち、その判旨において、「これ（民法166条1項が、「権利ヲ行使スルコトヲ得

39　箱井・前掲判批（注29）118頁。
40　平井宜雄「消滅時効の進行」『注釈民法（5）総則（5）』（1967）281頁。
41　小町谷・前掲書（注7）248頁。島田・前掲書（注7）212頁は、実際上、権利を行使するときを、権利成立の時または衝突のときと区別するのは実益が少ないから、衝突のときという確定時を、権利を行使するときと解する。
42　柴崎・前掲判批（注14）56頁、相原・前掲判批（注10）24頁。

ル時」と定めていること)は、単にその権利の行使につき法律上の障害がないというだけでなく、さらに当該権利の性質上、その権利行使が現実に期待のできるものであることをも必要とする趣旨である[43]」と述べる。そして、「現実に権利行使が期待できないにもかかわらず、消滅時効期間が進行すると解するのは明らかに不合理であるから、上記の点は権利関係の早期確定を旨とする商法798条1項の適用についても同様と解される[44]」とする。

　この点、商法798条1項に定める時効の起算点につき、民法166条1項により定まるとしつつも、被害者が損害の発生につき何らの懈怠なく不知のまま進行する時効は正当とはいえない。したがって、債権者の責めに帰すべからざる非法律的な権利行使の障害をも考慮に入れるべきであるとして、衝突債権の起算点は、衝突という事柄の特異性に鑑み、少なくとも衝突に典型的な事実上の権利行使の障害が止むべき時とすべきであるとの見解が示されていることはすでに述べた。この見解は、商法798条の前身である、いわゆるロエスレル商法第976条が、「船舶債権者ノ債権及ビ冒険貸借、海損竝ニ救助ニ因リテ生シタル債権ハ…之ヲ主張スルコトヲ得ル日ヨリ起算シテ1年ヲ以テ時効ニ罹ル」と定め、時効の起算点を「これを主張することを得る日」であるとしていたことから、これに民法166条1項との調和を見出す。そして、当時の注釈書が、これを「損害賠償請求権の発生日ではない」と解釈していたことを指摘したうえで、何の懈怠、帰責性もない権利喪失は時効制度の趣旨に矛盾するとして時効制度の倫理性を強調している[45]。しかし、民法166条1項の定める「権利行使することができる時」の解釈に、相手船舶の不確知といった事実上の障害を考慮すべきであるとすること自体、結局は、民法724条を適用したのと同様の結果、つまり、「損害及び加害者を知った時」に時効が進行を開始するという結果を招く。そうすると、このような考え方も、被害者保護に偏頗し、商法798条1項の趣旨に反するものといわざるを得ない。

　また、この見解は、加害船の特定に一定の日数が必要であることを前提と

43　金商1242号48頁。
44　金商1242号48-49頁。
45　柴崎・前掲判批(注14)57頁。

して、被害者において損害発生の事実および加害者を合理的な人が知りうべき期間は、海難実務の経験則によって客観的に定まりうるとする[46]。さらに、「海上危険の特異性から海上企業経営の保護も考慮が必要であるが、それは1年という短期時効を規定することで配慮済みであり、それ以上に、時効制度の倫理性を犠牲にしてまで被害者に失権の受忍を強いることは妥当ではない[47]」と指摘する。しかしながら、そもそも衝突時に衝突相手船が特定できない場合が一般的なのか。むしろ、本節において検討の対象とした最高裁判例（【裁判例4】）における事実のように、長期間にわたって衝突相手船を特定できないのは極めて稀な場合ではないのか。また、損害の発生および加害者を知りうべき期間は客観的に定まりうるとするが、実際に客観的かつ画一的な起算点を導き出すことができるのか疑問である。さらに、先に引用した上告理由は現代における船舶衝突事故処理の実際を示しており、このような実情によれば、衝突から1年以内に相手方を特定し、訴訟を提起することには、それほど困難さを見出せないのではないか。そうすると、1年以内にそれができない場合には、債権者側にも、衝突の相手船舶特定につき何らかの「懈怠」があるものといわざるを得ない。もっとも、時効期間の起算点を「衝突時」としても、債権者から時効の中断事由および停止事由まで奪うわけではないから、債権者にとって、そこまで酷であるとはいえないであろう。

　以上のような検討から、近時、判例が「事実上の障害」をある程度考慮する傾向をみせているとしても、船舶衝突においては、被害者保護を強く意識して、あえて複雑な理論構成をとる必要はないと思う。したがって、商法798条1項の立法趣旨およびその文理からみて、本条に定める消滅時効の起算点は、明確かつ簡便な「衝突時」であると解することで十分であると考える。

---

[46] 同前。また、増田・前掲判批（注15）120頁も、このような見解に基づき、原則として衝突時を時効の起算点としつつも、客観的な事情から合理的な債権者において直ちに債権発生を知り得ない場合には、それを知りうべき日、相手船不知の場合には、客観的にこれを確知しうる時を起算点と解してもよいのではないかと指摘していることはすでに示した。
[47] 柴崎・前掲判批（注14）57頁。

4．おわりに

そもそも、船舶衝突より生じた債権の消滅時効の起算点に関する問題が生じるのは、すべて、立法の不備に起因する。したがって、立法によって解決するのが、最も妥当であると思われる。立法論としては、まず、商法798条1項について、船舶衝突により生じた債権の消滅時効の起算点を明確に定めるべきである。この点、民法の不法行為の消滅時効との立法上の統一性を確保するため、船舶衝突債権についても、その消滅時効の起算点を、債権者が加害者および損害を知った時とすべきであると説く見解もあるが[48]、特に、船舶衝突法の国際的統一の観点から、衝突統一条約の内容にしたがった立法が望まれる。

また、商法798条1項の時効期間の起算点を「衝突時」とする立場においても、1年間の消滅時効期間については、その長短をめぐって見解の対立もある。すなわち、技術的に相当に発達した現在においては1年間で十分であるとする見解[49]もあるが、やはり1年の時効期間は短すぎるとの批判もなされており[50]、2年あるいは3年の期間が妥当であるとも指摘されている。その理由としては、「帆船主位時代ニ於テハ公海ニ於テ船舶ノ衝突ヲ見ルコト稀有ノコトニ屬シ且其ノ損害カ單純ニシテ僅少ナリシカ爲メ極メテ迅速ニ賠償債權ヲ行使セシムルモ債權者ニトリテハ何等ノ不便ナカリシ。然ルニ現今ノ如キ汽船主位時代に於テハ一度衝突ヲ惹起センカ其ノ利害關係人ノ間ニハ極メテ複雜ナ關係ヲ生シ被害者ニ於テ損害及ヒ加害者ヲ知リ實際其ノ債權ノ存スルコトヲ確メ種々研究調査ヲ爲シ權利ヲ行使セントスルニハ1年以上ヲ要スルコト少カラス[51]」と述べるものがある。また、「吾国ニ於テハ船舶ノ衝突ニハ通常海員審判所ノ審判ヲ伴ヒ、當事者ハ審判所ノ裁決ヲ俟ッテ解決セントスルノミナラス、航海ノ關係上損害額ノ計算ニモ相当ノ期間ヲ必要トスルカ故ニ、立法論トシテハ少クトモ條約ノ如クスルヲ可トス[52]」と述べる

48　島田・前掲書（注7）213頁。
49　小町谷・前掲書（注7）242頁。
50　石井・前掲書（注23）340頁。
51　山戸・前掲書（注21）281頁。
52　森・前掲書（注7）305頁。

ものがある。さらに、「船舶の衝突に因り生ずべき損害賠償請求権は、極めて複雑にして、被害者が其損害の發生及び加害者が何人なるやを知り之を研究し、之を整理し、現實に請求権の有無を確知する迄には、両3年の時日を必要とする事稀なりとせず[53]」と述べるものもある。すでに述べたように、現代の衝突事件処理の実務を考えれば、1年の消滅時効期間でもそれほど不都合はないと思われる。しかし、国際的統一を考慮して、立法論としては、衝突統一条約と同様に、消滅時効の起算点は衝突時とし、その期間は2年とすべきであろう。本節で検討した【裁判例4】のように、衝突時に衝突の相手船舶を特定できない特異な場合であっても、衝突事故発生から2年を経過しても衝突の相手船舶を特定できない場合はないと思われる[54]。

第2節　公海上における船舶衝突責任の準拠法

1．はじめに

　公海上においては不法行為地法が観念できないことから、そこで異国船籍船舶間の衝突が生じた場合には、その責任を規律する準拠法の決定について解決困難な問題が生じる。この問題の解決については、わが国では、従来、海法および国際私法の双方の立場から議論がなされてきた。そして、これまでに、多くの学説が主張されてきたが、後に明らかにするように、いずれの学説の見解にも問題があり、双方の当事者にとって公平かつ妥当な結論は得られない。また、この問題について、裁判例も統一的な見解を示していない。
　そこで、本節では、公海上における船舶衝突責任の準拠法の問題について、これまで提唱されてきた判例および学説の見解を整理し、これらの学説の問題点を明らかにする。そして、本節においては、まず、これらの問題点を踏

53　島田・前掲書（注7）210頁。
54　なお、理論構成の当否は別として、商法798条1項の定める時効期間が短いことに配慮して、同最高裁判所判決の結論には理解を示す見解もある（中村眞澄＝箱井崇史『海商法』〔2版〕(2013) 367頁）。

まえて、公海上における異国船籍船舶間の衝突の場合は、法適用通則法17条の規定が機能しない例外であるととらえ、やむなく法廷地法を適用すべきであることを論じる。しかし、後にみるように、このような解決には、国際私法による法秩序構築を破壊するとの痛烈な批判がある。そこで、この考え方の妥当性を論じるにあたっては、アメリカ合衆国のほか、イギリス、フランスの判例および学説の見解を参照して比較法的検討を加え、海法の領域では、このような解決が常識になっていることを示す。なお、本節では、あわせて、船主責任制限法の準拠法についても若干の考察を行うことにする。

2．公海上における船舶衝突責任の準拠法に関するわが国の判例および学説

　公海上における船舶衝突の責任を定める準拠法の決定については、従来、海商法、国際私法の分野から議論がなされ、種々の見解が提唱されている。船舶をめぐる渉外性を有する法律問題は、もっぱら船舶に特有の旗国法を準拠法としてこれを解決すべきであるとの見解がある[55]。しかし、現実には、海事国際私法についての特別法は制定されておらず、また、法の適用に関する通則法に、海事については、原則として法適用通則法の適用がない旨の明文の規定が置かれているわけでもない。したがって、海事国際私法について、このように解すべき十分な根拠は存在しない[56]。また、近年、特に外航船の大半を占めている便宜置籍船の登場などにより、旗国を連結点とする考え方自体が問題視されている[57]。このような旗国法の準拠法としての適格性への疑問が示されていることにも鑑みれば、海事に関する渉外関係には必ず旗国法を適用すべきことに理由はなく、原則として、わが国の抵触規定による解決をはかるべきである[58]。

---

[55] 田中・前掲書（注7）66頁。
[56] 神前禎「海事国際私法の『独自性』」国際私法年報2号（2000）154頁。
[57] 谷川久「旗国法の基礎の変化と海事国際私法（2・完）」成蹊法学43号（1996）34頁、高桑昭「海事に関するわが国の民事裁判管轄権及び抵触規則と今後の方向」『日本海法会百周年記念論文集第1集』（2001）110頁。
[58] 小町谷操三『海商法義上巻』（1932）41頁。なお、小町谷教授は、船舶の旗国法を考慮しつつ

まず、船舶衝突が不法行為の一態様であることに異論はない。したがって、従来の議論は、旧法例11条によって規律できない、すなわち、不法行為地に適用される法が観念できない公海上における船舶衝突について、そこから生じた責任をいかに規律するかという問題に焦点が当てられてきた。この点、わが国の抵触規定であった法例は平成18年に全面改正され、平成19年に「法の適用に関する通則法（以下、法適用通則法という）」として施行された。同法17条は、不法行為によって生ずる債権の成立およびその効力は、加害行為の結果が発生した地の法によると定め、不法行為債権の成立およびその効力についての準拠法を、これまで旧法例11条１項が定めていた「原因事実発生地法」から、原則として「結果発生地法」に改めた。また、例外的に、結果発生地における結果の発生が通常予見することのできないものであったときは、加害行為が行われた地の法によるとした。この改正の意図するところは、加害行為地と結果発生地が異法域にある隔地的不法行為の場合に、不法行為地が不明確であったという欠点を克服することにあった[59]。

しかし、船舶衝突についていえば、従来、旧法例11条１項の定めていた「原因発生地」が、衝突地点であると解されていたことと同様に、法適用通則法17条にいう「結果発生地」も衝突地点であると解される。したがって、法適用通則法17条が、不法行為の成立およびその効力についての準拠法を結果発生地法に変更したからといって、公海上における船舶衝突責任に関する準拠法が、そこから直接的に導き出されるわけではない。すなわち、これをどのように決定するかは依然として問題であり[60]、従来の議論がそのまま妥当する。

（１）裁判例

この問題を扱う裁判例は少なく、日本人の日本法人に対して請求する訴訟であることを理由に、当事者双方の本国法である日本法を適用すべき旨を判

　国際私法の一般原則にしたがって準拠法を定めるべきであるとされる。
59　高杉直「法適用通則法における不法行為の準拠法―22条の制限的な解釈試論」ジュリスト（2006）1325号55頁、櫻田嘉章＝道垣内正人編『注釈国際私法第１巻』（2011）426頁〔西谷祐子〕。
60　竹下啓介「公海上の船舶衝突」国際私法判例百選〔新法対応補正版〕（2007）78頁。

示するいわゆるフルムーン号事件[61]もあるが、ここでは、比較的最近のものとして次の3つの裁判例をとりあげる。しかし、ここにみるように、裁判例には、(i)衝突船舶の旗国法を累積適用するものと、(ii)損害の現実化した地がわが国であること、および、わが国において訴えが提起され、原告および被告の双方とも日本法の適用を前提とした主張を展開してきたことを理由として、衝突責任の準拠法は日本法であるとするものがあり、下級裁判例は一致した見解を示していない。

【裁判例1】仙台高判平成6・9・19[62]

〈事実の概要〉日本法人であるY（被告・被控訴人）所有の日本船籍を有する漁船Q丸は、昭和57年8月31日に気仙沼港を出港し東経170度以東の北太平洋上のいか流し網漁場に向かい、真針路65度、毎時9ノットの速度で航行していた。Q丸は、同年9月3日午後零時45分頃、北緯42度55分、東経155度56分の地点（公海上）において、船首方向に所在していた韓国法人X（原告・控訴人）が所有する韓国船籍を有するP号と衝突し、同号の右舷中央部に破孔浸水を生じさせ、これによる浸水が原因でP号は衝突地点付近において沈没した。衝突の当時、Q丸は、濃霧にもかかわらず、霧中信号を吹鳴せず、また、レーダープロッティングによりP号の動静を把握することもせず、見張りの者が代わりの者を配置しないまま見張り位置を離れていた。他方、P号も霧中信号を吹鳴せず、レーダーが故障して機能しない状態で、かつ、適切な見張りをしないまま操業していた。Xは、本件事故はY側の不法行為により生じたものであると主張して、これによる損害額合計6億3702万6085ウォンの賠償および遅延損害金の支払いを求めて訴えを提起した。

原審の仙台地方裁判所（仙台地判平成元・9・27、判例集未登載のため高桑教授の本件判批（ジュリスト1104号（1997）192頁）による）は、①公海上における船舶の衝突については両船舶の旗国法を重畳的に適用すべきであるが、不法行為地法が存在しない場合には被害者はその本国法が認める以上の責任を相手方に対して問うことはできないとするのが条理にかなった解決であると判示し、②韓国商法747条（同条は「船舶所有者の責任は、その船舶の積量の1トンあたり1万5000ウォンの総額を超えることはできない」旨を定める）に基づく責任限度額を適用して936万3000ウォンがYの責任限度額となるとし、③被告が

---

[61] 東京地判昭和49・6・17判時748号77頁。
[62] 高民集47巻3号173頁、判時1551号86頁。

責任制限手続の申立てをしたときは、原告はその申立ての却下、棄却または廃止を条件としてのみ請求権を行使しうるとして、条件付で上記限度額の支払いを命じた。

〈判　旨〉(i)公海上における異国船籍船舶間衝突の準拠法について　「本件に適用すべき準拠法を探求するに、本件のような船舶の衝突による損害賠償責任については、船舶衝突ニ付テノ規定ノ統一ニ関スル条約が存在し、Q丸の船籍国たるわが国はこれに加入しているけれども、P号の船籍国たる大韓民国はこれに加入していないから、右条約を本件に適用することはできない（同条約第12条）。また、法例11条1項は、不法行為によって生ずる債権の成立及び効力はその原因たる事実の発生した地の法律による旨規定し、不法行為地法主義を採っている。しかしながら、本件事故の発生地すなわち本件衝突地点及びP号の沈没地点がいずれも公海に関する条約第1条にいう公海であることは明らかであって、不法行為地は存在しないから、右規定によることもできない。このような公海上における船籍を異にする船舶間の衝突の場合の不法行為責任の成立およびその効力（損害賠償の内容・範囲・方法等）については、責任の負担及び損害填補に関する衡平維持の観点から、加害船舶と被害船舶の双方の旗国法を重畳的に適用し、各旗国法が共に認める場合及び効力の限度において船主の責任を認めるべきものと解するのが相当である」。

(ii)船主責任制限についての準拠法について　「船主の責任については、海運業保護の目的からこれを一定の限度に制限することが各国の法制上広く認められている。しかしながら、この船主責任の制限は航海に関して生じた損害に基づく各種の債権を一括して一定の制限に服させることを目的とするもの、従って特定の債権の効力とは別個の性質のものであるところ、右債権成立の準拠法は同一の航海に関して生じたものでも様々に分かれることが少なくないから、船主責任制限の準拠法を債権成立すなわち責任の発生原因の準拠法によらしめるときは、相異なる責任制限制度が競合して右目的の達成が困難な場合が生ずる。さらに、委付主義、執行主義、金額主義等責任制限の態様が異なる責任制限法制相互間では、共通して認められる責任の範囲を定めることが不可能となる。これらの点を考慮すれば、船主責任制限の準拠法を責任発生原因の準拠法によらしめるのは相当でない。これを加害船舶の旗国法によらしめるのも国際的衡平の観点から問題が残る。以上の点に、船主責任の制限は関係条約に加入するかどうかも含めて各国の政策的考慮によりその内容及び手続きが定められていること、船主責任の訴求手続にせよその制限手続にせよ、関係条約の締結国間を除けば当該手続の結果が当然に他国にお

いて承認されるわけではなく、その申立人は当該法廷地国における権利の実現或いは責任制限の享受を第一の目的とするのが通常であることを考え合わせれば、船主責任制限の準拠法は法廷地法と解するのが相当である」。

【裁判例2】 東京地判平成15・6・30[63]

〈事実の概要〉日本人であるX（原告）が所有する漁船P丸とリベリア法人であるY（被告）が所有する貨物船Q号が、平成11年6月5日午後9時ごろ、北緯42度18分、東経146度97分付近の公海上において衝突した。Xは、本件衝突は、Q号を運航していた船員の過失により生じ、その結果、P丸が破損したとしてYに対してその損害の賠償を求めた。これに対して、Yは、Xが主張するYの損害賠償債務は商法798条1項によって時効消滅したとして争った。

また、公海上における船舶衝突責任の準拠法決定の問題について、Xは、被害船舶と加害船舶の旗国が異なる場合には、国際私法上も被害者の救済を図るべきであるから、被害船舶の所有者が選択するいずれか一方の旗国法によるべきであるとして、主位的に日本法を選択し、予備的にリベリア共和国法を選択すると主張したが、Yは本件には日本法が適用されると主張した。

〈判　旨〉判決は、法例11条1項は、不法行為によって生じる債権の成立及び効力はその原因たる事実の発生した地の法律によると定めているが、本件事故は公海上で発生したものであるから、上記「原因たる事実の発生したる地の法律」は存在しないとしたうえで、本件における損害賠償請求権の成立および効力の準拠法決定について次のように判示した。「確かに、本件でXが主張している損害はP丸の修繕費や修繕中の休航損害であり、P丸帰港後に我が国において現実化したものであるが、基本的には、本件衝突自体は公海上で発生したものであり、その時点でP丸の損壊という形で損害も発生したものと解すべきであるし、一般的に考えれば、船舶衝突の場合に双方に損壊等の損害が生じることも多く、船舶損壊以外の人損等の損害が発生することも少なくないことからすれば、上記のような損害の現実化といった事情をもって『原因たる事実の発生した地』と解することは相当でない。しかしながら、公海上における船舶衝突について損害賠償請求権の成立等を判断すべき準拠法がなく、およそ不法行為としての損害賠償請求が認められないというのは明らかに不合理であるから、このような場合には、法例に直接の規定がないとしても、当該事案の具体的な内容に即し、一切の事情を考慮した上で、

63　金商1242号45頁。

最も密接な関連性を有する法を適用すべきであると解される」。

そして、この最も密接に関連性を有する法を決するに当たって考慮されるべき要素として、(i)旗国法、(ii)当事者の本国法、(iii)その他の事情をあげた。しかし、(i)の旗国法については、「船舶は特定の国に登録することによってその国の国籍を付与され原則として当該国の主権に服することになるから、旗国（登録国）いかんは、上記準拠法を定めるについての１つの考慮要素である」が、「旗国（登録国）法というだけで、直ちに当該法が一般的に船舶の衝突による損害賠償請求権と特別密接な関連を有すると認められるかは疑問である」と述べた。そして、本件では、当事者双方の旗国は一致しておらず、Ｑ号は、アメリカ合衆国法人を管理人として管理されており、Ｙの旗国であるリベリア共和国との結びつきについてはどの程度実質的なものがあるかは必ずしも明らかではないとした。また、(ii)の当事者双方の本国法も一致していないとして、結局、(iii)その他の事情として、「本件事故によってＱ号にはみるべき損害は発生しておらず……、Ｐ丸は公海上で破損したと認められるが、修繕費の負担や休業による減益といったＰ丸の損壊に係る損害は我が国において現実化しているから、本件事故による損害はすべて我が国において現実化したものといえる」こと、また、「本件訴訟は、ＸとＹとの合意に基づき当庁（東京地裁）を管轄裁判所として提起されている」こと、そして、「Ｘは訴状の段階から最終口頭弁論期日前までは日本法を準拠法として主張し、同法の適用があることを前提とした主張を展開し、これに対してＹも日本法が準拠法であることは認めるとしてＸの主張を争ってきたものであって、これにより適用準拠法について当事者間に合意が成立していたとはいえないまでも……、少なくとも当事者間に法廷地法である日本法の適用を排斥する意思があるとは思われない」ことをあげ、「以上のことからすれば、本件準拠法は、日本法かリベリア共和国法のいずれか、又は双方ということになるが、リベリア共和国法よりもむしろ日本法がその解決に最も密接な関連を有する法であると認められるし、これに加えてリベリア共和国法を重畳的に適用する理由も見出せないから」、本件には、密接に関連する日本法を準拠法として適用するのが相当であるとした。また、被害者救済のため、被害者が選択するいずれか一方の旗国法によるべきであり、予備的にリベリア共和国法を選択するとのＸの主張に対して、「旗国法というだけでリベリア共和国法を準拠法とすべき根拠は乏しいというべきである。そして、準拠法を被害者の選択に委ねることは、何をもって被害者というのか明らかではないし、その選択があるまで準拠法が決まらないとするのも妥当ではなく、予備的な選択を

認めるということの合理性も認められない」と判示した[64]。

【裁判例3】仙台高判平成23・9・22[65]

〈事実の概要〉2004年7月3日現地時刻午前10時10分ごろ、千島列島オストロフ・マツア島東方沖合の北太平洋の公海上において、X（原告・控訴人）がパナマ法人から裸傭船していたパナマ船籍のP号と、ロシア法人であるY（被告・被控訴人）が所有していたロシア船籍のトロール漁船Q号が衝突した。なお、この事故後、P号は石巻港に入港して仮修繕を行い、その後函館港に回航され、ドックで本修繕を受けて航海を再開した。Xは、避航船であったQ号が、保持船であったP号の進路を避けなかったこと（1972年国際海上衝突予防規則15条、海上衝突予防法15条違反）、すなわち、Q号の船長もしくは当直責任者の航法違反、操船上の過失により発生したものであるとし、商法690条に基づき、Yに対してその被った損害の賠償を求めた。

これに対して、Yは、Yはロシア連邦の法人であるから日本の裁判権は被告には及ばないこと、本件においては、わが国の民事訴訟法の規定する裁判籍があるとはいえず、また、わが国で裁判を行うことが当事者間の公平、裁判の適正・迅速を期するという理念に反する特段の事情があること、さらに、本案の審理に際しては、ロシア法とパナマ法が累積適用されることになり困難が生じることなどを理由に、わが国の国際裁判管轄を否定すべきであると主張した。

原審の仙台地方裁判所は、本件の準拠法について次のように判示した[66]。「本件請求は、平成16年7月3日に発生した本件事故について不法行為に基づく損害賠償を請求するものであるから、仙台地方裁判所が本件について本案の審理判断を行うのであれば、新法附則3条4項に規定にしたがい旧法例11

---

64 なお、本件控訴審判決（東京高判平成16・5・27金商1242号36頁）においても、原審の判断が支持されている。控訴審において、控訴人（原告）が、衝突船の旗国が異なる場合には、国際私法上も被害者の救済を可能な限り図るべきであるから、被害船舶の所有者が選択するいずれか一方の旗国法を準拠法とすべきであるとの主張を繰り返した。このことにつき、控訴審判決は、「船舶の衝突においてどちらが加害船舶でどちらが被害船舶かは明らかでない場合も少なくないと推認され、また、双方の船舶に過失があることも少なくないのであるから、何をもって被害船というのか明らかでないし、選択があるまで準拠法が決まらないというのも妥当ではない」と述べている。

65 判タ1367号240頁。なお、この事件では、公海における外国船衝突について、わが国に国際裁判管轄が認められるかが主たる争点であったが、判決は公海における船舶衝突責任の準拠法決定にも言及している。

66 仙台地判平成21・3・19判タ1305号276頁。

条に基づいて準拠法を選択することになる。旧法例11条は、原因事実発生地の法を不法行為の準拠法としているが、本件事故は、北緯48度07分、東経154度35分の公海上で発生しているから、不法行為地法として指定すべき法は存在しない。そして、本件のように、船舶の衝突が公海上で発生した場合、両船舶の旗国法を累積適用すべきものと解されるところ、本件事故は、原告（パナマ法人）が裸傭船する原告船（パナマ船籍）と被告（ロシア法人）が所有する被告船（ロシア船籍）が衝突したものであるから、パナマ法とロシア法を累積適用すべきことになる」。

なお、原審判決が、仙台地方裁判所が本案の審理判断を行うことが、当事者間の公平、裁判の適正・迅速を期するという理念に反するとして、本件訴えを却下したことからXが控訴した。

〈判　旨〉ここでは、公海上における船舶衝突責任の準拠法決定に関する箇所だけを引用する。「旧法例11条1項は原因事実発生地の法を不法行為の準拠法としているが、本件事故は公海上で発生しているから、不法行為地法として指定すべき法が存在しない。そこで、このような場合には、当該船舶の旗国法に準拠するのが相当であるが、関係当事者のいずれかの旗国法に限定した準拠法を選択すれば不公平が生ずることになるので、加害船舶と被害船舶の双方の旗国法を累積的に適用することにより、相互の法律が共通に認める範囲内において、権利義務を定めることが相当と解される。……いわゆる便宜置籍船とは、正規の法形式と経済的実体が乖離した存在とされるが、本件証拠上、はたして控訴人船がいわゆる便宜置籍船であるか否かは必ずしも明確ではないし、仮に控訴人船がいわゆる便宜置籍船に当たるとしても、そうした便宜置籍の目的が、一般に説かれるように、課税が免除され又は低廉で、各種規制の緩やかな便宜置籍国に船籍を置くことによってわが国における登録料、とん税、取得税等の各種課税の納付、わが国が批准する国際海事条約を基礎とした国内法の遵守及びわが国の海員組合との賃金に関する労働協約の締結等の各種法的規制や制約を逃れる手段に出たもので、そのための法形式としての船籍を自ら選択したものであるとすれば、たとえそれが国際海運における国際競争力を高めるものとして広く行われる手法であったとしても、公海上の船舶衝突事故における準拠法の決定のような法的判断の場面において、卒然としてその法形式を捨て去り、俄にその実体を自己に有利に援用して法の庇護を求めようとすることは、適用法の恣意的な選択を許すことにつながりかねず、当事者の公平の観点に照らし、是認することはできない。さらに、船舶の衝突その他海上の事故に基づく損害賠償の訴えにつき損害を受

けた船舶が最初に到達した地に国際裁判管轄を認める場合の準拠法に法廷地法を採用すると、自船に有利な国を最初の到達地に選ぶことでいわゆる法廷地漁りがされる危険も想定し得ないわけではない（この点に関して法廷地漁りの余地はないとする控訴人の主張は採用できない。）。よって、本件の準拠法を日本法とすべきであるとの控訴人の主張は採用できない」。

(2) 学　説

　船員等の過失による船舶の衝突は不法行為であり、この場合の衝突責任の準拠法の選択について法適用通則法17条および22条（旧法例11条）の規定が適用されることにつき異論はない[67]。したがって、船舶の衝突がいずれかの国の領水内において生じた場合には、損害賠償請求権の成立およびその効力については、法適用通則法17条（旧法例11条1項）により「加害行為の結果が発生した地の法」が適用され、その国の法が適用されることになる。しかし、公海上において船舶の衝突が生じた場合には、結果発生地に適用される法律は存在しないから、この規定による準拠法の決定は極めて困難となる。この場合をいかに取り扱うか。この点に関して、従来、いくつかの学説が示されてきた。主要な学説としては次のようなものがある。

①**旗国法説**　　この説は、公海上における船舶衝突の場合、準拠法を決するための連結点たる属地的要素を欠いているとの理由で、この場合にこそ海事国際私法上認められている船舶の国籍を連結点として解決すべきであるとして、旗国法（船舶の本国法）による解決を図ろうとするものである[68]。この説は、衝突船舶が共通の旗国法を有する場合はこれによるとする[69]。他方、衝突船舶が旗国を異にする場合には、次のような学説が示されている。

１）**被害船旗国法説**　　この説は、被害船舶は、自国の領水であるか、公海上であるかにかかわらず、その旗国法の保護する権利を享有するとの理由から、船舶衝突によっていかなる権利・義務が生じるかは被害船舶の本国法たる旗国法によって定められるべきであるとする[70]。

67　山戸嘉一「海商」国際法学会編『国際私法講座第3巻』(1964) 788頁。
68　山戸・前掲論文（注67) 791頁。
69　斉藤武生「事務管理・不当利得・不法行為」国際法学会編『国際私法講座第2巻』(1955) 483頁。
70　丸岡松雄「不法行為地」国際私法の争点〔新版〕(1996) 137頁。

2）加害船舶旗国法説　　この説は、公海上での船舶の衝突については、「行動地法」を「加害船舶の旗国法」に、「結果発生地法」を「被害船舶の旗国法」に読み替え、不法行為に故意または過失が問題とされる限り、加害船舶の旗国法によるべきであるとするものである[71]。この説は、このように考えるべき理由を次のように説明する。一般に加害船舶は公海上における不法行為については、自国の本国法（旗国法）に服従する義務を負う。しかし、当然には被害船舶の本国法（旗国法）に服従する義務を負わされていないから、加害船舶は自己の本国法（旗国法）のみにより不法行為上の責任を負うにとどまると解すべきである。

3）旗国法累積（重畳）的適用説　　この説は、衡平の見地から、加害船舶および被害船舶双方の旗国法の累積的適用により共通に認める範囲内において権利義務を定めるべきであるとする[72]。船舶衝突によって生じる債権債務の関係は、被告の所属国の法律により定められるのを原則とすると同時に原告の所属国の法律の認める範囲においてこれを制限すべきだからである。なお、前掲【裁判例1】および【裁判例3】はこの見解による。

②法廷地法説　　公海上における船舶衝突については、衝突発生地法の適用は不可能であり、また、衝突関係船舶が本国法を同じくしない限り同時にその本国法を適用できない。さらに、一方の本国法を排除して、他方の本国法を適用することも許されない。したがって、この説は、公海上における船舶衝突は、不法行為地法主義（法適用通則法17条においては「結果発生地法主義」）が機能しない場合であるととらえ、旧法例11条（法適用通則法17条）の適用はなく法廷地法によるほかないと説く[73]。

71　田辺信彦「不法行為―公海上の不法行為」渉外判例百選〔3版〕（1995）99頁。
72　山戸嘉一『海事国際私法論』（1943）355頁、江川英文『国際私法』（1953）313頁、山戸・前掲論文（注67）792頁、斉藤・前掲論文（注69）483頁、溜池良夫『国際私法講義』〔3版〕（2005）368頁、道垣内正人「海事国際私法」落合誠一＝江頭憲治郎編『海法大系』（2003）684頁、山田鐐一『国際私法』〔3版〕（2004）367頁など。ただし、山戸教授は「真に余儀無い特別の事情の存しないにも拘わらず直ちに法廷地法を適用して之を以って一貫しようとするならば、それは正当な根拠を欠くものとして絶対に排斥しなければならない」とし、原則として折衷主義（累積適用主義）よるが、両国法が過失の有無・軽重・その法的効果・当事者の責任範囲等に関して規定を異にするため実際上甚だしい紛糾・不便・不都合を招来するような特別な事情がある場合には、法廷地法の適用をやむを得ないこととしている。
73　池原季雄＝高桑昭＝道垣内正人「わが国における海事国際私法の現況」海法会誌復刊30号

③その他の学説　このほか、次のような学説も主張されている。(i)旗国法を準拠法とすることへの疑問から、船籍のような物的施設としての船舶に引き摺られた概念ではなく、これを利用する主体としての実質的船主に着眼する方が、国際私法の基本原理たる「最も密接な関係」の原則に照らして、より妥当な結果を得られることを指摘し、実質的船主の営業本拠地を連結点とすべきであるとする説[74]。(ii)旧法例11条にいう不法行為地の概念を目的論的に「損害の現実化した地」にシフトさせ、損害賠償請求と密接に関係のある法を適用すべきであるとする説[75]。なお、前掲【裁判例2】はこの考え方を参考に結論を導いたものといえよう。すなわち、先にみたように、同判決は、順次、旗国法、当事者の本国法、その他の事情を考慮しようとした。しかし、結局は、その他の事情として、原告船舶の損害がわが国で現実化したことをあげ、これを理由の1つとして、日本法が準拠法であると判示した。

3．わが国の判例および学説の問題点

このように、公海上における異国船籍船舶衝突責任の準拠法決定に関しては、多様な見解が示されている。しかし、ここで検討するように、そのいずれもが何らかの問題を内包している。

(1) 被害船旗国法説および加害船旗国法説

まず、船舶の旗国法によりこの問題を解決すべきであるとする説のうち、

(1986) 49頁、谷川久「公海上における船舶衝突の準拠法等」ジュリスト平成8年度重要判例解説 (1997) 273頁、高桑昭『国際民事訴訟法・国際私法論集』(2011) 340頁。ただし、高桑教授は、例外として、船舶が同一旗国のときもしくは当事者全員が同一の国籍を有するときはその国の法律により、また、当事者が事後に準拠法について合意したときは、それによるという解決も考えられるとの見解も示している。また、不法行為の成立に関しては法廷地法により、損害賠償の内容および範囲については、衡平の見地から被害船舶の旗国法によるが、同時に、加害船舶の旗国法が認める限度にとどめるべきであるとの見解もある（三浦正人「公海における船舶衝突の準拠法」大阪市大法学12巻2号 (1965) 58頁）。

74　山内惟介『海事国際私法の研究』(1988) 169頁。

75　石黒一憲「判批（仙台高判平成6・9・19）」判時1570号 (1996) 222頁。なお、この説は、前掲【裁判例1】においては、損害賠償請求の主体は、韓国の港を拠点とする漁船であり、乗組員も全員が韓国人船員であったことなどから、すべて韓国社会と強く結びつくものとなっており、韓国法を適用すべきであったと説く。

被害船旗国法説および加害船旗国法説に対しては、そもそも、多くの場合、船舶衝突は双方船員の過失により生じるから、被害船または加害船といった概念を用いるのは不当であることが指摘されている[76]。そして、被害船旗国法説に対しては、次のような批判がある。すなわち、常に加害船舶に衝突原因があるとはいえないから、直ちに、被害船舶の旗国法を適用してこれを保護すべきではないし、加害船舶は、公海上においては自己の行為につき、自己の所属国以外の国家の法律にしたがうべき正当な理由は存在しない[77]。また、加害船旗国法説に対しては次のような批判がある。(i)この説は船舶領土説を前提としており、この考え方は擬制に過ぎる[78]。(ii)軽い船主責任を定めている国の船舶は、重い船主責任を定めている国の船舶に対して常に有利になるから、このような考え方は衡平の見地から妥当ではない[79]。

なお、加害船旗国法説については、公海上での船舶衝突の問題も、結局は加害船舶側の行動規範性ならびに賠償義務の予見可能性と被害船舶側の損害填補との比較衡量の問題に過ぎないことを考慮すれば、一見、理由があるように思われる[80]。しかし、やはり、立場互換性の認められる船舶衝突においては、被害船または加害船という概念を用いることは適当ではない。また、仮に訴えを提起した原告を被害船、被告を加害船と解したとしても、加害船が被害船に対して反訴を提起した場合には、どのような結果になるか予想がつかないとの批判も妥当する[81]。

(2) 旗国法累積 (重畳) 適用説

旗国法累積 (重畳) 適用説は、公海上での船舶衝突においては旗国以上に連結点はなく[82]、それが理論的にもっとも妥当である[83]などの理由で強く支

---

76 池原＝高桑＝道垣内・前掲論文 (注73) 49頁、谷川・前掲解説 (注73) 273頁。
77 山戸・前掲書 (注72) (海事国際私法) 348頁。
78 神前・前掲論文 (注56) 159頁。
79 山戸・前掲論文 (注67) 791-792頁。
80 田辺・前掲判批 (注71) 99頁。山戸教授も、公海における不法行為については、加害船舶はその本国法に服従する義務を負っていることを指摘して、公海における不法行為に関する説明としては適当であるとされる (山戸・前掲論文 (注67) 791頁)。
81 高桑昭「判批 (仙台高判平成6・9・19)」ジュリスト1104号 (1997) 194頁。
82 道垣内・前掲論文 (注72) 684頁。道垣内教授は、「(旧) 法例11条の解釈として原因事実発生

持されている。前掲【裁判例1】は、衝突統一条約が適用されないこと、公海上には不法行為地法は存在しないことを指摘し、「このような公海上における船籍を異にする船舶間の衝突の場合の不法行為責任の成立およびその効力（損害賠償の内容・範囲・方法等）については、責任の負担及び損害填補に関する衡平維持の観点から、加害船舶と被害船舶の双方の旗国法を重畳的に適用し、各旗国法が共に認める場合及び効力の限度において船主の責任を認めるべきものと解するのが相当である」として、この説による。また、前掲【裁判例3】は、不法行為地法として指定すべき法がない場合には、「当該船舶の旗国法に準拠するのが相当であるが、関係当事者のいずれかの旗国法に限定した準拠法を選択すれば不公平が生ずることになるので、加害船舶と被害船舶の双方の旗国法を累積的に適用することにより、相互の法律が共通に認める範囲内において、権利義務を定めることが相当」であるとする。

しかしながら、この説に対しては、従来、加害船舶と被害船舶の間に2つの旗国法を同時に適用することにより、過失の有無・軽重・その法的効果・当事者の責任の範囲に関し、何らの不便・不都合なく円滑にこれらを解決しうるかとの疑問が示されている[84]。また、両船舶の旗国法の累積適用は不法行為の成立と損害賠償額を制限し、実際にどのような結果になるか不明であるとの指摘もある[85]。さらに、2つ以上の法の重畳適用では、実際に不法行為の成否と、損害賠償額の算定をどのようにするのかの点で、困難な問題が生じるとの批判もある[86]。

例えば、前掲【裁判例1】についていえば、高桑教授が指摘しているように、韓国および日本の民商法が同様の原則をとり、具体的規定についても類似していたから妥当な結論を出せたと思われる[87]。しかし、全く異なる規定

地という連結点を旗国と解するのは相当に苦しい解釈であるといわざるを得ないが、南極や宇宙空間での不法行為の場合に、関係する主体の属する国の法律によるほかないのと同じく、旗国以上に妥当な連結点はないように思われる。そして、加害船舶・被害船舶という区別自体が準拠実体法の適用結果に依存しており、過失割合が7対3のときにどうするのかといった問題があるため、両船舶の旗国法の累積的適用を是とせざるを得ない」と述べている。

83　斉藤・前掲論文（注69）483頁。
84　山戸・前掲論文（注67）792頁。
85　池原＝高桑＝道垣内・前掲論文（注73）49頁。
86　高桑・前掲判批（注81）194頁。

を持った法同士が競合した場合には、互いに重なり合う部分が少ないことから、共通項が見出せず、損害の分配はおろか、不法行為の成立すら認められない状況に陥る可能性があるとの批判は免れないであろう。

(3) その他の学説

(i)損害の現実化した地の法を適用すべきであるとの説に対しては、旧法例の解釈として、その11条1項が規定していた「その原因たる事実の生じたる地」を結果発生地と理解しうるかどうかとの疑問が示されていた。この点、法適用通則法17条は、旧法例11条1項が不法行為債権の成立および効力についての準拠法を原因事実発生地法と定めていたことを改め、結果発生地法と規定した。しかし、前述のとおり、公海上においては、船舶衝突という結果の発生地は、依然として公海上であると解されるので、この説によっても、決定的な問題の解決にはならない。また、双方に損害が生じれば、その金額と内容、当事者の営業の本拠地、各船舶の船籍、乗組員の国籍等を比較衡量して準拠法を決定することが妥当かどうかという問題点も指摘されている[88]。

(ii)実質的船主の本拠地法を適用すべきであるとの説に対しては、次のような指摘がある[89]。船舶の実質的所有者の営業の本拠を認定することは必ずしも容易ではない。また、船舶賃貸借、定期傭船についても、船舶を実質的に支配している者を問題とすべきことになり、便宜置籍船について、旗国法主義に代えて、船舶の実質的所有者の本拠地法主義をとることの当否は疑わしい。

最後に、法廷地法説についてであるが、連結点として法廷地法を用いるという発想には国際私法上、重大な欠陥があると指摘されている。すなわち、実体問題に関する限り、法廷地法は準拠法となりえず、また、現実の問題として考えても、法廷地漁りに長けた者に有利なルールであって、船舶についていえばどこの港で差押さえするかという戦術が勝敗を決することになるとの痛烈な批判がある[90]。

---

87 同前。
88 同前。
89 池原＝高桑＝道垣内・前掲論文（注73）13頁。

4．学説の検討

このように、公海上における異国船籍船舶間の衝突責任を規律する準拠法を導くために、これまで主張されてきた学説は、そのそれぞれが問題を内包しており、いずれの見解によっても、当事者にとって公平かつ妥当な結論は得られない。そこで、ここでは、まず、この問題に関するアメリカ合衆国における判例の見解を示すとともに、イギリスおよびフランスにおけるこの問題の解決について概観する。そして、これらの国における解釈を参考として、わが国の海法の解釈としても、この問題は法廷地法説によって解決すべきことを論じる。

（1）外国法における解釈

アメリカ合衆国においては、船舶の衝突が公海上において生じた場合、原則として、法廷地において理解され行われている一般海法（general maritime law）が適用されると解されている[91]。この原則を明示した先例として The Scotland 最高裁判所判決[92]がある。この事案では、英国法人所有の汽船と米国船籍の船舶が公海上において衝突、双方の船舶が沈没した。そこで、米国船籍船舶の船主が英国の汽船の船主に対してその被った損害の賠償を求めて訴えを提起した。本件における衝突責任の準拠法を決定するにあたって Bradley 判事は、次のように述べて、公海上での船舶衝突責任の準拠法については、衝突船舶が共通の旗国に属していれば旗国法が適用され、異なる旗国に属していれば法廷地法が適用されるとの見解を示した[93]。「船舶の衝突が公海上において生じた場合、そこでは特定の国家の法が排他的効力を有さ

90　道垣内・前掲論文（注72）677頁。
91　John Wheeler Griffin, *The American Law of Collision* 44 (1949), Thomas J. Schoenbaum, *Admiralty and Maritime Law, vol. 2*, 164 (5th ed. 2011).
92　105 U. S. 24 (1881).
93　なお、このことは Restatement of Conflict Laws First, §410にも次のように示されている。Liability for an alleged tort caused by collision on high seas outside the territorial waters of any state is governed, (a) by the law of the states whose flags the vessels fly if the laws of such states are the same; (b) by the law of the forum if the laws of the states whose flags the vessels fly are not the same.

ず、すべてが平等であるから、当事者の権利を決することを要求された法廷は、一応、公平（正義）の原則を示していると思われる自国の法によってそれを決するべきである。しかし、当事者である船舶が同一の国籍を有すれば、その共通旗国法によって紛争は解決される。当事者が異なる法を有する異なる国家に属する場合には、他を排して一方の法を適用するのは不公平である。したがって、この場合には、法廷地法、すなわち法廷地において受け入れられ、行われている海法が適切に責任決定の原則を与えてくれる[94]」。この判決にしたがって、アメリカ合衆国では、この場合には、実に1世紀以上もの長きにわたって法廷地法が適用されてきた。

なお、合衆国では、双方船舶の旗国は異なるものの、双方船舶が同一の条約の締約国に属している場合については、その条約が適用されると解されており[95]、これにしたがう裁判例もある[96]。また、最近では、公海上における船舶衝突のみならず、外国領海における船舶衝突についても共通旗国法の適用が重視される傾向にある[97]。

また、イギリスでは、古くから一貫して一般海法（general maritime law）としての英国内で施行されているコモン・ローの一部である英国海法が適用

---

[94] *Ibid.* at 29.

[95] Nicholas J. Healy and Joseph C. Sweeney, *The Law of Marine Collision* 30 (1998), Tetley, *supra* note 37, 264, William Tetley, *The Law of The Flag, "Flag Shopping," and Choice of Law,* 17 Tul. Mar. L. J. 139, 169 (1993).

[96] 代表的な例として、1985年のニューヨーク南部連邦地方裁判所の In re Seiriki Kisen Kaisha 判決（1986 AMC 913 (SDNY 1985)）がある。

[97] The Scotland 判決以来、船舶衝突が外国の領海内において生じた場合のその責任および損害賠償を規律する法は、その沿岸国の法（不法行為地法）であるとされているが（The Mandu, 102 F 2d 459 (2d Cir. 1939), Ishizaki Kisen Co. v. United States, 1975 AMC 287 (9th Cir. 1975)）、近時、この場合に、常に不法行為地法が適用されることに疑問を示す見解がある。たとえば、Schoenbaum 教授は、現代の法選択原則は、公平の観点から、他の国家との相当な連結点について分析を行うことにより、このような原則の例外が許容される場合がありうると指摘する（Schoenbaum, *supra* note 91, 164）。また、Tetley 教授は、船舶の衝突が同一旗国の船舶間で生じた場合、主要な連結点はその共通の旗国であり、これが、双方の当事者がしたがうべき国際法を示すと指摘する（Tetley, *supra* note 95 (*The Law of The Flag, "Flag Shopping," and Choice of Law*), 168）。さらに、衝突が生じたとき、双方の船舶が単に外国領海を通過していたに過ぎなかった場合にも不法行為地法が適用されるのは問題であることを指摘する見解もある（Healy and Sweeney, *supra* note 95, 32）。なお、合衆国の裁判例にも、衝突地が適用されるべき実体法の選択に際して唯一の基準となるかどうかは疑わしいとの見解を示すものも見られる（In re Seiriki Kisen, 1986 AMC 193 (SDNY 1985)）。

されると解されている[98]。さらに、比較的最近のフランス破毀院判決も法廷地法を適用して解決を図っている[99]。フランスの Ripert 教授も、公海上には不法行為地法は存在しないから、海法に固有の原則を見出す必要性があるとして、窮余の一策として (En désespoir de cause) 法廷地法の適用が妥当であるとする[100]。

（2）法廷地法説の妥当性

当事者の公平の確保という観点からは、一見、旗国法の累積適用が妥当のように思われるが[101]、この考え方には前述のような問題がある。また、近年、特に外航船の大半を占めている便宜置籍船の登場などにより、そもそも、旗国法を連結点として準拠法を決定する考え方自体が疑問視されている[102]。

他方、このような疑問に対しては、旗国法についてその適格性が相当なケースにおいて失われ、かつ、旗国法に代わる、ふさわしい準拠法が一定の明確な基準の下に定まることが示されない限り、容易に旗国法を捨て去ることはできないとして、旗国法が今もなおベストな準拠法であるとの反論がなされている[103]。さらには、実体法上の問題に法廷地法を適用することは、国際私法による国際的法秩序構築という方法の根本を破壊するものであるとの指摘もある[104]。

なるほど、旗国法の準拠法適格性を全面的に否定するのではなく、アメリカ合衆国の裁判例のように、衝突船舶が共通の旗国に属する場合には、旗国法を準拠法とすべき場合があってもよいと思われる[105]。また、旗国法の累

---

98 Marsden, *Collisions at Sea* 622 (13th ed. 2003). ただし、英国法が一般海法であるとするのは、イギリス海事裁判所の伝統的信念に過ぎず、このことが一般的に承認されているわけではない（三浦・前掲論文（注73）49頁）。
99 Cour de Cass., 9 Mars 1966, DMF 1966, 408.
100 Ripert, *supra* note 35, 20.
101 山戸・前掲論文（注67）792頁。
102 谷川・前掲論文（注57）34頁、高桑・前掲書（注57）110頁。
103 道垣内・前掲論文（注72）675頁。
104 道垣内・前掲論文（注72）684頁。
105 高桑・前掲書（注73）340頁。ただし、便宜置籍船の衝突の場合には、衝突船舶の旗国が共通であるとして、直ちに旗国法を衝突責任の準拠法とすることには疑問がある（箱井崇史編著『船舶衝突法』（2012）335-336頁〔松田忠大〕）。

積適用によって生じる不当さは、法適用通則法42条（旧法例33条）の公序則により是正し、結果の妥当性を確保すべきであるとの見解も十分理解しうる[106]。しかし、異国船籍船舶衝突の準拠法の決定について、旗国法による解決が、場合によっては困難な問題を惹起する危険性を認識しつつ、あえて、この問題の解決を旗国法の累積適用に委ねることが妥当であろうか。また、すでに指摘されているように、海事国際私法については伝統的な旗国法主義は再検討を迫られているといえ、旗国法による解決は、これによるのが合理的である場合に限定すべきではなかろうか[107]。そうすると、やはり、公海上における異国船籍船舶衝突の場合は、法適用通則法17条の定める不法行為地主義が機能しない例外的な状況であるととらえ、この場合の衝突責任については、やむを得ず法廷地法を準拠法とすべきである。

この点、すでにみたように、アメリカ合衆国、イギリス、フランスの判例は、公海上における異国船籍船舶衝突については、一致して法廷地法を適用すべきであると解している。また、フランスの著名な海法学者も、この場合には、窮余の一策として、法廷地法を適用せざるを得ないことを認めている[108]。このような事実に鑑みれば、公海上における異国船籍船舶間の衝突責任は、法廷地法によって定まると解するのが海法の伝統であり、常識であるといえるのではないか[109]。そうすると、公海上における異国船籍船舶衝突の場合の準拠法選択は、例外的に国際私法のルールから離れて、海法独自のルールによるとしてもよいのではないかと考える。

なお、公海上において船舶衝突が生じた場合には、実務上は、事後的に当事者間で衝突責任を規律する準拠法についての合意がなされる場合がある。この点、法適用通則法は、不法行為の当事者間の合意により、不法行為の準

---

106 道垣内・前掲論文（注72）685頁。
107 箱井・前掲書（注105）324頁〔松田〕。
108 なお、山内・前掲書（注74）185頁によれば、ドイツにおいても、法廷地法は、明白かつ簡単な、そして事案の全複合体にとって統一的な、しかも、すべての関係船舶が持っている旗に対して同じように中立的な法への連結という大きな長所を示しているとの見解があることが紹介されている。
109 神前教授は、かつては、唯一船舶だけが公海上を移動しえたのであり、公海という特定の国に属さない地域で法的紛争が生じるという事態も、事実上は海事法の特色としてとらえることができたと指摘する（神前・前掲論文（注56）166頁）。

拠法を事後的に変更することができる旨を定める（法適用通則法21条）。このように、法適用通則法は、結果発生地法が存在する場合であっても、事後的に当事者の合意によって準拠法の変更することを認めているから、もともと結果発生地法を観念することができない公海上において船舶衝突が発生した場合には、なおさら、このような当事者自治を認めるべきであると考える[110]。したがって、この場合における当事者による準拠法の合意は有効であると解すべきである。そして、このような合意があれば、これによって定められた法を準拠法とすべきである[111]。そうでない限り、公海上における異国船籍船舶衝突責任については、法廷地法をその準拠法とすべきである。

しかしながら、法廷地法を準拠法とすることに対しては、法廷地漁りに長けた者に有利なルールであって、船舶についていえば、どこの港で差押さえするかという戦術が勝敗を決することになるとの痛烈な批判が加えられている[112]。したがって、法廷地法を選択するならば、原告による不当な法廷地漁り（forum shopping）を回避することが不可欠となる。そして、この弊害を避けるために、近時、裁判管轄を被告の住所地に限定すべきことが主張されていた[113]。しかし、被告の住所地に管轄を限定し、そして、被告について裁判管轄を認めるべき何らかの原因があれば、直ちに裁判管轄権の行使を肯定することには問題がある。すなわち、被告に絶対的保護を与えて、原告は常に被告の住所地において訴えを提起しなければならないとすれば、原告の所属国において訴訟を提起するよりも、その負担ははるかに大きくなる。そうすると、被告の住所地に限定するのには無理があり、原則として、被告主義によるにしても、原告の被る不利益も正当に評価する必要がある[114]。

110　箱井・前掲書（注105）336頁〔松田〕。
111　なお、近時、次のような見解が示されている（中野俊一郎「法適用通則法における不法行為の準拠法について」民商法雑誌135巻6号（2007）942頁）。公海における船舶衝突の場合には、条理によって妥当な連結点を探すべきであると指摘して、法適用通則法20条および21条の趣旨から、まず、当事者が事後的に選択した法によるべきである。それがないときには船舶の旗国の共通性などを通して導かれる密接関連性のある法により、さらに、これもない場合には法廷地法によるべきである。公海における船舶衝突の実務上の処理を考慮しても、このような見解は妥当であるように思う。
112　道垣内・前掲論文（注72）677頁。
113　高桑・前掲書（注73）340頁。
114　松岡博「国際裁判管轄」遠藤浩監修・淡路剛久ほか編『現代契約法大系（第9巻国際取引契

この点、今次、改正されたわが国の民事訴訟法は国際裁判管轄に関する規定を設けた。したがって、公海上における異国船籍船舶衝突についても、同法の規定に基づいて、わが国の裁判管轄の有無が判断されることになる。さらに、同法は、例外的に特別の事情が認められる場合には、裁判所は訴えを却下することができると定めているから（民訴3条の9）、わが国が裁判管轄を有する場合であっても、これによって原告の訴えを却下し、裁判管轄権の行使を差し控えることができる。しかし、民訴法は、この規定に基づく訴えの却下に際しては、事案の性質、応訴による被告の負担の程度、証拠の所在地その他の事情を考慮すべきことを定めているだけである。したがって、公海上における異国船籍船舶衝突の場合に、いかなる事情を勘案してこのような特別の事情を認めるかについては、慎重に検討しなければならないと思われる。この場合に、どのようなファクターをどの程度考慮して訴え却下の判断をすべきかが、ある程度明確にならない限り、訴訟当事者が、訴えを却下されるかどうかについての予測ができず、法的安定性が損なわれるおそれがあるからである。この問題については、特に、アメリカ合衆国の判例法理の考察を通して、次節（3節）において若干の検討を行う。

5．船主責任制限の準拠法

(1) わが国の学説

前掲【裁判例1】においては、船舶衝突による不法行為責任の成立および効果に関する準拠法決定のみならず、船主責任制限の準拠法の決定についても争点となった。この問題については、古くから同則主義と異則主義の対立が見られる。同則主義は、当該責任制限の対象となる債権の準拠法として指定された国の法と同一の国の法を適用する立場である。船長その他の船員のなした行為の効力に関する準拠法はその行為から生じる船主の責任全般に関する準拠法たるべきであって、船主の有限責任の準拠法は、その発生原因の準拠法、すなわち債務関係自体の準拠法でなければならないことを理由とす

約（2））』（1985）275頁。

る[115]。これに対して、異則主義は、制限債権の準拠法とは関係なく別個に船主責任制限の準拠法を決定する立場である。契約・衝突その他の不法行為の存在を前提とするが、船主責任制限は法律自体から発生する別個のものであって、船長の締結した契約または船長その他の船員の不法行為そのものから導き出されるものではないことを理由とする[116]。

わが国の学説では、かつては、異則主義の立場に立ち、船舶の旗国法の適用を説くものが有力に主張されていた[117]。しかし、最近では、その論拠は一様ではないものの、法廷地法によるべきであるとの見解が有力である[118]。

異則主義の立場から一般に説かれるように、船主責任制限は法律上生じるもので、契約または不法行為そのものにより導かれるものではない[119]。また、船主責任制限制度は1事故ごとに、または、航海の終わりの時点までに生じたすべての制限債権について、1個の責任限度が適用される制度であり、個別の債権ごとに責任制限が認められるものではない。制限債権の中には、準拠法を異にする多くの債権が含まれる可能性があるから、債権準拠法と同一の準拠法を適用して解決することは、場合によっては船主責任制限に関する準拠法の決定が不可能となるおそれがある[120]。さらに、多様な債権を1つの手続の中で扱うという船主責任制限の本質からしても、個々の原因債権の準拠法にしたがうことの根拠は薄弱である[121]。したがって、同則主義によることは適当ではない。前掲【裁判例1】が、「船主責任制限の準拠法を債権成立すなわち責任の発生原因の準拠法によらしめるときは、相異なる責任制限制度が競合して右目的の達成が困難な場合が生ずる」として同則主義を否定していることは正当であると考える。

異則主義によれば、制限債権の準拠法とは関係なく別個に船主責任制限の準拠法を決定しなければならないから、この責任制限について、いかなる要

---

115 山戸・前掲書（注72）（海事国際私法）89頁。
116 山戸・前掲書（注72）（海事国際私法）102頁。
117 加藤正治『海法研究第2巻』（1923）197頁、山戸・前掲書（注72）（海事国際私法）105頁。
118 奥田安弘「船主責任制限法の準拠法」香川法学4巻2号（1984）189頁、高桑・前掲判批（注81）194頁、谷川・前掲解説（注73）274頁、石黒・前掲判批（注75）70頁。
119 加藤・前掲書（注117）183頁。
120 谷川・前掲解説（注73）274頁。
121 奥田・前掲論文（注118）186頁。

素を連結点として準拠法を決定すべきかが問題となる。船主責任制限法の準拠法を船舶の旗国法に求める旗国法主義については、かつてのわが国の委付主義の下では、責任制限が全債権者に対する海産の委付という物権的処分行為と一体をなしていることから、船舶の物権公示のための登記・登録がなされている旗国を連結点として準拠法を決定することに意義があるとされていた。しかし、金額主義の下では海産は直接船主の責任制限には結びつかず[122]、さらに、衝突責任そのものについての準拠法選択の場合と同様に、現代においては、海事の特殊性から旗国法を連結点として準拠法を決することに根拠を見出すことはできない。

この点、前掲【裁判例1】は、責任制限の準拠法を加害船の旗国法によらしめることには、国際的衡平の観点から問題があるとし、(ⅰ)船主責任制限は各国の政策によりその内容および手続が定められていること、(ⅱ)手続の結果が当然に他国において承認されるわけではないこと、(ⅲ)申立人は当該法廷地国における権利の実現あるいは責任制限の享受を第一の目的とするのが通常であることを理由として、船主責任制限の準拠法は、法廷地法と解するのが相当であるとした。わが国の学説の多数は、この結論部分には賛同しているようであるが、このような理由づけについては十分とはいえないとの指摘もある[123]。

(2) 英米における見解

英米における見解を観察すると、イギリスにおいては、責任制限規定は救済的権利を付与するものでも、これと結びつくわけでもないから手続法の性格を有するとされる。そして、手続的な問題は例外なく法廷地法によって決定されることから[124]、船主責任制限については、法廷地法(イギリス法)が適用されると解されている[125]。また、アメリカ合衆国においても、古くはイギリスと同様に解されていたようであるが[126]、最近ではイギリスとは異

---

[122] 谷川・前掲解説(注73) 274頁。
[123] 石黒・前掲判批(注75) 67頁。
[124] Marsden, *supra* note 36, 575.
[125] Scrutton *on Charter-Parties* 403 (20th ed. 1996).
[126] Healy and Sweeney, *supra* note 95, 381.

なる見解もみられる。

かつて、合衆国連邦最高裁判所は、公海上でイギリス船籍の汽船が氷山に衝突して沈没し、当該汽船の船主が合衆国裁判所に責任制限の申立てをした事案において、損害賠償請求の基礎がイギリス法の下での不法行為にあり、船舶が合衆国の実体法にしたがわない場合でも、外国船籍船舶が合衆国において訴訟を提起された場合には、合衆国法の下での責任制限の利益をうけることができるとした。そして、責任制限制度を、責任または救済的権利に関するものではなく、これに関連する手続と位置づけた[127]。しかし、1949年の Black Diamond S. S. Corp. v. Robert Stewart & Sons, Ltd 判決（以下、The Norwalk Victory 判決という）では、連邦最高裁判所は、常に法廷地の責任制限制度が適用されるわけではないとして、合衆国法と競合する責任制限法が権利に結びつくものであれば、それが適用されるとの見解を示している[128]。そのほか、公海上において炎上・沈没したパナマ船籍の遊覧船の船主が合衆国裁判所に責任制限を申立てた事案に関する下級裁判例として、The Norwalk Victory において連邦最高裁判所が示した基準にしたがって、パナマの責任制限法の性質につき鑑定した結果、同法は手続法ではなく実体法であり、権利に結びつくものであるとの理由から、パナマの責任制限法を適用したものがある[129]。

このように、「手続は法廷地法による」の原則を前提として、実体法と手続法との区別を意識し、船主責任制限の準拠法を決するのが合衆国判例の立場である。しかしながら、合衆国の学説には、このような裁判例の見解を次のように批判するものがある[130]。すなわち、船主責任制限の準拠法選択にあたり、実体法または手続法の区別によらしめることは、法廷地法を適用するための便法にすぎない。また、実際には、外国の責任制限法の性質を決定することは困難であるから、場合によっては同一法が実体法と解されたり、手続法と解されたりするなど、裁判所の都合のよいように解釈されるおそれ

---

127 The Titanic, 233 U. S. 718 (1914).
128 336 U. S. 386 (1949).
129 The Yarmouth Castle, 226 F. Supp. 517 (S. D. Fla. 1967).
130 David W. Robertson, Steven F. Friedell, Michael F. Sturley, *Admiralty and Maritime Law in the United States* 519 (2001).

がある。さらに、合衆国の裁判所は、一般により高い責任限度額を定める法を準拠法として選択しているようにみえる。

この点、カナダ領水内の運河にかけられた橋に船舶が衝突し、これによって橋に生じた損害の賠償を求める訴えが合衆国裁判所に提起され、船主が、カナダ法に基づく責任制限を主張した事案において、第6巡回区控訴裁判所は次のような見解を示している[131]。(i)この衝突は、カナダ領水内にて生じているものの、当該船舶は合衆国の国籍を有していること、(ii)本件責任制限の決定によって影響を受ける当事者が、船主に対して、カナダの法廷ではなく合衆国の法廷において訴えを提起したことを考慮すれば、本件における限り、カナダ法よりも合衆国法との結びつきが強く、抵触法の問題としては合衆国法を適用することが望ましい。

この判断は注目に値するが、船主責任制限の準拠法の判断に、旗国法を持ち出したことには疑問がある。

(3) 法廷地法説の妥当性

わが国の法廷地法説は次のような根拠に基づく。(i)船主責任制限制度は、法廷地国の政策的配慮により、権利の実現を制限し、かつ特別の手続に導くものである。したがって、船主と債権者との間の微妙な利益のバランスの上に立っており、責任制限手続は、その前提となる実体部分が異なれば存在理由を失いかねず、実体と手続とを分けることは、法廷地国の立場から不可能である[132]。(ii)船主責任制限条約4条（1976年条約では14条）が、責任制限基金の形成・分配に関する規則およびすべての手続規則は基金が形成された国の法によると規定している。このことから国際私法のルールに対する特別が定められたもので、この条約の批准により、準拠法選択上の特別なルールが設定されたと解することができる[133]。(iii)責任制限の実質は、責任制限制度は破産制度と類似するところ、破産法の大部分が本質的に手続法に属し公序法の性格を有するとされ、破産債権自体の成立および効力を除いては法廷地

---

131 In Re Bethlehem Steel Corp., 631 F. 2d 441 (6th Cir. 1980).
132 奥田・前掲論文（注118）189-190頁。
133 石黒・前掲判批（注75）67-68頁。

法によるとされていることに異論がない[134]。

　先にみたアメリカ合衆国における学説をもあわせて考慮すれば、このような法廷地法説の理由はいずれも妥当である。そして、連結点として薄弱な旗国法を準拠法とするよりは、わが国の船主責任制限法を、手続法的性質を有するものとして一体的にとらえて、船主責任制限については、法廷地法たる日本法を準拠法とするのが合理的であると思われる。

6．おわりに

　公海上における異国船籍船舶間の衝突から生じた責任を規律する準拠法の決定については、先に検討したように、いずれの学説の見解にも問題があり、双方の当事者にとって公平かつ妥当な結論は得られない。そこで、本節において論じたように、公海上における異国船籍船舶間の衝突責任は、法適用通則法17条が規定する結果発生地主義がその機能を果たさない場合であり、当事者の合意による準拠法の指定がないときには、法廷地法を適用するほかないと考える。

　本節でみたように、アメリカ合衆国でも、関係船舶が旗国を異にし、共通の法を有しない場合には、いずれか一方を優遇するのは不公平であるという理由で、法廷地法が適用されると解され、1934年の抵触法に関する第一次リステートメントもこの立場を明示していた。さらに、イギリスおよびフランスにおいても、これと同様に理解されている。したがって、比較法的にみても、公海上における異国船籍船舶の衝突責任については、法廷地法によることが主要海運国の趨勢に合致する。先にみたように、実体法上の問題に法廷地法を適用することは、国際私法による国際的法秩序構築を破壊するとの批判もあるが、むしろ、このような理解は海法の常識となっているとみることができよう。そうすると、まさに、窮余の一策として、海法独自の解決を行うことが認められてもよいと考える。さらに、このように解することは、「海上衝突事件における民事裁判管轄、法の選択、判決の承認および執行に

134　奥田・前掲論文（注118）191頁、谷川・前掲解説（注73）274頁。

関する条約草案（C. M. I Draft Convention on Civil Jurisdiction, Choice of Law, and Recognition and Enforcement of Judgments in Matters of Collision (1977)）の4条が、「別段の合意がない限り、衝突がある国の内水または領水内において生じた場合には、その国の法（不法行為地法）が適用され、衝突が公海上において生じた場合は、当該事案を管轄する裁判所の法（法廷地法）が適用される」と定めている趣旨にも合致する。しかしながら、法廷地法説によれば、法廷地の選択権を原告に委ねることになり、原告による法廷地漁り（Forum shopping）の弊害が懸念される。そこで、近時有力に主張されているように裁判所の裁判管轄権の行使を適切かつ妥当に制限しなければならない[135]。なお、船主責任制限の準拠法については、ここで検討したように法廷地法説が妥当であると考える。

第3節　公海上における船舶衝突と裁判管轄権の制限

1．はじめに

公海上においては不法行為地法が観念できないことから、公海上において異国船籍の船舶が衝突した場合には、その責任を規律する準拠法決定について解決困難な問題が生じる。この問題の解決のために、これまで多くの学説が主張されてきたが、前節（2節）において明らかにしたように、いずれの学説の見解にも問題があり、双方の当事者にとって公平かつ妥当な結論は得られない。また、この問題について、裁判例も統一的な見解を示していない。そこで、比較法的検討を踏まえて、公海上における異国船籍船舶間の衝突の場合は、法適用通則法17条の規定が機能しない例外であるととらえ、やむな

---

[135] 楊衛民「船舶衝突における損害賠償責任の分担とその準拠法（3）」法学68巻5号（2004）777頁。山戸教授も、「國際裁判管轄ノ問題ハ船舶衝突事件ノ受訴裁判所力法ノ抵觸問題ヲ生シタル場合ニ於テ所謂法廷地法ヲ適用スル傾向アリ且何人ト雖モ公海ニ於テ起リタル異國籍ノ船舶間ノ衝突事件ニ付キ法廷地法ヲ適用スルコトニ對シ確乎タル反對ヲ爲シ得サル現狀ニ於テハ一層本問ノ解決ノ重要ナルヲ感セサルヲ得サルナリ」と述べ、法廷地法の適用によって生じる法廷地漁りの問題を裁判管轄または裁判管轄権の行使を制限することによって解決すべきことを示唆している（山戸・前掲書（注21）（衝突論）320頁）。

く法廷地法を適用すべきであることを論じた。

しかしながら、すでに指摘されているように、この場合に法廷地法を適用することの最大の問題点は、法廷地の選択権が原告に委ねられることにより、不合理な法廷地漁り（Forum shopping）を招くおそれが生じることである。この点、わが国の民事訴訟法は、わが国の国際裁判管轄が認められる場合であっても、特別の事情によって原告の訴えを却下することができる旨を規定した（民訴3条の9）。この規定に基づき、場合によっては訴えを却下して、原告による不合理な法廷地漁りを回避することができる。しかしながら、公海上における異国船籍船舶衝突の場合に、どのようなファクターを考慮して、このような特別な事情を認めるべきかについては、同法は詳細に規定しているわけではない。したがって、原告および被告の双方の利益を考慮して、適切な訴えの却下を行うには、その検討が必要である。

そこで、本節では、アメリカ合衆国において判例法理として確立されているフォーラム・ノン・コンヴェニエンス法理をとりあげる。そして、この法理が適用された船舶衝突に関する裁判例および学説の考察を通じて、訴えの却下の判断を行うのに際して考慮すべきファクターについて若干の検討を行う。

2．公海上における異国船籍船舶衝突と裁判管轄権行使の制限

（1）アメリカ合衆国における公海上での船舶衝突事件の裁判管轄権

アメリカ合衆国においては、海事裁判権は合衆国連邦裁判所に属し[136]、連邦地方裁判所は海事に関する民事事件の第1審裁判管轄権を有する[137]。また、合衆国の海事裁判権は、公海のみならず、海上または海上へ連結している可航水路であれば、それが外国に位置していても、河川および運河にも及ぶとされており[138]、「合衆国において、船舶衝突事件に対する裁判管轄権は、公海から外国の領海にいたるまで、地球の四隅に広がる」とも形容され

136　U. S. CONST. Art. 3, §2.
137　28 U. S. C. §1333.
138　Healy and Sweeney, *supra* note 95, 10.

ている[139]。このように、連邦地方裁判所は、合衆国の海事裁判管轄の及ぶ水域で生じたすべての事案について裁判管轄権を有するが、裁判所が提起された訴えに対する対人管轄権または対物管轄権を有しない限り、その裁判権を行使することができないのはもちろんである[140]。

公海上での異国船籍船舶衝突事件における裁判管轄の有無について判断した裁判例として、The Belgenland 最高裁判所判決[141]がある。この事案は、公海上においてノルウェー船籍の帆船とベルギー船籍の汽船が衝突、前者が沈没し、船員の一部とともに当該汽船によって救助された船長が、ベルギー船籍の汽船に対しその損害の賠償を求めて合衆国において訴えを提起した事案である。判決は、まず、「裁判所の属する国家の裁判管轄権が及ばない事案における紛争で、それが共通法（communis juris）、すなわち、国家に共通の法の下で生じている事件であり、それが外国人間において生じた場合には、当該裁判所は、その裁判管轄権を行使することについての裁量を有するが、外国人原告への手助けを差し控えるには特別の事情がなければならない。すべてのこのような事案においては裁判管轄権の存在が明白であり、唯一の問題は、それを行使するのが適当かどうかである[142]」と述べる。また、同判決は、船舶衝突事件はまさに共通法の問題であり、船舶衝突事件では、被告船舶が発見された場所で、衝突による賠償を求める当事者にその船舶に対する対物訴訟を認めるのが、合衆国を含むヨーロッパ諸国の実務であると述べる。そして、対人訴訟が実効性を有しないことを指摘して、このような実務が実に有効であると判示したイギリスの裁判例を引用して[143]、次のように判示した。「第1審を管轄する裁判所は、共通法の問題としての船舶衝突事件においては裁判管轄権を有し、これを行使しないことが、当事者間の公平を実現するということを示す特別の事情が存しない限り、裁判管轄権を行使する[144]」。

139　Schoenbaum, *supra* note 91, 162.
140　Healy and Sweeney, *supra* note 95, 12.
141　114 U. S. 355 (1885).
142　*Ibid*. at 365-366.
143　*Ibid*. at 367.
144　*Ibid*.

さらに、同判決は次のように述べ、当該事案に適用される法（法廷地法）との関係でも裁判管轄権の行使を肯定することが当事者の公平に資することを示している。「本件は、まさに共通法にかかわる事案であり、当事者のいずれかが属する国家の裁判所によってなされるより、物または当事者に対する管轄権を有する第三国の裁判所によって公正かつ適切に訴訟が遂行される。したがって、当事者のいずれも、その自らの国の国内法によって判断されるべき、特定の請求権を有しない[145]」。

（2）フォーラム・ノン・コンヴェニエンス法理

これを先例として、合衆国では、外国人当事者間の公海上における船舶衝突事件については、船舶衝突法の共通法としての性質と船舶衝突事件における対物訴訟の重要性から、外国人原告に対する手助けのために、ほぼ無条件の裁判管轄権の行使が認められてきた。しかしながら、他方では、これによって、原告が、その所属国とは異なる実体法上の利益を受けるために行う、いわゆる法廷地漁りを助長してきたことが問題点として指摘された。そこで、合衆国では、これを回避するために裁判所による裁判管轄権の行使を制限して、原告による不当な法廷地漁りを回避してきた[146]。

この裁判管轄権行使の制限に関して、古くから用いられてきたのが、フォーラム・ノン・コンヴェニエンス（Forum Non Conveniens、以下、FNCという）法理である[147]。一般には、FNC法理は、訴訟が提起された裁判所以外の裁判所で事件がより適切に審理されると考えられる場合には、他の裁判管轄権を有する裁判所の存在を前提に、裁判所はその本来有する管轄権の行使をその裁量によって差し控えることができるという原則である。そして、これは、原告による裁判所の選択が実質的な理由を欠く場合を制限し、このような不公平あるいは不正義を取り除くため、被告側の抗弁として発展してきた法理であると説明されている[148]。前掲 The Belgenland 判決も、原則とし

---

145 *Ibid.* at 369.
146 Schoenbaum, *supra* note 91, 130.
147 Alexander M. Bickel, *The Doctrine of Forum Non Conveniens As Applied in the Federal Courts in Matters of Admiralty*, 35 Cornell Law Quarterly 12, 13 (1949).
148 山本敬三「アメリカ法におけるフォーラム・ノン・コンヴェニエンスの法理」民商法雑誌74

て外国人当事者についての裁判管轄権を肯定しているが、「これを行使しないことが、より公平であり、あるいは、正義を実現するということを示す特別の事情が存しない限り[149]」裁判管轄権を行使すると判示している。したがって、フォーラム・ノン・コンヴェニエンスという文言は用いてはいないものの、公海上における船舶衝突事件に起因する外国人間の訴えについても、裁判管轄権を有する裁判所がその行使を差し控えるのを適当とする場合があることを認めている。

裁判管轄権の行使が制限された裁判例としては、Canada Malting Co. v. Paterson Steamships がある[150]。この裁判例では、スペリオル湖のアメリカ合衆国領水内において被告船舶と衝突し、沈没した船舶上の荷主が、その損害の賠償を求めてニューヨーク西部裁判区において訴えを提起した。しかし、地方裁判所および控訴裁判所の双方とも、被告による訴え却下の申立てを認めた。この裁判例において、連邦最高裁判所は、The Belgenland 判決を引用する先例が、「海事裁判所は、外国人間の海事訴訟について裁判管轄権を有するが、裁判所は、これらの外国人が所属する国の法廷に事件を移送することによって、公平（正義）が実現される場合には、その事件の裁判管轄権を行使しない」と判示してきたことを指摘し、この原則は一連の下級裁判所の判例によっても支持されているとした[151]。そして、「一般に裁判管轄権を有する裁判所は、必ずこれを行使しなければならないわけではない。このように理解しなければ、外国人間の訴訟であることを理由に、海事裁判所は裁判管轄権の行使を差し控えることができないということになってしまう[152]」と述べ、合衆国裁判所の裁判管轄権行使を否定した原審の判断を支持する判決を下した。なお、この裁判例においては、このような判決の基礎として、次のような事実が認定されている。すなわち、(i)当事者がすべて同一国籍（カナダ）を有すること、(ii)証人となる者（船舶の船員等全員）が、カナダに在住するために強制召還が困難であること、(iii)すべての積荷がカナダで船積

巻5号（1976）722頁。
149　114 U. S. 355, 367.
150　Canada Malting Co. v. Paterson Steamships, 285 U. S. 413 (1932).
151　*Ibid*. at 420.
152　*Ibid*. at 422.

みされ各地へ運送されるという船荷証券上の契約が存在することである。なお、この裁判例は、合衆国領水内において生じた船舶衝突事件について裁判所が裁判管轄権の行使を差し控えた先例としても注目される。

3．船舶衝突事件におけるフォーラム・ノン・コンヴェニエンス

(1) Gulf Oil Corp. v. Gilbert 事件判決と船舶衝突事件へのその影響

① Gulf Oil Corp. v. Gilbert 連邦最高裁判所判決　1947年に登場した Gulf Oil Corp. v. Gilbert 連邦最高裁判所判決[153]（以下、Gilbert 判決という）は、FNC 法理の適用に際して考慮されるべきファクターを明示したものとして注目される。この判決において連邦最高裁判所は、まず、「FNC 法理が適用されるすべての事件においては、被告に対する訴えが提起されるべき少なくとも2つの法廷の存在が前提となる。そして、この法理はこれらの法廷選択のための基準を与える[154]」と述べて、FNC 法理の意義を明らかにした。そのうえで、「この法理は、原告が訴えを提起する裁判所に多くの自由裁量を与えており、その裁判管轄権の行使を拒絶する傾向はみられなかった[155]」と指摘した。

そして、FNC 法理に基づく訴え却下の判断にあたっては、「裁判所は、原告の利益と公正な裁判の実現に対する妨害とを比較衡量する。原告は、不便宜な法廷選択を行い、原告が救済を受けるのに要しない費用または困難さを被告に課すことによって、被告を苦しめたり、困らせたり、圧迫したりしてはならない。しかし、これらの比較衡量によって、被告に強く不利にならない限り、原告の法廷選択は尊重される[156]」との基準を示した。また、この比較衡量の際に最も強く考慮されるべき利益は訴訟当事者の私的利益である

153　330 U. S. 501 (1947). この事案は、バージニア州の住民である原告が、タンクにガソリンを供給したペンシルヴェニア州の会社である被告の過失によってその所有する倉庫が焼失したと主張し、ニューヨークの連邦地方裁判所に対して、その被った損害の賠償求めて訴えを提起した事案であり、海事事件ではない。

154　330 U. S. 501, 506.

155　*Ibid.* at 508.

156　*Ibid.*

とし、この判断において考慮されるべきファクターとして、(i)証拠へのアクセスの相対的容易さ、(ii)非協力的な証人の出頭を確保するための強制手続の利用可能性および証人の出頭に関する費用、(iii)関連する前提事項を扱うことの可能性、(iv)審理を容易、迅速、かつ費用抑制のための実務上の事項を列挙した[157]。さらに、公的利益ファクターも考慮されるべきであるとして、そのファクターとして、(i)事件が集中する中央の裁判所において訴訟手続が係属した場合の司法上の困難さ、(ii)訴訟に無関係な社会の人々への陪審義務を強いることへの負担、(iii)地域的関連を有する紛争はその地で解決されるべきであること、(iv)法の抵触や未知の法律の適用の問題で裁判所に負担をかけないことを列挙した[158]。

② **Gilbert 判決と公海上における船舶衝突事件**　Gilbert 判決以来、合衆国の裁判例においては、この判決が示した基準（以下、Gilbert 基準という）にしたがう海事裁判例を見出すことができる。しかし、公海上における異国船籍船舶間衝突事件については、前述のとおり、The Belgenland 最高裁判所判決[159]によって、「生じた損害の賠償を求める当事者に、加害船舶が見出された場所での対物訴訟を許すべきであるから、このような場合は、原則として合衆国の裁判所は当該事案に対して裁判管轄権を行使しなければならない。しかし、当事者間の公平（正義）のために、裁判管轄権の行使を否定することが有益であるという特別な事情が存在する場合には、例外的にこれを否定すべきである」との見解が示されている。したがって、公海上における異国船籍船舶衝突については、外国人間における加害船舶に対する対物訴訟について、合衆国裁判所は、原則として、国際裁判管轄権を行使しなければならないとの基準が示されているものといえる。このことから、少なくとも、第2巡回区内[160]、第4巡回区内[161]および第5巡回区内の裁判例をみる限り、Gilbert 基準確立後も、The Belgenland 事件最高裁判所判決において示され

157　*Ibid.*
158　*Ibid.* at 509.
159　114 U. S. 355 (1885).
160　The Western Farmer, 210 F 2d 754 (2nd Cir. 1954).
161　Anglo-American Grain Co., v. The S/T Mina D'Amico, 169 F Supp. 908 (E. D. Va. 1959), METALLGESELLSCHAFT v. M/V LARRY L, 1973 AMC 2529 (D. S. C. 1973).

た基準が適用されていた。

　例えば、第5巡回区では、ドイツ船籍の船舶とノルウェー船籍の船舶が公海上において衝突し前者が沈没、沈没船の積荷の荷主が、フロリダにおいてノルウェー船籍の船舶をアレストし、その被った損害の賠償を求めてフロリダ南部連邦地方裁判所において訴えを提起した裁判例がある。この裁判例においては、The Belgenland 判決を踏襲する1957年の第2巡回区連邦控訴裁判所の裁判例[162]を引用して、次のような見解が示されている。The Belgenland と同様の外国人当事者間の公海上における異国船籍船舶衝突事件においては、この最高裁判決において確立された原則（第5巡回区では、これは裁判管轄権を行使することが不公平（不正義）にならない限りそれを行使するという立場を示していることから、injustice standard と呼ばれている）が統一的に適用されてきており、これによってこの重要な分野の裁判上の方針（judicial policy）が確立されている[163]。

　その後も、第5巡回区は、1973年のブラジル法人所有の船舶とドイツ法人所有の船舶が Huron 湖において衝突し、ドイツ法人がジョージア州南部地裁において対物訴訟を提起した裁判の判決[164]、および、1981年の北海における異国船籍船舶衝突に関する裁判の判決[165]に至るまでは、一貫してこの立場を踏襲していた。なお、この injustice standard の下では、第2巡回区連邦控訴裁判所が判示しているように、訴えの却下を求める被告は、原告の船舶に対する対物訴訟の利益に対して、他の管轄に移送されない限り、自己に不公平な、あるいは、正義に反する権利侵害が生じることを立証しなければならない[166]。しかし、実際には被告がこの立証に成功することは難しく、結果として、外国人間の訴訟においては、ほとんど訴えの却下判決には至らず、特に、かつての第5巡回区においては裁判管轄権の行使を容認することが「当然の原則（virtual per se rule）」になっているとも指摘されていた[167]。

162　The Western Farmer, 210 F 2d 754 (2nd Cir. 1954).
163　Motor Distributors, Ltd. v. Olaf Pedersen's Rederi A/S, 1957 AMC 57, 62 (5th Cir. 1956).
164　Posidon Schiffahrt, G. m. B. H v. The M/S NETUNO, 474 F 2d 203 (5th Cir. 1973).
165　DAMODAR BULK CARRIERS v. DET DANSK-FRANSK, 1981 AMC 1734 (S. D. Tex. 1979).
166　The Western Farmer, *supra* note 160, 756.
167　Edwin W. Dennard, *Forum Non Conveniens In International Maritime Collision Litigation in*

(2) 公海上における船舶衝突事件への Gilbert 基準の適用

このように、第5巡回区では、公海上における船舶衝突事件については、この injustice standard の適用により、原告の被告船舶に対する対物訴訟についてほぼ無条件の裁判管轄権行使が認められてきた。ところが、1983年に、第5巡回区連邦控訴裁判所は、一転して、injustice standard は、公海上における外国人当事者間の船舶衝突事件についての Gilbert 基準の例外的基準でも、これと異なる基準ではないとの見解を示した。そして、第1審裁判所が下した訴えの却下判決を支持した。ここにみるように、学説においては反対の見解があるものの、この判決以降、公海上における船舶衝突事件においては、裁判所は次のような見解に基づいて裁判管轄権を行使している。(i)公海上における船舶衝突事件を含むすべての海事事件における FNC 法理の適用は Gilbert 基準によって判断される。(ii)原告が合衆国国民または居住者であることは、FNC 法理適用の妨げにはならない。

① **Gilbert 基準を適用した裁判例** この裁判例では、イスラエル船舶とインドネシア船舶が地中海の公海上において衝突した。この衝突によって損害を受けたインドネシアの船舶に積荷を有していた外国人原告が、ヒューストン港に入港したイスラエル船舶を差押え、テキサス南部連邦地方裁判所において対物訴訟を提起した。しかし、第1審のテキサス南部連邦地方裁判所は、FNC 法理に基づいて、被告がロンドンの裁判所に出頭し、かつ、その裁判管轄に服するとともに、相当額の担保を供することを条件として訴えを却下したため、原告が控訴した[168]。第5巡回区控訴裁判所は、その判決において、次のように指摘して、injustice standard は Gilbert 基準の例外的基準ではないとの見解を示した。すなわち、(i)本来、FNC 法理が発達してきたのは海事事件においてである。Gilbert 判決は、これを海事事件以外の分野にも適用することを宣言するとともに、FNC 法理を体系的にまとめたものである[169]。また、(ii) injustice standard を適用してきた第5巡回区の裁判例は、フォーラム・ノン・コンヴェニエンスという表現は用いてはいない。しかし、

The Federal Courts: A Suggested Approach, 16 Cornell International Law Journal 121, 128 (1983).
168 PERUSAHAAN UMUM v. Tel AVIV, 1985 AMC 67 (5th Cir. 1983).
169 *Ibid*. at 71.

第5巡回区が対象とした事件は、Gilbert 事件と同様に、まさにフォーラム・ノン・コンヴェニエンス、すなわち、裁判所が裁判管轄権を有するが、これを行使することが適切であるかどうかの問題が争点となっている。したがって、injustice standard および Gilbert 基準の双方とも、同じ問題を解決するための基準である[170]。

さらに、同判決は、injustice standard と Gilbert 基準との関係について次のように評価した[171]。Gilbert 基準も裁判管轄権行使の結果として生じる不公平あるいは不正義を評価するにあたって、原告の法廷選択に有利な重みづけをしているから、その内容は injustice standard の内容と一致する。また、原告の受ける利益と被告の被る不利益の衡量にあたって、Gilbert 基準は、明確には個々のファクターをいかに衡量すべきかを示していない。この点、injustice standard は、公海上における船舶衝突事件では、船舶に対する対物的支配（in rem control）の重要性を理由として、原告の法廷選択を強く支持すべきことを示している。その意味では、injustice standard は、Gilbert 基準に基づく利益衡量の例外ではなく、特別な応用であるといえる。

② **Gilbert 基準を適用した裁判例に対する学説の評価**　このように、第5巡回区連邦控訴裁判所は、公海上における異国籍船舶衝突事件においても Gilbert 基準が適用されるとして、条件付きではあるものの原告の訴えを却下した。この裁判例が、船舶衝突事件に Gilbert 基準を適用し、原告の訴えを却下したことをとらえて、公海上における船舶衝突事件において裁判管轄権を行使するか否かの判断に際して、裁判所は、The Belgenland 判決以来重視されてきた裁判所の対物的支配の要素よりも、当事者の利益衡量をその判断基準として重視するようになったと指摘する見解がみられる[172]。

船舶衝突事件に Gilbert 基準を適用するとしたこの裁判例に対して、学説にはこれに賛同する見解と反対する見解が示されている。このような裁判例の見解に賛同する立場は次のように指摘する[173]。Gilbert 基準は、古い海事

170　*Ibid.* at 73.
171　*Ibid.* at 74-76.
172　Nicholas J. Healy, David J. Sharpe, *Case and Materials on ADMIRALTY* 180 (3rd ed. 1999).
173　Matthew M. Cordrey, *Notes on Recent Cases: Forum Non Conveniens: Two Views on the Decision of the Court of Appeals for The Second Circuit in Alcoa Steamship Co., Inc v. M/V Nordic*

およびエクイティ裁判所の判決を集積したものであって、海事事件においてGilbert 基準の例外を認めることは無意味である。また、同基準は、地方裁判所の判事が訴えの却下を判断するに当たって考慮されるべき要素を示したものに過ぎない。

他方、船舶衝突事件に Gilbert 基準を適用することについて批判的な立場もある。この立場は、次のように指摘して、Gilbert 基準が示した私的利益ファクターは、渉外性のある船舶衝突事件において、どの法廷地が便宜的であるかを判断するには全く無関係であるとする[174]。(i)渉外性のある衝突事件の特質を考慮した場合には、私的利益ファクターの衡量によって、他の法廷よりも明らかに便宜的であると認められる法廷が指し示されることはまれである。(ii)船舶の衝突およびそれに伴う訴訟は世界中で生じるから、多くの証人は、原告の選択した法廷がどこであれ出頭を余儀なくされる。(iii)合衆国法廷において訴訟を提起することは極めて合理的である[175]。また、この立場は、Gilbert 基準が示した公的利益ファクターについても、次のように指摘して、裁判所の混雑を回避するというファクター以外の公的利益ファクターも不適切であると指摘する[176]。(i)海事事件においては、審理は判事に委ねられるため、陪審員に関する社会負担を強いることはない。(ii)ほとんどの判事は、外国法が適用されることが法廷を変更すべき理由となるほど困難な問題であるとは考えていない。(iii)多くの衝突事件は、公海上で生じ、また、国籍を異にする当事者が関与することになる。したがって、提起された訴訟について、唯一利益を有する単一の共同体は存在しない。

なお、公海上における船舶衝突は実質的に特定の外国法廷と接点を有しないことを指摘して、Gilbert 基準の適用を疑問とする見解も示されている[177]。

③**原告が合衆国国民である場合**　　また、第 2 巡回区控訴裁判所が取り扱っ

Reagent, In Support of Decision, 12 J. Mar. L. and Com. 127, 133-134 (1980).
174　Dennard, *supra* note 167, 139-140.
175　*Ibid*. at 135は、すべての証人が存在しなくても、宣誓供述調書を用いて、海事法廷において審理を行いうること、合衆国は世界的コミュニケーションの中心であって海事訴訟において利便性が高いことなどを挙げている。
176　*Ibid*. at 140-141.
177　Schoenbaum, *supra* note 91, 131.

た Alcoa Steamship Co. v. M/V Nordic Regent[178]においては、船舶の衝突に関して、原告が合衆国国民である場合の FNC 法理の適用が問題とされた。従来、合衆国国民は連邦裁判所へのアクセスの権利を享有しているという理由により、FNC 法理は、合衆国国民が自ら提起した訴えには適用されないと考えられていた[179]。しかし、この裁判例において、第 2 巡回区連邦控訴裁判所は再審[180]を経て、原告が合衆国国民であることによって、特別なルールが要求されるものではないとの結論に至っている。すなわち、同判決は、一般的には、FNC の法理の適用に際しては、合衆国国民であること、または合衆国に居住していることが、原告の訴え提起を認める絶対的かつ決定的なファクターではないと判示したニューヨーク南部地方裁判所の判決[181]があることを指摘して、合衆国国民たる原告を外国の裁判所に移送することが不適切であるとする裁判例は存在しないとの見解を示した。このような判断に対しては、国際的礼譲および訴訟手続の統一の必要性、そして、Gilbert 基準が適用されても合衆国国民たる原告は十分保護されるとの理由からこれを支持する見解も見られる[182]。しかし、これに反対する見解も有力である。すなわち、この見解は次のように指摘する。合衆国国民に対する訴えの却下

---

178 1980 AMC 309 (2d Cir. 1980).
179 Robert Braucher, *The Inconvenient Federal Forum*, 60 Harvard L. Rev. 908, 921 (1947), Healy and Sweeney, *supra* note 95, 16.
180 この事件の第 1 審判決は、合衆国国民は、合衆国の法廷において訴えを提起する絶対的な権利を有するものではなないし、原告がニューヨークの住民であるという事実も決定的ではないとした。そして、訴えが原告の外国（トリニダード）における営業活動に起因することを指摘して、原告の訴えを却下した。また、控訴審判決も第 1 審の判断を支持したが（1979 AMC 13）、後に原告の請求に基づく再審において訴え却下判決を破棄した（1979 AMC 1）。しかし、この事案の再審においては、原告が訴えを提起した地に居住していない点が指摘され、原告が当該裁判所の管轄の及ぶ地の居住者である場合には Gilbert 基準による利益衡量テストは適用されないことが示された。また、原告が合衆国国民であり、他の利用しうる法廷が外国のみである場合には、Gilbert 基準ではなく、より厳格な Koster v. Lumbermens Mutual Co. 判決（330 U. S. 518 (1947)）において示された基準が適用されるべきであるとの見解も示された。ところが、その後、第 2 巡回区控訴裁判所は、本件につき再度、審理を行い、一転して、原告の訴えを却下することを命じるに至った。
181 Taxaco Trinidad, Inc v. Astro Exito Navegacion S. A., 1977 AMC 1721 (SDNY 1977). これは、トリニダードにおいて事業を行うために設立されたデラウェア州の法人が、ニューヨーク南部連邦地方裁判所において、外国法人に対してそのトリニダードにあるドックに生じた損害の賠償を求めて訴えを提起した事案である。判決は、FNC に基づき原告の訴えを却下した。
182 Cordrey, *supra* note 173, 137.

は、意図的な嫌がらせのような稀な状況にのみ限定すべきである[183]。また、連邦最高裁判所は、海事事件においては、合衆国国民に保障された合衆国裁判所へのアクセスを閉ざしてはならないことを示しており、連邦最高裁判所は、渉外性を有する海事訴訟において、Gilbert基準が合衆国国民たる原告に適用されることを意図してはいなかったはずである[184]。

ただし、合衆国の法廷において合衆国国民が原告として訴えを提起した場合の原告の法廷地選択は、一般に、外国人原告によって合衆国法廷が選択された場合よりも尊重されると解されている。その理由は、航空機事故に関する1981年の連邦最高裁判決[185]によると、原告の居住地の法廷が選択された場合には、その選択は便宜的であると推定するのが合理的であるが、原告が外国人である場合にはこのように推定することはそれほど合理的ではないからであると説明されている[186]。したがって、原告の法廷地選択が強く尊重されれば、被告が訴えの却下判決を得るには被告側の不便宜をより強く証明しなければならないことになる。

(3) 船舶衝突事件における Gilbert 基準のファクターに関する考察
①公海上における船舶衝突事件についての事例　それでは、船舶衝突に関する事案においては、Gilbert基準に基づいて、具体的には、いかなる利益衡量が行われているのであろうか。筆者が入手した比較的最近のGilbert基準を適用した公海上における船舶衝突事件に関する裁判例は、前掲の1983年の第5巡回区連邦控訴裁判所の裁判例（前掲注168）のみである。そこで、この事案について、いかなる事情がファクターとして考慮され、その結果、どのような利益衡量が行われたかについて考察する。

この判決では、前述のとおり、公海上における船舶衝突において採用され

183　Kenneth H. Volk, *Notes on Recent Cases: Forum Non Conveniens: Two Views on the Decision of the Court of Appeals for The Second Circuit in Alcoa Ateamship Co., Inc v. M/V Nordic Reagent, In Opposition to the of Decision*, 12 J. Mar. L. and Com. 123, 127 (1980).
184　Dennard, *supra* note 167, 139は、Swift & Co. Packers v. Compania Del Caribe, S. A. 判決 (339 U. S. 684 (1950)) におけるFrankfurter判事の意見を引用してこのように述べている。
185　Piper Aircraft v. Reyno, 454 U. S. 235 (1981).
186　*Ibid.* at 256.

てきた injustice standard は、Gilbert 基準の例外ではなく、公海上における船舶衝突事件での Gilbert 基準の特別な応用であって、利益衡量に際しては、原告の対物訴訟の利益を重要なファクターとして考慮すべきことを要求しているものと理解されている。この点、同判決は、まず、公海上における船舶衝突事件という特殊な事案における Gilbert 基準の適用にあたっては、そのファクターの重要性ゆえに、この基準に基づく利益衡量分析を行う前、すなわち、当該事件を審理すべき他の適切な法廷の有無を検討する段階で、合衆国の裁判所は FNC に基づく却下を否定すべきことを強いられるだろうと指摘する[187]。また、同判決は、訴えの無条件の却下によって原告の利益が失われることから、原告の対物的な支配の利益を絶対的に保護する必要性が生じることをも指摘する。しかしながら、Gilbert 基準による私的利益および公的利益ファクターの利益衡量に基づいて、他の代替法廷における訴訟がより便宜的であると判断される場合には、無条件却下ではなく、訴えの却下に条件を付すこと (conditional dismissal) によって、原告の利益を損なわずに訴えを却下することができる旨を判示した[188]。すなわち、当該事案においては、利益衡量の結果、被告が60日以内にロンドンの法廷に出頭せず、また、テキサス南部地裁に相当の担保を提供しなければ却下判決は取り消される旨の条件を付して訴えを却下した。

②**私的利益ファクターと公的利益ファクターによる利益衡量**　　つづいて、この条件付却下判決を導いたファクターの利益衡量について考察する。私的利益ファクターに関しては次のように述べて、当事者がロンドンの法廷に出頭した方がより便宜的であるとした[189]。(i)当事者、証人、証拠のいずれもテキサス南部地区または合衆国には存在せず、主要な証人および証拠はすべて英国に存在するか、または、英国と関係を有している。そのため、証人および証言については、英国の法廷が便宜的であり、証言を得るための費用も抑えることができる。(ii)荷主である原告との関係においては、被告船舶は、共同被告として他方の衝突船舶を訴訟に引き込むことに強い利益があるとこ

187　PERUSAHAAN UMUM v. Tel AVIV, 1985 AMC 67, 77 (5th Cir. 1983).
188　*Ibid*. at 78.
189　*Ibid*. at 79-80.

ろ、すでにロンドンにおいて、原告・被告双方船舶間の訴訟が提起されている。

また、公的利益ファクターについては、次のような理由を示し、公海上における船舶衝突事件には、いずれの公的利益ファクターも関係がないと判示している[190]。(i)公海上における異国船籍の船舶衝突事件においては、当該訴訟と特定の法廷が関連性を有することはほとんどない。(ii)公海上における船舶衝突は、共通法の下で規律されるので法選択の問題は生じない。(iii)合衆国において船舶の差し押さえがなされたことは公的利益ファクターの1つにあたる。しかし、これについても訴えの却下に先のような条件を付すことによって、このファクターは満たされる。

また、同判決は、本件についてはロンドンの法廷も本質的には公的利益を有するものではないとする。しかし、証人および関係する訴訟がロンドンに集中していることから、原告の法廷選択よりも、ロンドンにおいて訴訟を行うことが、証拠、証人および取引上の記録に対して高い近接性を有すると指摘した。そして、結論として、本件においては、原告の訴えの利益よりも、すべての関係当事者が存在する地の法廷において訴訟を遂行する被告の利益が優越するから、原審の下した訴えの条件付却下判決は正当であると判示した。

③その他の船舶衝突事件において考慮されたファクター　公海上における船舶衝突事件ではないが、船舶衝突に関する比較的最近の裁判例を分析すると、Gilbert 基準の適用に際して次のようなファクターが考慮されている[191]。

私的利益ファクターとしては、(i)証人の所在およびその証人を合衆国の法廷に出頭させられるかどうか、(ii)証人召喚のための費用、(iii)翻訳の負担に関連した人証および書証に用いられている言語、(iv)外国法解釈に伴う当事者の負担が考慮されている。また、公的利益ファクターとしては、(i)法廷との関連性が希薄な場合は紛争が生じた地で解決されるべきこと、(ii)外国法の適用とその解釈の問題（ただし、単に外国法が適用されることになるというだけでは

---

190 *Ibid.* at 81.
191 ここでは次の5つの判決例を考察の対象とした。GAHR v. NEDLLOYD LIJNEN, 1983 AMC 537 (E. D. La. 1982), OCEAN SHELF TRADING v. FLOTA MERCANTE GRANCOLOMBIA S. A., 1986 AMC 2482 (S. D. N. Y. 1986), PARTENRED CAROLINA v. FEDERAL HURON, 1987 AMC 1199 (N. D. Ill. 1986), CLIFFS-NEDDRILL TRUNKEY INTERNATIONAL-ORANJESTAD v. M/V RICH DUKE, 1990 AMC 1583 (Del. 1990), LA SEGURIDAD DE CENTROAMERICA S. A. v. M/V GLOBAL MARINER, 2002 AMC 1999 (S. D. N. Y. 2002).

訴えの却下を正当化する根拠にはならない)、(iii)すでに外国の法廷で同様の訴訟が遂行されているなどの訴訟遂行の効率性、(iv)裁判所の混雑の問題、(v)翻訳・通訳についての法廷の負担、(vi)当事者と法廷との関連性、(vii)陪審義務、(viii)訴訟と衝突が生じた地域の住民との関連性などが考慮されている。なお、訴えの却下によって事件に適用される実体法が変更され、それにより原告の得られる賠償額が少なくなることは裁判管轄権行使を承認する根拠とならないことも示されている。

④**船舶衝突事件において考慮されるべきファクター**　ここに抽出したファクターについては、すべての裁判例において考慮されている共通のものもあるが、基本的には裁判例によって考慮されたファクターは異なっている。また、どのファクターに比重が置かれるべきかについて明確にする裁判例もみられない。さらに、考慮されたそれぞれのファクターが私的利益に関するものなのか、公的利益に関するものなのかが不明確な裁判例もみられる。したがって、Gilbert 基準によって示されたファクターは単なる例示的なものに過ぎないといえ、どのファクターをどの程度考慮すべきであるかということについては、現在でも、FNC 法理に基づく訴えの却下を判断する裁判所の裁量に委ねられているおり、全く統一がなされてはいないといえる。したがって、このような状況では、裁判所の恣意的な判断を招くおそれがある。そして、その結果、裁判管轄権が行使されるかどうかにつき当事者が全く予見できず、法的安定性が害されると思われる。

　なお、特に渉外性を有する船舶衝事件において、裁判所が Gilbert 基準にしたがうことについて疑問を示す見解があることはすでに示した。この点、この見解に関して合衆国国民を保護する観点から次のように指摘する見解もある[192]。すなわち、(i)現在の国際私法の原則の下では可能な限り、合衆国の実体法を適用することによって合衆国の海運産業の利益が増進されるべきである。(ii)緩やかな手続きメカニズムへのアクセスを合衆国国民に与えることによって合衆国国民を保護すべきである。(iii)合衆国の海運産業の利益とは関係がなく、原告が合衆国国民ではない事案についての裁判管轄権の行使は否

192　Dennard, *supra* note 167, 141-142.

定すべきである。(iv)原告が合衆国国民である場合には、訴えの却下が外国の法廷における不利な実体法の適用の結果を招くか、あるいは、合衆国国民たる原告をより不利な訴訟手続にしたがわせる結果となるのであれば、合衆国の裁判所による裁判管轄権の行使を認めるべきである。

　しかし、この見解が指摘するような理由に基づいて、船舶衝突の場合にはGilbert 基準を適用すべきではないと判断することは妥当ではないと思われる。自国の国益偏重あるいは過剰な自国民保護によって当事者の公平を損なう結果を招くと考えられるからである。すでに指摘されているように、Gilbert 基準が示したファクターには、特に、公海上における異国船籍間の船舶衝突事件において考慮されるべきものとしては適切ではないものが含まれているように思われる。したがって、この見解が示す観点ではなく、むしろ、Gilbert 基準が公海上における船舶衝突事件における訴えの却下判断に際して考慮されるべきファクターを適切に示しているどうかの観点から、この基準を適用することの妥当性を検討すべきであろう。

4．おわりに

　前節（2節）において論じたように、公海上において異国船籍船舶間の衝突が生じた場合における衝突責任の準拠法選択は、法適用通則法17条が規定する不法行為地法主義が機能しない例外的な場合であるととらえるべきである。そして、海法独自の解釈として、この場合には、法廷地法の適用を認めるべきである。しかしながら、法廷地法を準拠法とするならば、すでに指摘されているように、原告による法廷地漁りの懸念が生じる。したがって、これを避けるためには裁判管轄権行使の制限を検討しなければならない。

　わが国においては、ごく最近まで国際民事裁判管轄を定める明文の規定はなく、いかなる場合にこれを認めるかについては種々の見解が示されていた[193]。また、公海上における異国船籍間の船舶衝突事件における国際裁判

193　小林秀之・藪口康夫「国際裁判管轄の近時の動向」上智法学論集37巻3号（1994）179頁以下によれば、次のような見解があった。すなわち、①国内土地管轄規定をまったく考慮しない立場からは、国内土地管轄規定の参酌を一切拒否し、両当事者の便宜や証拠調べなどの審理の便宜な

管轄については、次のような見解が示されていた。(i)これを被告所属国の裁判所に限定すべきである[194]。(ii)わが国の裁判所が国際裁判管轄権を行使するには、衝突が、物的条件または人的条件として、わが国と一定の関係を有すること[195]、すなわち、訴訟関係人のいずれかが日本人であること、または、衝突がわが国の領海内において生じたことのいずれかの要件を満たす必要がある[196]。(iii)外国船が過失船であるときは、被害船たる日本船主は、わが国の裁判所または被告たる外国船舶の所属国の裁判所のいずれかに提訴することができる。また、外国船が無過失の被害船であるときは、過失船たるわが国の船舶の所属国であるわが国の裁判所に出訴することができるが、わが国の船主が、外国船主を被告としてその本国の裁判所に訴えを提起することができる場合であっても、民事訴訟法の規定により間接的にわが国の裁判管轄を推断できるときには、わが国の裁判所に訴えを提起することができる[197]。

　この点、わが国の最高裁判所は、国際裁判管轄につき、これを定める規定がない状況においては、「当事者の公平、裁判の適正・迅速を期するという理念により条理にしたがって決定するのが相当であり、わが民事訴訟法の国内の土地管轄に関する規定に定める裁判籍のいずれかがわが国にあるときは、その事件の管轄を肯定することが条理に適う[198]」としつつ、「わが国で裁判を行うことが当事者の公平、裁判の適正・迅速を期するという理念に反する特段の事情があると認められる場合には、わが国の国際裁判管轄権を否定す

どの総合的な利益衡量で国際民事裁判管轄を決定しようとする見解（純利益衡量説）が示されていた。また、②国内土地管轄規定を参酌しつつ国際裁判管轄を決する立場からは、(i)逆推知説、(ii)「特段の事情」説、(iii)管轄配分説が示され、さらに、③事件類型ごとに関連する諸事情を比較衡量して類型的な利益衡量を行おうとする新類型説が示されていた。

194　北澤宥勝『船舶衝突論』(1923) 141頁。
195　山戸・前掲書（注21）（衝突論）322頁。
196　山戸・前掲書（注21）（衝突論）324頁。なお、島田・前掲書（注7）239頁は、その根拠として憲法の規定する国民の裁判を受ける権利をあげる。
197　山戸・前掲書（注21）（衝突論）323頁。なお、山戸教授は、公海上での日本船舶を含まない外国船間の衝突については、わが国とは、何ら人的または物的条件としての関係がない以上、わが国の裁判所に出訴することができず、原告は、被告所属国の裁判所に出訴する以外にないとする。また、両船主のわが国を管轄裁判所とする合意によって、わが国の裁判所が当該衝突事件を裁判することができるかどうかについても消極的に解する。
198　最判昭和56・10・16民集35巻7号1224頁。

べきである[199]」として、いわゆる特段の事情による修正を行うとの立場を示していた。

平成24年4月1日に施行された改正民事訴訟法は、このような判例法理を踏まえて、国際裁判管轄に関する規定を設けた。そして、「裁判所は、訴えについて日本の裁判所が管轄権を有することとなる場合（日本の裁判所にのみ訴えを提起することができる旨の合意に基づき訴えが提起された場合を除く）においても、事案の性質、応訴による被告の負担の程度、証拠の所在地その他の事情を考慮して、日本の裁判所が審理及び裁判をすることが当事者間の衡平を害し、又は適正かつ迅速な審理の実現を妨げることとなる特別の事情があると認めるときは、その訴えの全部又は一部を却下することができる（民訴3条の9）」と規定し、特別の事情による訴えの却下も認めた。アメリカ合衆国におけるFNC法理に相当する規定が明文をもって創設されたことは高く評価されるものではある。しかし、民訴法3条の9も、「事案の性質、応訴による被告の負担の程度、証拠の所在地その他の事情」を考慮すべき要素として規定するに過ぎない。したがって、当該裁判所による裁判管轄権行使が認められるか否かにつき当事者が結果を予測できるように、この「特別の事情」の内容を可能な限り具体化して、法的安定性を確保する必要があると考える。

この点、最近になって、下級裁判所の裁判例ではあるが、公海上において外国籍船舶同士が衝突した場合における損害賠償請求の裁判について、わが国の国際裁判管轄権行使の適否を争うものが現れた[200]。この裁判例は、こ

199　最判平成9・11・11民集51巻10号4055頁。
200　仙台高判平成23・9・22判タ1367号240頁。この裁判例の事実の概要については、第2節2（1）【裁判例3】を参照。なお、原審の仙台地裁（仙台地判平成21・3・19判時2052号72頁）は、訴えを却下すべき特段の事情について次のような理由を述べ原告の訴えを却下した。(i)宮城県石巻港が、原告船が本件事件後最初に到達した地点であることは認められる。民訴法5条10号が船舶の衝突その他海上の事故に基づく損害賠償の訴えについて、損害を受けた船舶が最初に到着した地を管轄する裁判所に管轄権を認めた趣旨は、即時の提訴を容易にし訴訟促進を促すこと、かつ証拠の収集や証拠調べに便利であるということにあると解される。ところが、原告船が宮城県石巻港に係留されていたのは、平成16年7月6日から8日までに過ぎず、その間に本訴が提起されたものではなく、本訴提起時にはすでに原告船やその乗組員は石巻港はもちろん日本自体を離れていた。したがって、本件の場合、民訴法5条10号の規定をわが国に国際裁判管轄を認める根拠規定とすることは不合理であり、その他にも民訴法の規定する裁判籍のいずれかがわが国内にあることを認めるに足りる事情は存在しない。(ii)衝突の事実について、双方の主張は真っ向から

の衝突によって損害を被った原告船（パナマ船籍の船舶で同じくパナマ法人た
る原告が裸傭船していた）が、衝突後最初に宮城県石巻港に入港したことか
ら、本件訴えについてわが国の裁判所が裁判管轄を有するとして、この船舶
の船主が、相手船の船主に対して損害賠償請求の訴えを提起したものである。
この裁判例は、前記改正民事訴訟法の施行前に訴えが提起されたものである
が、判決は同改正法3条の9にしたがって次のように判断して、訴えを却下
した原審判決の取消しを求めた控訴人（原告）の主張を退けた。

判決は、まず、次のように述べ、特段の事情のない限り、わが国の裁判権
に服させるのが相当であるとする。「本件訴えは、船舶の衝突その他海上の
事故に基づく損害賠償の訴えにつき損害を受けた船舶が最初に到達した地に
特別の裁判籍を認める民訴法5条10号に規定する訴えに該当し、わが国の民
訴法の規定する国内の土地管轄に関する裁判籍が日本国内にあるということ
ができる……」。そして、わが国の国際裁判管轄を否定すべき「特段の事情」
の有無について、前記改正民事訴訟法3条の9の規定にしたがって、(i)事案
の性質　(ii)被控訴人の予測可能性および応訴の負担、(iii)証拠の所在その他の
証拠調べの利便、(iv)準拠法などを検討した[201]。

食い違っているから、各船舶の乗組員に対する証人尋問の実施は、不可欠であるが、上記乗組員は日本には1人もいない。また、船舶の衝突が公海上で発生した場合、両船舶の旗国法を累積適用すべきものと解されるところ、本件ではパナマ法とロシア法を累積適用すべきことになる。したがって、本案の審理判断にあたっては、ロシアおよびパナマの不法行為法について調査し、これを適切に解釈適用しなければならない。しかし、これには多大な時間と困難が伴うばかりでなく、日本法を解釈適用する場合と比較すれば、その適正性の確保にも限界がある。よって、本件について、仙台地方裁判所が本案の審理判断を行うことは、当事者間の公平、裁判の適正・迅速を期するという理念に反する。また、判決はこれらの理由以外に、原告が、原告船が便宜置籍船であることを理由に、法廷地法または最密接関連地法である日本法を準拠法とすべきであると主張したことに対して、原告は、その本店所在地及び船籍選択の時点で、原告船に対する日本法による保護を放棄したに等しいといわなければならないが、船舶衝突という非常事態が生じた場合に限って日本法による保護を求めるという主張は身勝手に過ぎる主張であって採用できないとも述べている。

201　(i)事案の性質については、「本件は、当事者法人の国籍、衝突した船舶の船籍、事故発生場所、船舶の航行経路及び目的並びに乗務員の国籍（韓国人、ミャンマー人、ロシア人）等のいずれの点においても、わが国との法的関連性が極めて希薄であり、当事者双方がわが国の裁判権に服する合意をするなどその裁判を受ける権利を特に尊重する必要が生じる例外的場合を除き、一般的には、わが国の主権の発動たる裁判権が被控訴人（一審被告）に及ぶと解する余地はないものというべきである」とした。(ii)被控訴人の予測可能性および応訴の負担については、被控訴人がロシア連邦法人であること、被控訴人船の船籍、乗組員の国籍、航行経路を検討して、被控訴人が

このように、この判決は、公海上における異国船籍船舶衝突から生じた損害賠償請求の訴えに関して、わが国の国際裁判管轄権の行使を否定すべき「特別の事情」の有無を判定するいくつかのファクターを示した。しかし、事案の性質についていえば、船舶を用いた海上活動は、生来的に国際性を有するものであって、経済活動がグローバル化した今日において、船舶の衝突に関係する者が特定の国だけに結びつくことは希であろう。また、証人に関しても、船舶、乗組員とも所在しないわが国での審理が容易でないことは確かである。しかし、船舶の活動の国際性を考慮すれば、このことは他国の管轄の下で裁判が行われることになっても大きく状況が変わる可能性は少ない[202]。そうすると、衝突に関する物的証拠の所在、被告の予見可能性および応訴の負担は、「特別の事情」の有無の判断について慎重な検討を要するファクターとなりうるであろう。さらに、この判決は、準拠法をわが国の国際裁判管轄行使を否定すべきか否かを判断するファクターとしてあげた。準拠法について判決のような判断（旗国法の累積適用）による以上、これは、

わが国の裁判手続きに服することを予測する可能性は低く、また、わが国で応訴することの負担も大きいと指摘した。(ⅲ)証拠の所在その他の証拠調べの利便については、わが国で検証や乗組員の尋問をすれば、船舶や乗組員の所在地との関係で、多大な費用がかかったり、言語上の困難が生じたりことが予想されるが、控訴人船の損傷状況等に関する客観的な証拠はすでに控訴人または被控訴人が入手していることから、わが国において証拠調べを実施することが訴訟手続上有益であるというような事情を見いだせないとした。また、事故当時の状況について、控訴人、被控訴人双方の言い分が食い違っていることから、衝突両船の船員等に対する尋問の必要性は低くはなく、その尋問をわが国の裁判所で行う場合には、証人のみならず、裁判所の負担も大きくなるとする。そして、「控訴人船及び被控訴人船も、両船の乗組員もわが国に留まっておらず、他にわが国に有用な証拠も見当たらない本件においては、上記の争点を審理するためにわが国で証拠調べをする利点があるとはいえず、審理の迅速や訴訟費用の低減に役立つ等の事情も皆無といって妨げないから、同号の趣旨からしてもわが国に国際裁判管轄を認める理由は乏しいというほかない」とした。(ⅳ)準拠法については、本件においては加害船舶と被害船舶の双方の旗国法を累積的に適用しなければならず、これらの外国法を調査し、適切に解釈適用するには相当の時間を要し、調査をつくしても裁判の適正確保に限界があるとした。なお、本件における控訴人は、控訴船舶がいわゆるパナマ船籍を有する便宜置籍船であることから、船舶とその旗国法としてのパナマ法との関連が希薄であることを主張した。これに対して、判決は、「公海上の船舶衝突事故における準拠法の決定のような法的判断の場面において、卒然としてその法形式を捨て去り、俄にその実体を自己に有利に援用して法の庇護を求めようとすることは、適用法の恣意的な選択を揺することにつながりかねず、当事者の公平の観点に照らし、是認することはできない」と判示した。

[202] 中野俊一郎「公海上での外国船籍船舶間の衝突事故に基づき、船舶の最初の到達地で提起された外国法人間の損害賠償請求訴訟とわが国の国際裁判管轄」私法判例リマークス41号（2010）137頁。

当然にわが国の裁判管轄権の行使を認めるか否かの重要なファクターになってくる。このファクターを「特別の事情」の判断に用いて、これに重きをおくのであれば、わが国の国際裁判管轄権の行使が認められるのは、旗国法の累積適用が容易にできる場合に限られる。そうすると、衝突に関する有力な物的証拠がわが国に所在する場合であっても、安易な訴えの却下につながるのではないかとの懸念が生じる。「特別の事情」の判断にこのファクターを用いることは疑問であり、法廷地漁りの懸念は、他のファクターを考慮することによって排除すれば足りるのではなかろうか。なお、この判決は、便宜置籍船であることをもって日本法を準拠法とすべきではない旨を述べる。さらなる検討が必要であるが、便宜置籍船であることは準拠法決定のためのファクターではなく、むしろ、他のファクターとともに、訴えの却下を認めるべき「特別の事情」の有無の判断にかかわるファクターとして位置づけるべきではなかろうか。

　本節において明らかにしたように、アメリカ合衆国では、かつては、公海上における船舶衝突事件では、原告による船舶差押えの利益の保護が絶対的なものと考えられ、原告が船舶を差押えた場所における対物訴訟が無条件に受け入れられてきた。しかし、現在では、そのような場合においても、FNC法理によって、Gilbert基準による私的利益・公的利益ファクターの衡量が行われている。そして、その結果、原告の選択した法廷ではなく、他の代替の法廷における審理について強度の便宜性が示された場合には、条件を付して訴えを却下することで、原告の船舶差押えによって得られる利益を保護したまま、訴えを却下する傾向にある。このように、アメリカ合衆国では、もはや原告による被告船舶の差押えによっても絶対的に裁判管轄権の行使が容認されるわけではない。

　他方、わが国においても、民訴法3条の9に基づいて、適切かつ妥当に裁判管轄権行使を差し控えることにより、公海上における異国船籍の船舶衝突責任の準拠法を法廷地法と解しても、法廷地漁りに長けた者のルールと評されることにはならない。しかしながら、そのためには、公海上における異国船籍船舶衝突事件についてはアメリカ合衆国におけるGilbert基準を参考に、そこに列挙されたファクターのうち、どれを、どの程度考慮すべきであるか、

あるいは、公海上における異国船籍船舶間の衝突事件についての固有のファクターを見出す必要があるかどうかを、他の海運国の判例および学説の状況をも踏まえたうえで、更に検討し、当事者がある程度予測可能な程度にこれらを明確化することが必要であろう[203]。これは今後の課題であるといえる。

203　楊・前掲論文（注135）788頁も同様の理解を示している。

著者紹介

松 田 忠 大（MATSUDA, Tadahiro）
1971年9月生まれ。
1994年　早稲田大学法学部卒業
現　在　鹿児島大学法文学部教授・博士（法学）
主要著作
『船舶衝突法』（共著）（2012、成文堂）
「船舶衝突より生じた損害賠償請求権の消滅時効の起算点」（早稲田法学84巻1号）
「公海上における船舶衝突責任の準拠法と民事裁判管轄権の制限（1・2）」（海事法研究会誌190号、191号）

船舶衝突責任法の課題と展開

2014年3月10日　初版第1刷発行

　著　者　松　田　忠　大
　発行者　阿　部　耕　一

〒162-0041　東京都新宿区早稲田鶴巻町514番地
発行所　株式会社　成　文　堂
電話 03(3203)9201(代)　Fax (3203)9206
http://www.seibundoh.co.jp

製版・印刷　藤原印刷　　　製本　弘伸製本　**検印省略**
☆乱丁・落丁本はおとりかえいたします☆
©2014 T. Matsuda　　Printed in Japan
ISBN978-4-7923-2654-8 C3032

定価（本体5000円＋税）